少年

《少年》编辑部——主编
张远航——整理

中央编译出版社
CCTP Central Compilation & Translation Press

图书在版编目（CIP）数据

少年 / 《少年》编辑部主编 ; 张远航整理. 北京 : 中央编译出版社, 2024. 8. -- ISBN 978-7-5117-4746-4

Ⅰ. G255.2

中国国家版本馆CIP数据核字第20246ZV385号

少年

责任编辑 何 蕾 刘 嘉
责任印制 李 颖
出版发行 中央编译出版社
网　　址 www. cctpcm. com
地　　址 北京市海淀区北四环西路 69 号（100080）
电　　话 （010）55627391（总编室） （010）55627313（编辑室）
（010）55627320（发行部） （010）55627377（新技术部）
经　　销 全国新华书店
印　　刷 北京印刷集团有限责任公司
开　　本 710 毫米 ×1000 毫米 1/16
字　　数 380 千字
印　　张 30
版　　次 2024 年 8 月第 1 版
印　　次 2024 年 8 月第 1 次印刷
定　　价 980.00 元

新浪微博：@中央编译出版社 **微　信**：中央编译出版社（ID: cctphome）
淘宝店铺 中央编译出版社直销店（http: //shop108367160. taobao. com）
（010）55627331

概　述

《少年》是旅欧中国少年共产党（后加入中国社会主义青年团，成为其旅欧支部，名称改为旅欧中国共产主义青年团）的机关刊物，1922 年 8 月 1 日在法国巴黎创刊，编辑部设在巴黎南区的一个小旅馆，前期主要由赵世炎负责编辑，陈延年、陈乔年等负责刻蜡版、油印、装订和发行等工作。1923 年 3 月以后，周恩来接替他们，承担编辑、发行重任；李富春、邓小平、傅钟、李大章等也先后参与了这一工作。刊物由于内容充实，战斗性强，受到了旅欧中国工人和勤苦学生的热烈欢迎。

《少年》初为月刊，红色封面，十六开本，每期三十页左右。1922 年 12 月 15 日第 6 号出版后，曾停刊过两个月。1923 年 3 月 1 日，复刊出版第 7 号，改为二十四开本，四十二页。通信处改为巴黎西郊华侨协社转交。1923 年 5 月 1 日第 9 号出版时，声明第 10 号起，改为不定期刊。《少年》采用代售的方式发行。《少年》杂志社在国内外均有代售处：国外代售处是巴黎中国书报社和加拿大华人工会，国内代售处是上海新青年社。

当时正处在建党初期，因此《少年》的主要内容是介绍共产党的性质和作用，宣传建党的意义，译载马克思和列宁的著作。

《少年》分析了中国的政治经济情况，肯定中国只有走共产主义革命的道路，才能达到富强。第 2 号的《共产主义与中国》和第 3 号的《现在中国少年应有的觉悟》两篇文章就是集中阐述这一问题的。《共产主义与中国》是周恩来以“伍豪”的笔名发表的。周恩来在文章中肯定共产主义是“能够解决世界乱象”的“救时良方”，对于中国也是一样。他说：“我们虽是中国人，我们的眼光终须放到全世界上来。我们不必想取捷径，也不必畏难苟安，全世界无产阶级为创造新社会所共负的艰难责任，我们也应当分担起来。世界上只有一个共产主义能使这个责任无国界无种界地放在无产阶级的肩上，也只有它能使中国民族得列于人类中间彼此一视同仁。”他分析了中国的经济情况，认为开发实业是不必争论的问题，但究竟用何种方法来开发却大可注意。如用资本主义的方法，“其结果不仅使中国变为舶来品的销卖场，且会使中国各地布满了外国的资本家”。因为中国不具备发展民族资本的条件：“1. 强有力之有产阶级的政府；2. 民间多量资本；3. 科学的人才与机械的自造；4. 关税自定权；5. 国内生产力与消费力的均平。在中国今日竟无一事可以备格。”何况，不管用外资内资，结果总是压迫贫民阶级使之成为纯粹的无产阶级，困苦颠连，历劫难复。“我们从这个观点上，永远要与资本主义为敌，更绝对不能容许拥护这个主义的方法在中国滋长茂盛起来，不要说它无真正发展中国实业的可能性，便是有，我们也决不甘从属于它。”接着，周恩来分析和批判了非马克思主义的社会主义流派，指出“别种社会主义，更是陷中国于歧路中的麻醉剂”，只有马克思的共产主义是“应着生产力发达的需要而加以顺势的变更”，“共产主义者决不作枝叶的问题，要大刀阔斧地来主张共产革命。革命未成以先，一切罢工、减时、加薪、自治、国有、协作等事件都不过被视为训练劳动群众帮助革命进行的种种手段，一旦革命告成，政权落到劳动阶级的手里，那时候乃得言共产主义发达实业的方法。因为政权在一个生产阶级手中掌着，并且要消灭阶级界限，所以只有共同的生产者，将没有压迫者和被压迫者的分别，掠夺者和被掠夺者的分别了。劳动者是无祖国的，所以乃能联合起全世界的劳动者来消火这个竞争和侵略的野心，而产生共同生产的大计划。共产主义发达实业之大计在此，由此乃能使产业集中，大规模生产得以实现，科学为全人类效力，而人类才得脱去物质上的束缚，发展自如”。文章的结尾指出，中国实现共产革命以后，“暂时的国际封锁或是国际干涉或许不能逃免，但是他们的联合是资本家，我们的联合乃是无产者，所以全世界的共产革命乃是最后一着，不管中国是前列，是后列，我们必须预备着，从事着，也永远不许忘掉‘全世界的无产者，团结起来啊！’”这篇文章表现了旅欧中国共产主义者的鲜明立场和革命远见。同样，《现在中国少年应有的觉悟》一文，也驳斥了武力统一和由资本家开发中国实业的谬论，强调中国必须走共产主义道路。

《少年》指出，为了实现共产主义，必须有一个“先驱”或“前卫”，也就是必须有一个共产党。“我们主张即刻要有的只是一个共产党，公开的共产党，强有力的共产党，极有训练的共产党，万众一心的共产党。”“共产党是劳动阶级的代表，是劳动阶级的先驱，是要使人人都得其所的，是不许一人逾其分的。共产党主张的，因此绝不是少数人的利害。共产党的人必须是劳动阶级或同化于劳动阶级的，必须有死也不改的信仰，必须了然于同阶级人彼此利害的共同，且认除此共同的利害，别无利害，必须对于现世的恶，誓死不兼容。这样的人，中国是有的。必须由这样的人，当仁不让，造成强固的共产党，中国事乃有可为。”（《胡适等之政治主张与我们》，第 2 号。）

同时，《少年》也阐述了在党的领导下的青少年组织的作用，指出共产主义少年团是为党训练少年，培养候补人才和生力军的。共产主义少年团居于共产党的从属地位。共产党“完全是指导无产阶级群众走入共产社会独一无二的党”，而团的方针则是：“1. 在政治上受共产党的支配；2. 作成群众的团体；3. 注重教育事业。”至于旅欧的中国共产主义少年，除去普遍职务外，还有自己的特殊职务：“接触欧洲的共产主义实际运动，考察并学习其活动的方法，这是我们旅欧的第一使命。其次，旅欧的中国勤工俭学生和华工朋友，乃我们认为立在同一被压制境遇下的人，且更多无产阶级的少年。”“我们在勤工俭学生同工友运动中的一切参加，也是本着我们的职务，来为无产阶级少年谋全体利益的。”(《我们的职务》，第 3 号。)

旅欧的中国共产主义者已经基本上正确地理解和阐述了党所领导的青年组织的使命，正确地规定了自己在旅欧中国青年工人和学生中的任务。

由于交通隔绝，旅欧的共产主义者一时还不能和祖国的共产主义者建立密切的组织上的联系，但是他们在政治思想上是和中国共产党完全一致的。在《少年》的第 2 号上，曾经号召真正的共产主义者加入中国共产党，而且向读者宣传了中国共产党的统一战线政策，指出“这种办法，乍看诚不能不诧异，然平心静气就中国现势一想，便不能不见其出于不得已。他这种办法，与现在德国共产党赞助民主派，共同抵抗反动党，用意实无大异。凡是明白事理之人，如何能不谅其苦衷？”第 7 号登载了分析中国政党和社会各阶级的《反对帝国主义联合战线怎样在中国应用？》一文，结论说：“中国共产党应该首先努力组织工人、农民及小资产阶级之革命分子为反对帝国主义联合战线之主力军，再逼迫其余较进步的小资产阶级加入此联合战线，至少也要他们消极地离开帝国主义的牢笼不做反对的运动。在这战线上，我们应该用‘建设统一的独立共和国’为口号以推倒一切帝国主义及帝国主义的附产物——本国军阀。”这是和中共二大文件精神一致的。另外，《少年》也强调这种办法不是共产党的终极目的，不过是一种手段，“采取这种手段的时候，必须牢牢记住：自己的——必须牢牢记住：自己的正手段乃是劳动会议式的无产阶级专政；自己的本目的乃是生产共有，分配共管，无阶级，无国，无家，无政府的共产社会。更要不忘为一种行动与终极目的不同的党派，结成统一前敌时，必须保持住自己组织的独立！必须得机即把自己的终极目的向大众标示！”（《中国共产党与其目前政策》，第 2 号。）

不破不立，《少年》宣传共产主义、宣传党的政策，必须同时粉碎一切反马克思主义的反动理论。《少年》曾经驳斥过胡适等人的“好政府”主张，指出“他们的主张与活动方向，总而言之，不外趁机改良。无根本不可变的主张，而随机会进化。不察病原，早晨头疼，早晨医头。晚上脚痒，晚上又来治脚。”《少年》揭露了这种主张的阶级本质，指出他们的主张如果成功，他们的生活与事业就可安稳，至于农工，不但不能得利，而且至少一部分要适得其反，“根本原因即在士绅与农工，生活方法不同，知识阶级原来是资本阶级（靠资本生活的）的附庸，必不敢过于得罪资本阶级，利害如何能与农工小民相容？”他们的“好政府”即使真能得到，也不过与英美等政府是一丘之貉，在这种政府下，劳动阶级还同样是生活不能得安的。（《胡适等之政治主张与我们》，第 2 号。）

此外，《少年》还驳斥了国家社会主义者，质问他们：“国家最高的统治权究竟在何种阶级手中握着？民主政治普通选举是不是欺人之谈？有产阶级不倒，国际间的经济竞争，侵略政策是否便能消灭？自私的资本家是否便能容一切产业收归国有？农业问题又将作如何解决？且在中国，打着国家社会主义的旗帜，外资将如何排斥，内资将如何聚集？以中国的国情和民性，民主主义的‘好政府’如何能凑立起来？便令胡适等的‘好政府’，江亢虎、张嘉森的‘德意志社会民主主义’都能如愿实现，但他们后边所凭借的民众与阶级究竟是什么？所开发的实业究竟是为了何人？”（《共产主义与中国》，第 2 号。）这一连串问题都是击中了国家社会主义者的要害的，也就彻底暴露了他们的资产阶级本质。

在旅欧的中国青年知识分子和工人中，马克思主义的最大敌人是无政府主义者，他们发行自己的刊物《工余》，经常散播反马克思主义的谬论。《少年》用许多篇幅来和无政府主义作理论斗争。首先，周恩来在《共产主义与中国》一文中一针见血地揭露了中国无政府主义者的面目："无政府主义在中国已有了十年以上的历史，它利用中国人的惰性和容忍，竟与些思想堕落者结成了不解之缘。他们都自命为提倡科学的人，其实他们只会高谈那空想的艺术，高谈几个'真''善''美'的名词，论到实在的开发实业的方法，恐怕除掉毁坏大规模生产，反对集中制度外竟无什么具体主张。""无政府主义既这样空洞，所以具有无政府思想的蔡元培，自认为无政府党人的李石曾、吴稚晖辈一遇到当前的政治经济问题，才会手忙脚乱，弄出与无政府主义相反的主张出来。"对于旅欧的勤工俭学生中的无政府主义者，《少年》的态度是积极地作理论斗争，但对于他们的无理谩骂则置之不理，在《少年》第 7 号上说明了这一态度："至于在形势上成为对敌——实则毫无所谓——的所谓的无政府'党'人之随便乱说，我们站在共产主义旗帜之下的青年同志，只有在学理上愿与无政府主义者辩驳讨论，若是出之以嬉笑谩骂的态度，完全不具有主义信仰的青年的精神，则我们绝不至认为有作相对的回报之价值，而但与对待无聊的反动者一样，虽然是太宽泛了，但其意义本是相等的——暂时只有'置之不理，听其自生自灭'了！"（《旅法的中国青军应该觉醒了》，第 7 号。）又说："所谓的无政府主义者，只知高唱自由，忽视了现代社会生活所决定的群众意识，专门占据在抽象的观念上，发些空论，以迷惑群众。我们见到这种事实，自然不能忽视了我们当前的工作：我们共产主义者的行动，就是要随时随地能把问题与事实打落到实际上面。"（《旅法的中国青军应该觉醒了》，第 7 号。）《少年》遵循了这一方针，和无政府主义者做了实事求是的论争，发表了一些颇有说服力的文章。

马克思主义者与无政府主义者的争论的焦点是无产阶级专政。无政府主义者在自己的《工余》杂志上发表了很多反对工人进行政治斗争、反对任何国家的谬论，说什么“共产党之革命志在夺取国家之权力以压制群众，我们无政府党之革命志在废除国家以解放群众”“俄国革命之第一幕，波尔札维克党将土地从农人之手夺过来，然后置于国家权力之下，及强迫工人将十月革命所得之工厂而让于国家。”“无论他（按指国家）是沙皇的或波尔札维克的，都要推翻他，无论什么都不肯让给他。”“阶级战争是一件事，劳工专政又是一件事，不能混为一谈。阶级战争乃社会进化路上推演出来的一步。劳工专政本为强权的共产主义派所要造出来的方法。”“数年来俄国之所谓劳工专政者，实际上不过共产党专制。劳工终日只知政党之竞争，而真正之阶级战争故无从实现。”“我们不愿意治人，我们也不愿意为人所治。我们认定治人是一种罪恶，所以人家若问我们对于政治的主张，我们很简单的回答主张无政治。”最可笑的是，无政府主义者从法文的 Larousse 百科辞典上搬用定义来解释“政治”一词，中文的释意是“治国的方术”，就是“治人的秘诀”，用这个资产阶级辞典上的解释作为反对马克思主义的武器。

《少年》发表了《一个无政府党人和一个共产党人的谈话》和《工人与政治》这两篇文章，彻底地粉碎了这些谬论。前一篇文章采用一问一答的形式，就阶级斗争、无产阶级专政、国家、政治运动等问题逐一驳斥了无政府主义者。文章指出，无政府党人只知咬文嚼字，却“没有科学的研究，没有历史的常识，没有空间时间的观念，因之，你（按指无政府主义者）即没有社会进化的概念，所有社会的真实的关系你都看不出来，所有流通的事变表现在你的眼中都是死的，整个的”。无政府主义者不懂得无产阶级专政是“社会进化之客观的事物的势力”，却认为它“本为强权的共产主义派所要造出来的方法”。无政府主义者也不懂得什么是政党，在他们的意识中只是：政党即是官僚，官僚是坏人；共产党也是政党，所以共产党也是坏人。无政府主义者虽然也说什么“阶级”“阶层”，实际上对于社会的阶级关系及其经济基础并没有明了的认识，所见到的尽是一些散乱的民众，他们认为世界上的人只有一些治人阶级——官僚资本家——是坏人，其余的都是平民，是好人，而“这些坏人都仿佛是一些海贼偶然打我们地上经过，而其余的平民都是归真返璞的”，没有阶级和阶层的区别，没有先进和落后的区别，没有旧的思想习惯的包袱，因此“这些平民接受无政府主义的宣传，都好比中了传染病一样：无人不中，无人不中到一样深浅。所以平民很容易一致，不须有什么优秀分子组织一个参谋机关为他指导方向，运用战略，即将这几个坏人打得一溃而散，永不回头。‘这时候阶级也废止了，战争也消灭了’，各尽所能各取所需的时候当天就来了！”（《一个无政府党人和一个共产党人的谈话》，第 7 号。）文章还引用了恩格斯的《论权威》中的话来驳斥无政府主义者盲目反对权力的谬论，同时也分十二点说明了无产阶级专政的职能。

在第 10 号的续文里，着重就社会革命和政治斗争问题驳斥了无政府主义者。首先，揭穿了无政府主义者“心目中并没有打算要实现无政府主义，徒说一些玄学的混沌思想，如‘彻底清源的去寻求人类生活真正的道路’‘自然界的事和人类真正生活的实际’‘当彻底的了解人与人类的自然现象与正当的意义’。甚至你们对于社会革命毫不负责任，专拿一些‘野心家’‘权利欲’‘官僚’‘魔王’‘拍马屁’……毫无意义的、只须不顾一切可以加之于任何人的谩骂名词来与反革命合作”。接着，又正面论证了“革命就是阶级争斗，无产阶级专政就是阶级争斗的逻辑的结果”。无政府主义者根据资产阶级辞典的定义，把“政治的运动”当作一个玄学的或教义的观念，当作一个“永久的实体”，借此来一般地反对政治运动，文章针对这一曲解反驳说：

“在你们，你们以为政治就是治人的秘诀；这治人的秘诀就是由少数专做治人事业的人造的。这样的仿佛认定了社会上除开因阶级利益的冲突形成阶级统治的关系（即政治的关系）外，还有一些魔王专造一些政治的关系加入在我们的社会里。至于我们共产主义者，我们解决一切社会的问题都不忘却社会的阶级的关系。政治是由阶级对抗形成的。阶级的统治是政治的统治。阶级的争斗是政治的争斗；争斗即是作战，作战要使用战略，战略是政治的。使用战略就需要使用战略的人。因此，所有阶级争斗的问题，小而至于部分的要求，大而至于夺取政权，都是政治的问题。只须社会上有阶级的关系存在，我们都脱不了政治的网罗。”（《一个无政府党人和一个共产党人的谈话》续文，第10号）这样，文章就全面地批判了无政府主义者的理论，阐发了无产阶级革命的根本原则。在文章的附识中，作者表示还要就共产党的作用、中央集权、苏俄新经济政策等问题进行论争。

《工人与政治》一文是为了回答《工余》上对于作者在《工人旬报》（旅法华工总会的机关报，宗旨是“筹划侨工教育，唤醒阶级觉悟，灌输工人常识，供给正确新闻”，见《少年》第7号上的广告）上发表的《工人与政治》一文的曲解而写的。文章一开始就阐述了三个历史唯物主义的基本观点：第一，“工人阶级的政治争斗，不是任何人可以煽惑得起来，也便不是任何人可以否认得下去；这种必然的步趋，完全是由他们的生活条件来决定的。”“现在中国各广漠城市中的手工生产者和资本主义化的机械生产工人以及交通工人、运输工人，他们的生活条件完全改变了。他们为求他们在现社会的生活发展起见，对于政治上相当的权力和日光空气有同样的需要。我们试看现在国内工人阶级壮烈而且方在扩大的政治运动，就可以知道这种澎湃的趋势了。”第二，“工人阶级的解放，是求经济的解放，这是谁也不能否认的。但是私利的阶级它怎样才能垄断生产手段？怎样才能屈服劳动者于隶属地位？

它是使用什么方法以维持这种‘垄断’继续这种屈服？不用说，是因为它把持了统治的最高权力在它的手里。所以工人阶级的解放，是求经济的解放。为求经济的解放而争斗，是政治的争斗；因为经济权关联于政治权，有产阶级是凭借政权以巩固它的经济的掠夺制度。”第三，“阶级争斗，便是政争。因为到山穷水尽的时候，总是为着权力。罢工呢，当它蔓延及于全国的时候是摇动有产阶级的国家基础的，这样也符合了政治的意味了。要想推翻有产阶级，要想打破国家，便是进行政治的争斗；要想创造我们自己阶级的机关去驾驭钳制那般反抗的有产者，不论是何等样一种机关，那便是拿到了‘政权’。因为我们给‘政治斗争’所下的义解，便是被支配阶级努力去破碎支配阶级的政治权力的争斗。我们给‘政权’两字所下的义解，便是一阶级用以反抗别一阶级的组织权力。”接着，作者详尽地阐发了马克思列宁主义关于国家的学说，最后总结说:“国家即统治的最高权力，原来不是圣灵的产物，所以不会由我们一个空洞的否认，便有什么神秘的力量，把它灰化。我们要废除国家，则当考究它的来源，找到它的去路，使用必然的手段，把它送尽（进）坟墓里面去。所以唯有马克思主义者，乃真实地能消灭国家”，而无政府主义者的“不着边际的空话，是丝毫不能影响到政治本身的实际存在的！”此外，第 7 号还从《共产国际》第 21 期上的《无政府工团主义者与红工团国际》一文中，摘译了一段《什么是无产阶级专政？》。这篇文章从法国的工团主义者已经“达到了他们的目的，推翻了有产阶级”这一假设出发，具体地分析了他们将遇到的困难和问题，即在国内攻击反革命的斗争，用武力抵抗外国军队的干涉，组织大规模生产等，通过这种分析证明，无产阶级要解决这些问题，“势必要创造一个专门行政机关，一个专门生产机关；他们应该创立‘工人国家’”。因此，“我们可以看见，因为否认无产阶级专政和工人国家，法国革命工团主义者即不自觉地否认了革命。这是由于完全不明了社会争斗的实在性所致和对于阶级争斗这个事实只有一点抽象的（并带有玄学的）概念的结果”。总的来说，《少年》上驳斥无政府主义的文章的理论水平是比较高的，在当时起了积极的作用。

除了自己写作的理论文章外，《少年》还发表了列宁的《告少年》（即《共青团的任务》）、马克思的《历史要走到无产阶级专政》（《法兰西内战》中的一段）、《离开政治的性质》（1873 年在伦敦作）等著作的译文以及共产国际、少年国际的一些文件与消息。1923 年 5 月出版的第 9 号，为了纪念五一、五四和马克思诞辰，发表了《我们的呼声——敬告中国的工友和学生》（结尾说：“工人解放须要工人自身起来做；而共产主义者在被压迫的民族中更是处处要与民主革命派合力协作的。中国的工友学生呀！我们向你们的呼声是：革命！革命！为我们自由而战！为民族独立而战呀！”），并从法文《人道报》翻译了一篇《马克思——共产主义创造者》，概括介绍了马克思的生平和学说。

《少年》出版一年多的时间，仅编辑出版了十三号，之后由《赤光》接替。《少年》在马克思主义的传播和马克思主义中国化的探索方面作出了大量的贡献，产生了较为深远的影响。

目录

本號目錄

頁數

本誌不禁轉載但須注明"錄自旅歐《少年》雜誌"字樣

本誌通信處

Boîte Postale №9
Paris 13e
France

祝少年共產國際

本月三日為少年共產国际的第八次少年国际紀念日.關於此事,少年国际執行委員会已發出通告於各地無產階級少年,讓大家先期準備,到時要在各地举行無產少年的示威運動.這个国际日的開始,是在一九一五年.当時有几个国的勇敢少年朋友在瑞京栢納為反对战争有所聚議,並决定以每年九月第一星期日為少年国际日(La Journée Internationale les Jeunes),意思就是要紀念一个"為共產主义同階級争鬥反抗軍国主义和社会主义者賣害勞動階級而奮鬥的日子"在那凶惡大战打得正酣的時候,忽地有一群少年先驅發出這種醒人的呼声,這種日子,实值得我们紀念!但我们不僅紀念已往,还要使每次少年国际日都要有特别光彩放出.今年的口号按委員会的通告是:

团結起来反抗掠奪階級的攻擊!

奮鬥起来反抗各地的國家主义魔鬼!

更竭力奮鬥以反抗有產階級軍国主义的中心!

成年和少年的無產者全来統一前敵!

我们当前之敵,当前之責全在我们面前放着了.团結!奮鬥!統一!是全世界無產少年的責任,也正是我们中国少年的責任啊!

少年共產国际万歲!

無產階級世界革命万歲!

共產主义世界共和萬歲!

(W)

(参看本号中"世界勞動運動消息")

中國社會主義青年團

中国之有社会主義青年團,這个消息傳到我们耳中已有一年多了.但他畢竟因為份子複雜,曾解散一次.最后由傾向馬克思主义的少年重新组織,仍用舊名,但其内容却变成完全是共產主義少年的團体.重組后,發達很速,不到六月,地方團成立的竟達十七处,團員有五千多人.於今年五月初更在廣州開了第一次全国大会,正式議决他的綱領,章程,和其他關於農工教育政治等宣傳的議案,並立即選出中央幹部.

本来共產主义在中国的歷史是很短的.然而因為時

势的迫切竟能於極短期中發達起来，使全國自覺的少年工人和学生聯結到他的旗幟底下，從事於共產革命的宣傳運動：這实是共產主義在東方一个好的收穫。当此喜信西来的時候，我们於紀念少年国際日之外，更要慶少年国際得着這一片急待開闢後望無窮的新領土！

(W)

中國共產党与其目前政策

頃見"先驅"第九号，是中国共產党已在国内露出眉目来了！我们不但無量欢喜，我们更要即向大眾呼吁：凡是有良心，有誠意，明白事理，舍私謀公，而不想过分出風頭的共產主義者，都应立地聚集於彼，以厚共產革命的勢力，以速共產革命的成功。我们又看見他的目前政策：他是要与国民党等革命民主派及各革命的社会主義团体，結成聯合战線(統一前敵)，以完成民主战争，建立真面目的民主政治。這種办法，乍看誠不能不詫意。然平心靜氣就中国現勢一想，便不能不見其出於不得已。他這種办法，与現在德国共產党贊助民主派，共同抵抗反動党，用意寔無大異。凡是明白事理之人，如何能不諒其苦衷！

但我们也不能不明白告訴大家，而請大家切記：那種办法究竟不是共產党的終極目的。那種办法究竟不过一種手段，而且也不是像無產階級專政一樣的，共產革命的普遍的必然手段。只不过處像現在中国情勢之下，不得不取的一種特殊手段。持取這種手段的時候，必須牢牢記住：自己的——必須牢牢記住：自己的正手段乃是勞動会議式的無產階級專政；自己的本目的乃是生產共有，分配共管，無階級，無国，無家，無政府的共產社会。更要不忘為一種行動与終極目的不同的党派，結成統一前敵時，必須保持住自己組織的独立！必須得机即把自己的終極目的向大眾標示！

(R)

勤工儉學生的團結

旅法的勤工儉学生團結起来了。自從一九二〇年的"二八運動"，一九二一年的十月之役，勤工儉学者飽受了社会上不了解与無情的待遇，茹辛嘗苦，含垢忍辱，成天的在煙煤中过活，在風霜中受苦：被擠壓於現社会制度之下，偷度最低限度的生活，為謀本身的利益，筹前途的大計，实在不能不急起团結了．最近——八月十二日至十五日——有勤工儉学生的代表大会開会於巴里，勤工儉学生総会的組織已經告成

這次的团結，在表面上看来，似乎為十万元津貼的分配問題；其实，這不过是一个導火線，勤工儉学者的团結当然有他的更重大的意義和使命．而且從這次的团結中，还可以看出两个特点来：第一就是把基礎建築在真正实行勤工儉学者上面；第二就是旗幟鮮明的拒絕宗教徒的加入，擁護青年人的自由思想．

無產階級的少年，在階級覚悟的認識之下，有最重的担負和最大的使命．"团結起来"——這更是唯一的標語．全世界的無產者必要团結起来成一个階級，才能实行争鬥，少年的無產者也是一樣，也必定要团結起来，才能够謀進步的前途，完成偉大的義務．我们勤工儉学同学团結的意義在現時狀況之下，自然也無時不現出我们对于未来社会所負責任与義務之重大，而必待完成．

準此，我们对於這次的組織，表充分的希望与敬意，並且想在現在情勢之下，提出几件事情出来与大家商榷，並希大家的注意：

1 要使這次組織的作用，不單為解决目前的問題，更当注意於如何去完成未来的任務；要使這次組織根基能够穩固，能够持久；能够在以后可以完全處理自身的問題，不受其他团体之居間干涉

2 十万元的分配固然是現在急待處理的問題，不受但是我们应当知道与我们求学問題有密切關係的庚子賠款退还運動．現在庚子賠款的退还已經快見諸事实了，這件与我们麻史有關的事应当佟先注意．我们玖查麻来各国之曾退还賠款者，除美国外，没有一筆不被中国政府拿来用作發行公債抵押品，或其他政争用費．最近国内的輿論雖然都趋重以此款充教育經費，但仍有傳言作政费或軍費之說．在另一方面，我们固然竭力承認

国内教育經費之無着落，極当筹备基金拯救，但是我们這留在海外的千百人的求学問題，国内父老也不当忽視。国内父老对於我们怎樣才不忽視，那就要看我们的表示如何了。我们要想表示，要想筹备我们許多人的求学和生活問題，必得大家整齐步伐，一致的努力。

3.我们認定旅法的華工与勤工倹学生，同是現社会制度下的被壓迫者，同是未来社会改造的伙伴。勤工同学团結好了，華工朋友的团結也是急不可緩的。大家应当相互援助起来，工人的教育尤其是緊切問題，勤工同学更負有不可放棄的責任；至於工友中之自能实行工学者，那更是我们同在一条道路的好侶伴，没有歧視了。

（蔚）

告工友

北京政府滙来法国的十万元，經过北京政府閣議抄單的限制，經過于格儒李光漢的呈請，經過教育部的電許，他的分配方法殊已得了定案。前此根據李石曾呈請信中的原意（即办技藝傳習所兼收勤工生与華工）而發生的僑民教育經費問題，与十万元的関係也明白顯出。関係是誠然有的，但是現在改变了支配的方式，勞工朋友竟没了份兒，只空存李石曾不分畛域的美意了。於此我们不能不提出几个应注意的問題以告工友！

1.為什么李石曾能曉然於我们工学界应同共甘苦，而北京政府不在閣議抄單中說明，当事的人也不能顧念着我们工界呢？解答這个問題有二道：

甲.因為李石曾不但曾親眼見过勞工朋友的受苦狀況，他也是一个能了解朋友们苦痛的人，至北京政府中人便是親眼見了，恐怕他还要說朋友们是“下流”呢！

乙.因為勤工同学有团結有組織，声势浩大，而勞工朋友没有，所以当事的人不注意。

有此二因，遂使為世界尽勞動義務的華工朋友竟沈淪於人類困苦的最下層，而無法解脫。

2.勞工朋友当知道我们不是專為十万元而争“僑民教育經費”，也不是对勤工同学而争“僑民教育經費”，我们乃是為勞動教育而爭"僑民教育經費",乃是对中国政府而爭"僑民教育經費".我们更当知不是爲開十万元便無"僑民教育經費"可爭的,庚子賠款的退还問題不是已經横在目前了么?至於对勤工同学,則兩方"同是現社会的被壓迫者;只有無条件的携手,不当有絲毫的誤会"(用勤工同学士炎答工人書中話),協力進行,才好圖工学前途的發展.

總起来,我们再鄭重向勞工朋友声明下:

"勞工朋友必須急圖團結組織,勿放鬆一切机会,勿遠离可引為友的勤工同学,更須認清对象,好轟々烈々地做將起来!"

(伍豪)

中國書報社廣告

第三国際議案及宣言　每本四方正

勞農政府成功与困難　每本一方二十

俄国革命紀实　每本三方五十

共產党礼拜六　每本一方二十

馬克思資本論入門　每本一方正

国際勞動問題　每本三方正

法文新版共產党宣言　每本九十生丁

胡適文存(四本)　每部二十二方

新版紅樓夢(六厚本)　每部三十方

新版三国志(四本)　每部十八方

新版古本西游記(四本)　每部二十方

朱執信集(兩本)　每部十二方

新潮(三卷一号及二号)　每号三方正

中国書報社通信處
Mr. Tchen
Boite Postale N°9. Paris-13e

共產主義与中國

從經濟現狀上立論

共產主義之為物，在今日全世界上已成為無產階級全体的救時良方。欲期未来社会造出自由發展的人群，自不能不先使現今的人類脫去物質上的桎梏；欲期今日世界的經濟亂象，階級对抗情勢，文化頹机不再長久下去，自不能不先使現今的人類全無產化了，好絕滅這個最大的亂源。因此，凡有人心的人都应能感覚出共產革命的切要。但在中国，這種觀感似乎尚未能深種於人心之中。有些知識界中人尚談虎色变，有些人竟意存鄙視。至於無產階級中人因為知識的幼稚和信仰者宣傳的不力竟致切身的問題莫由認識這更是一個最大的憾事。

共產主義果与中国無緣么？他能夠解決世界的亂象，為什么中国不可以找他来作救時的良方？

我们不能宜人云亦云，認誤認中国尚須守着那机械式的变化尽量接收那流毒西方未已的資本主義。趕机会，图改良在欧美已暴露了他的無能，我们也不必来走這条死路。乘火打劫，在中国不但做不到，便是有朝一日倖而從中取了一点漁利，於大多數貧民階級又有何益？

我们雖是中国人，我们的眼光終須放到全世界上来。我们不必想取捷徑，也不必畏难苟安。全世界無產階級為創造新社会所共負的艱难責任，我们也应当分担起来。

世界上只有一个共產主義能使這个責任無國界無種界地放在無產階級的肩上，也只有他能使中國民族得列於人類中間彼此一視同仁。

我為簡明地解釋這个關係，特把他分篇来說

此篇先從經濟現狀上立論。以中國今日的情勢，開發实業，似乎已成為不可爭論的必然趋向，其实究用何種方法来開發他，却大可注意。適用資本主義的方法来開發实業，其結果不僅使中国变為舶来品的銷賣場且会使中国各地布滿了外国的資本家舶来品是由外国輸入的，狡猾的外国資本家不願繞這个大湾，且不堪於其本国市場的競争和勞動革命的迫切，他们都会来攫肥而噬。利用中国的贱工，原料和無心肝的市儈，難得意的留学生，於是中国的鉄路，航路，銀行，工廠，礦山，郵電間接直接都遂到外人手裡了。不要等到将来，便是眼前的中国，試問一問"果是誰家之天下?"新銀行團既在那裡虎視眈々，引虎入室的又有那邊国的留学生，和特重外国語的学校学生，来唱裡應外合的活劇。裁兵借外款，办实業借外款，限定留学生專学一点一滴的科学用退还的賠款来接濟，這除掉眼光太狭的日本人有点異議外，欧美各国大都表示極端的贊意。其中心窮復可問!

排除外資而仍用本国資本主義的方法，来開發中国实業，則其方法中所必須先決的条件：1.强有力之有產階級的政府，2.民間多量資本，3.科学的人材与机械的自造，4.関税自定权，5.国内生產力与消費力的均平，在中国今日竟無一事可以備格。如此，而欲提倡国人投資，而欲空言抵制外貨，而夢想軍閥将变為財閥，這也無怪以暗結外股的張謇認為中国的实業家，以毫無企業能力的梁士詒称為中国財神，以只知浪費的督軍視為中国将来的財閥了。

且無論是外資或内資，只要以資本主義的方法来開發中国实業，其同一結果總是壓迫貧民階級使之成為純粹的無產階級，困苦顛連，以致麻劫難復。我们從這个観点上，永遠要与資本主義為敵，更絶对不能容許擁護這个主義的方法在中国長茂盛起来。不要說他無真正發展中国实業的可能性，便是有，我们也決不甘從屬於他。

資本主義如是了，我们且看社会主義者所主張的開發实業方法果属如何。

講国家社会主義的人，以為实業開發可以藉国家之力来一手包办，以免掉私人在企業上的競爭。生產集中，利用大規模的計畫来開發緩進国家的实業，消除私人間的競爭：這是我们所贊同的。但是国家最高的統治权究竟在何種階級手中握着?民主政治普遍選举是不是欺人之談?有產階級不倒，国際間的經濟競爭，侵略政策是否便能消滅?自私的資本家是否便能容一切產業收

還国有？農業問題又將作如
何解決？且在中国，打着国家
社会主義的旗幟，外資將如
何排斥，内資將如何聚集？以
中国的国情和民性，民主主
義的"好政府"如何能湊立起
来？便令胡適等的"好政府"，江
亢虎張嘉森的"德意志社会
民主主義"都能如願实現，但
他們后边所憑藉的民衆与
階級究是什么？所開發的实
業究是為了何人？

無政府主義在中国已有
了十年以上的歷史，他利用
中国人的惰性和容忍，竟与
些思想墮落者結成了不解
之緣。他們都自命為提倡科
学的人，其实他們只会高談
那空想的藝術，高談几个"真"
"善""美"的名詞，論到实在的開
發实業的方法，恐怕除掉毀
坏大規模生產，反对集中制
度外竟無什么具体主張。也
許有時候要提倡協作社，但
消費協社是有助於工業家，
而生產協社則不但在中国
难有発起之望，便在欧洲也
都氣息奄奄無能為力，因為
他断難与有錢有勢的資本
家相抗。無政府主義既這樣
空洞，所以具有無政府思想
的蔡元培，自認為無政府党
人的李石曾吳稚暉畢竟一遇
到当前的政治經濟問題，才
会手忙脚亂，弄出与無政府
主義相反的主張出来。

由無政府主義思想影響
的法国工團主義和英国行
会社会主義，他們在政治上的見
解雖至今还無法相容，但在
經濟制度上却有一个相同
之点，便是都主張產業自治，
都反对生產集中。工團主義
是帶有革命性的，所以还主
張大同盟罷工，行会社会主義竟
要以妥協与漸進的手段，民
主主義的政治，来实現產
業自治，結果乃変為勞動運
動中的左右派了。不革命而
实現產業自治，英都無望，何
况实業不振，經濟权握在外
人手中，工人無知的中国。革
命后而產業自治，試問以中
国土地的廣大，工人知識的
幼稚，交通運輸机関的不備，
世界資本家的聯合壓迫，民
族性的散漫，從何而自治起？
若知某弊而不得不以統一
的机関為之施聯絡，為之圖
進步，為之謀便利，為之防
禦，則共產主義所主張的勞
動会議制度和最高經濟
会議的組織乃正是使工人
於工場管理，農人於田莊共
產之外能得到个相当的集
中和聯絡机関以便運用，建

豈要徒說產業自治的人在
那裡鼓煽人心！再行会社会主義
在社会主義各派中要标最
狡猾最調和的，其坏恰如英国
資本主義之毒最深的英国
人性．以中国情形，要用他的
方法来開發实業，也只好讓
那些到了湖南才知中国人
實的張東蓀輩閉着眼睛坐
在屋裡乱講去罷．好坏都与
貧民無関．本来他们都是些
英国紳士派的模仿者啊！

最后，我们要論到共產主
義了．在共產主義中，馬克思
的經济学說自要佔極重要
的部分．我们本着他的見地，
深知社会上的經济制度多
是隨着生產力發達情况而
变遷的．資本主義的害處不
在他的生產漸趋於集中，乃
在他的自由競爭，互相侵略；
不在他的大規模生產，乃在
他的生產陷入無政府的狀
態中；不在他聚集工人到工
場門口来，乃在他以少数工
資換得多時間的剩餘勞動；
不在他利用科学，乃在他閉
塞工人的知識．欲求保存這
个產業革命后的優点而
消滅其毒，則除变更經济制
度外实無他道．本来舊制度
已束縛現在生產力的發達
了．在自然趋勢上，終久必通

崩潰，但我们決不能明知其
為害於世，復使他在中国得
苟延殘喘起来．

資本主義的禍根，在私有
制，故共產主義者的主張乃
為共產制．私有制不除，一切
改革都是無效．共產主義者
決不作枝葉的問題，要大力
澗爷地来主張共產革命．革
命未成以先，一切罷工，減時，
加薪，自治，国有，協作等事件
都不过被視為訓練勞動群
众帮助革命進行的種々手
段，一旦革命告成，政权落到
勞動階級的手裡，那時候乃
得言共產主義發達实業的
方法．因為政权在一个生產
階級手中掌着，并且要消滅
階級界限，所以只有共同的生產者將沒有壓迫
者和被壓迫者的分別，掠奪
者和被掠奪者的分別了．勞
動者是無祖国的，所以乃能
聯合起全世界的勞動者来
消滅這个競爭和侵略的野
心，而產出共同生產的大計
劃．共產主義發達实業之大
計在此，由此乃能使產業集
中，大規模生產得以实現，科
学為全人類效力．而人類才
得脫去物質上的束縛，發展
自如．

由此看来，共產主義在全
世界，尤其是在中国，实負有

变更經济制度的偉大使命
也只有他，方説得起变更，田
為他是応着生産力發達的
需要而加以順勢的变更，並以
非加以抑止，加以修正，加以
和緩的
他所以為中国久利的，在
其為澈底的改造良方。依着
現在中国的時勢，一切緩和
修正的办法都無所施，至於
抑止，則中国民族根性而科
学革命産業振兴本已格不
相容延不能和現代生産力
变化的趋勢 ，那么，抑止的
学説又有何效！轉不過使無
抵抗，寧靜無為，知足常乐，隱
遁的思想在中国人腦筋中
多孳生点，好便於外国資本
家的侵略掠奪罷！
総這一句話，中国現在的
経済情勢，除去努力預備革
命，実行共産革命外，実無法
可解。
中国人誠然窮得不堪，但
因開發実業，而接收外資，而
受外人監督，想為我们所不
忍為。提倡国内投資，不僅我
们不願為，亦且国家情勢不
得為，国际情勢不許為。至於
别種社会主義，更是陷中国
於岐路中的麻醉剤。
我们毋其在現狀中作法
自毙，莫如大徹大悟集合衆

力一心一意地從事革命。
"寧缺無濫"，這是改造中国
的必要精神。实業暫時可以
不開發，新銀行团的款子却
不可以再借，資本家的机会
却不可以多造。教育暫時可
以不擴充，外国暫時可以不
来，教会立的学校却不可入，
中外資本家捐助的教育基
金，南洋兄弟烟草公司和穆
藕初侠助的学費却不可要。
我们唯其知到教育实業
的發展都繫於我们民族的
經济状况，且更知其為当務
之急，所以才大声急呼寧捨
去一時的小利而图全民族
全世界永久的相安。我们唯
知其急，所以才主張大家都
趕緊团結起来到同一的旗
幟下，以利進行預備之期越
短，我们所認為缺憾的也越
少，絆脚的鎖練也捆得越少
了。
共産革命的主要条件便
是經济革命。在革命未成功
前，我们只是个破坏，無所謂
建設。革命成功後，生産的勞
動階級建立了強有力的政
府，消滅了私有制度，集中了
資本公有了農田，重用世界
上無作用的科学家来帮助
無産者開發実業，振兴学術，
更進而求生産力和消費力

的均平配合.凡是現今 国
資本家所难以先决的条件,
到那時都将不成問題.只於
暫時的国际封鎖或是国际
干涉或許不能逃免.但是他
们的聯合是資本家,我们的
聯合乃是無産者.所以全世
界的共産革命乃是最后一
着.不管中国是前列,是后列,
我们必須預備着,從事着.也
永遠不許忘掉

«全世界的無産者,
團結起来啊!»

伍豪
二二,八.十六.

胡適等之政治主張与我們

胡適蔡元培也公然發表
政治主張了!
餓死事小,失節事大,本是
最違反人性的話(也是聖人
故意矯正人性的話).一个人
的生活或其所賴以生活的
事業或其生活欲,如屢受不
可堪的壓迫,但令其人不肯
听天由命,没有不想把支配
生活的政治或經濟,或其他,
来自己處置的.近年中国的
教育是不是已被壓迫到几
乎不能継続的程度?所以至
此,最顯著的因緣当然在政
治.那么,靠教育吃飯的人,逢
政治表面略有可為之机,公
然出而發表政治主張,又何
足怪?
所以胡適等現在之想参
預政治原是当然之事.在這
一層,他们的活動寔無可非
議.所可非議的,不在其来主
張,乃在其所主張,不在其活
動,乃在活動的方向.
他们的主張与活動方向,
總而言之,不外趁机,改良.無
根本不可变的主張.而隨机
会適化.不察病原,早晨頭疼,
早晨醫頭.晚上脚癢,晚上又
来治脚.這个,我们寔不屑細
論.我们今当簡單明白告大
家以四事.
第一.一个人或一階級的
政治主張,總是為其人,其階
級自身的生活利害而發.胡
適等是智識階級的人,即靠
智識生活的人.倘其主張能
成功,他们的生活与事業固
然应能得安了.大学校長,大
学教員,固然可以因此越發
作的穩了.以醫学博士為職
業的人固然可以從此更能
顯揚其職業了.可是至於一
般小民,至於農工,生活如何,
則猶難必.不但不能必其利,
至少一部分必且要適得其
反.根本原因即在士紳与農

工，生活方法不同。智識階級麻来是資本階級(靠資本生活的)的附庸，必不敢违於得罪資本階級。利害如何能和農工小民相容？曉得這个，職業非大学校長，大学教員，醫学博士的人，如也要生活得安，还非出来自作主張不可。你们如但能助人吶喊，你们必落得百劫不復！

第二．胡適的根本主張不外好政府。大家想々，他這所謂好政府，是不是能更好於美，英，法，日，德的政府？便令其理想，不止於此，然究其办法條件所及，所得的是否能愈於此？這当不難一言而决：便令胡適和其朋友的好政府真能得到，必不过和今日美英等政府是一邱之貉。這等政府，不但現狀，便其趨向，便其可能，大家当已明見了。在這等政府之下勞動階級(靠自家勞動生活的)，養活人而治于人的人，还不是同樣的生活不能得安。我们究何取於此？我们究何取為"打這个不必要失"而強人前進之心？

第三．他们主張好政府，他们主張優秀分子結合抵抗恶勢力。一个日報曾問以優秀分子怎樣才敢結合。自我们看来，今日中国政治之坏，并不在有優秀分子不能結合，而实在并無几个優秀分子，并無几个好人(為慎重，說無几个，事实也許并一个也無)。就令有几个像煞的優秀分子，似乎的好人，能力也都欠缺的利害。如果真有好而能的人，政治絶不会糟到這个地步。既然如此，主張好政府而唯现成的優秀分子是賴，究何異於空中築楼閣？

第四．他们的主張如此了，我们自己怎么樣？我们的主張，自信比他们的，切实的多。我们并不立時主張什么好政府。我们主張即刻要有的只是一个共産党。公開的共産党。強有力的共産党。極有訓練的共産党。萬衆一心的共産党。他们要求好政府，他们并不能实現好政府。我们見共産党之必要，我们自己就可組織共産党。有人必說："無好政府，不容共産党之發生。"是的！美国政府，自美国留学生看来，總还下得去罷？然而竟不容許共産党。俄"沙"也未尝容許過共産党，然而強有力的共産党竟能成立，因之而有一九一七年十一月的空前革命，又賴其力，維持至今，根基日固。共産党是勞勤階級的代表,是勞動階級的先驅,是要使人人都得其所的,是不許一人逾其分的.共產党主張的,因此絕不是少數人的利害.共產党的人必須是勞動階級或同化於勞動階級的.必須有死也不改的信仰.必須了然於同階級人彼此利害的共同,且認除此共同的利害,别無利害.必須对於現世的惡,誓死不相容.這樣的人,中国是有的.必須由這樣的人,当仁不讓,造成强固的共產党,中国事乃有可為.

(R)

告少年——列寧

(續前号)

無產階級的文明

当我们談到無產階級文明的時候,必須不忘記下边的事.假使我们不曉得為創造這種文明必須去認識,利用所有從人類舊時進化結出来的文明成分,那我们將永遠一無所得.

無產階級的文明不是已經做成了,他也不是從無產階級文明的專門家脳子裡湧現出来的.要是這樣想,一定是很蠢.無產階級的文明必須是從資本主義和封建式的重軛之下被人類得到的知識的自然結果.

這些都是已經領着并且正繼續領着向無產階級文明的道路,正像被了馬克思所改变的經濟学已經指示出的人類社会的將来終点和階級争鬥和無產階級革命的長期預備.

事實之批評的研究

当我们屡々听見有些少年人的代表或是新教育方法的擁護者攻擊舊日学校說他不濬發人聰慧,只是想閑塞人脳筋的時候,我们当回答他们,事雖是這樣,但舊日学校中所有好的東西还必須借过来用.

我们固不当仿效那些人;他们總以十分之九是無用而其餘是弄错了的知識,过分的重量来塞在少年人的記憶中;但這也不是便說我们知道些共產主義的結論或心裡記得共產主義的几句話,便可認為滿足.要那个樣子,我们將永不能達到共產主義.要变成一个共產主義者,必須將所有人類蓄積的科学宝庫用来豐富他

的腦筋
　　我们固用不着机械般地
填塞，但我们仍舊必須運来
重要的.事实，好發達完成每
个学生的記憶，因為倘若他
不承受一个融会貫通了的
知識十足數目，共産主义将
会减成像一个空洞的扁額，
共産主義者也将要是个不
按实际而説大話的人.這些
知識你不僅必須去融化，且
必当将他放在你的批評之
下，使你的腦筋中不致充满
了雜乱而無用的東西，而使
你的腦筋中增多了所有事
实的科学.假若没有這些事
实，在我们這个時代，也还没
有沐过文化的人呢!
　　个共産主義者如只因
腦子裡装了些現成的事实，
而並未作过那種分析和批
評所有事实的很嚴重，很緊
要，並且很困難的功夫，便自
説是共産主義者，他必是一
个極昏憒糊塗的共産主義
者.這樣虛浮膚淺的態度是
最可悲.
　　倘若我知道我自己知道
無多，我総将强制我自己多
知道一点.然如一个人自号
為共産主義者，且他自以為
将無須再学什么，那么從他
那裡将永遠産生不出像一
个共産主義者的東西来.

自覚的紀律

　　舊日的学校造出資本家
需要的訓良奴僕；他们変那
些科学家成為傀儡听命於
資本家的私意去着書立説.
這便是告訴我们必須擺脱
這些.但是当我们必須加以
抑止摧残的時候，我们不須
将人類聚積所有用的東西
估拠了么?我们不是必須将
資本主義已經用过和共産
主義将要使用的事物加以
區别么?
　　我们在那个資本社会用
来反抗大多數意志的强練
地方，放進工農自覚的紀律，
使那堅固的决定和那聯合
組織他们力量以便創造出
一个統一意志的科学，連結
到他们很舊社会的心裡，這
个統一意志的創造是要将
在我们的国裡無限的廣大
中成万成兆雜乱，破碎而又
散漫的意志統一起来，因為
要没有這種意志，我们的失
败将不可避免.要没有這个
結合，要没有這个工農自覚
的紀律，我们的主張将邊無
望要没有這个紀律，我们将
不能達到全世界資本家和
貴族的末路.我们且簡直要
不得設立新共産社会的基

磺，更不要說是他的全部建
設了

正当責備舊日的学校時
候正当養成一種為反对他
生出絶对必要而且合法的
很惡時候正当珍視我们破
坏舊日学校的願望時候，我
们必須知道，在舊 書本子
研究和舊日强練的所在，必
須放進把人類所有知識的
総和調和起来的方法須知
你们的共産主義不在談是
几件学的東西，而是你们自
己想的東西，如同這个結論
对於我们今日沐过文化的
人是必然而出的

参加到經济生活

這就是論到学共産主義
時怎么必須提出這个問題

為把這事説得更明白一
点，同時為預備«怎樣学?»這个
問題的解决我可取一个实
例為喻你们大家都知道在
軍事問題之後在防護住這
个共和国之后現在我们所
須處置的就是經济問題了

我们知道不恢復工業和
農業，是不能建設共産社会
的，而且也不可用他们舊日
的方法這必須按着現代科
学最后的法子来囫恢復這
最后的法子，你们不要忽略
了，就是電：必到全国所有各
門工業農業都還於電的那
一天，必到你们達到這个偉
大的電化計屆的須兒的那
一天，你们乃能実設起前人
所不能建設的共産社会，但
早一天也不成.

那么，你们的責任就在增
高全国的經濟水平線，按着
新進步改組農業和工業，這
種進步是靠着近代科角工
藝的，一言以蔽之，就是唯電
是賴.

但是你们当很知道這个
工夫無知人是作不来的，並
且他的関係也絶不是几个
粗浅的概念.僅々知道電是
什么東西是不够的；必須知
道怎樣把他应用到工.業上，
農業上，和工業農業的各專
科上.這都須自己去学，並須
教給所有勞動的少年.

所有自覺的共産主義者，
所有自視為共産主義者的
少年，他们的責任就在於此；
即幫助吾党和所有少年人
来建設我们的共産社会.更
必須知道為建設這个社会，
一定要以現代科学為出發
点，而且倘若你不承受這个
科学，你的共産主義不过是
一个空名.

（本段完，本文未完）

今日共産党之真諦何在？

結党營私，原非好事。今日勞動階級之所以有此，共産主義者之所以組織此，實因缺此，別無他法，可以代之達其目的。但承認自覺了的勞動界之主張為是，為应該，便不能不承認共産党之成立為是，為应該。因為共産党所逐的利，營的私，并非共産党人一己的利一己的私，乃是屬於全勞動界的利，的私。

就一般而論，凡有一種公同的利益，為得這種利益便不能不有組織。如果這種利益是關係政治的，或非借政治不能達的，便不能不組織政党。但共産党之所以組織，不止此。近世以来，勞動運動之勢力，已蓬勃的非到全世界改社会改造，不能收拾。然勞動界的人，固未同樣的覺悟，也非有同樣的本領；雖有共同的利益，却非同樣的知道怎樣去達。在這時候，試問，若無作率導的團体，運動怎能成功？舉常戰爭，不能無先鋒；階級戰爭又怎能缺了先鋒？勞動階級的這種先鋒便是共産党。有了這个机関，乃有了指路的。有了這个机関，本階級較進步的分子乃可領着全体群衆，鼓舞而進。

共産国際第二次大会決議說的好：“当一八七一年巴里市政府時，法蘭西無産階級第一次英武的举事，当時若有个強固的共産党，無論怎樣小，成功也应多的多，許多錯誤与缺欠，也应免得了。”

最近俄国十月的革命為什么成功，德国正月的革命為什么失败，主要的原因还不是一有堅強的共産党，一無堅強的共産党？

共産党既如此其重要，那么，其真諦何在？第二次大会決議又說：“共産党是勞動階級的一部分，是其最進步，最有知識，因此最富於革命性的那一部分。”“共産党是合最好的，最有知識，最犧牲自己，最遠見的勞動者而成。”

然此是共産党的界說，还非其真諦。若其真諦，还別有在，在什么？两言以蔽之，曰：紀律。有紀律，有共産党。無紀律，無共産党。共産党之所以強在此。共産党之能成功在此。共産党与其他政党之不同，此其重要点之一。第二次大会也說“無嚴格嚴的紀律，勞動者之勝利實不可能。”游过俄的，如蘭薩慕(A. Ransome)，如羅素，如布来尔斯佛(Brailsford)，

不論对於俄国别的地方,怎
樣的不滿意,对於他的共產
党,都無不称贊不值無不認
共產党如倒,俄国立即.不能
雄持俄党的數目,就俄国人
口而論,本不标多.為什么小
小的一个党就有這樣的势
力?

俄国共產党对於党員之
加入,限制本是非常之嚴.然
而还换時,有所謂廓清.凡是
有点不可靠,有点不配的党
員,都被驱逐."稍微有点懈怠,
稍微有点不熱心,行為稍微
有点与社会主義(共產主義)
的倫理不合.都是可以致驱
逐的."酒不準⊙飲,牌不准開.
跳舞既受呵斥,吸煙也要監
視.逐利謀私尤是必不可恕
之罪(参看 Brailsford, Russian workers' Republic, 論共產党章).這種々又是
因為什么?没有别的,仍是因
為紀律.有這種紀律才有那
樣力量.有這種紀律,才能堅
苦卓絶,未成功時,既飽尝監
禁流放之味;成功以後,又把
天災人禍战勝.

不要小看,這種紀律,并不
是容易的事情俄党之有此,
寔因其麻史.若尋常出身小
有產階級而未改其心習的
人,非但不能以此自律,亦且
不敢以此律人.這種的人,本
来不配組織共產党.就令一
旦組織,也只徒冒其名.他本
不来寔際,又何能以寔际問
之?然而共產党乃是最寔際
的党,他的種々計劃作為都
是因寔際為寔際而起.不能
以寔际問之的党标不了共
產党.

没有紀律,不能堅固,不能
精神貫一.一个共產党彀体
不堅固,精神不貫一,又豈有
能成功之理?俄共產党之有
今日,本始於一九〇三年社
会民主党之分裂成多数少
數两派.這个分裂,本是列寧
有意為之.這種分裂正是謀
貫一.一个組織,精神不貫一,
萬々不能强有力,数目雖多,
只同散沙.若不是各国社会
党的分裂,今日怎能有這樣
堅强的共產国际?

真正的共產党是一点不
苟且的,是一点不姑息的.不
但顯然不忠,或違犯紀律的
党員,為其所不容.便是一个
党員,居重要職位,而作事不
得法,或見解不当,也必逐無
疑.去年德共產党、驱逐雷
維(Paul Levi)便是一个顯例.這
是為的什么,這其寔也是為
的紀律.

今日世界寔只有一个共
產党,便是国際共產党(共產

国際即第三国際）他的决議凡是共産主義团体都須遵守各国各只准有一个的各国共産党都不过他的支部各国各只准有一个的各国少年共産团又是此支部的支部横之，此各国的少年共産团又聯合成少年国际，作為共産国際的一部分与婦女国际書記部同其作用。如此互相聯貫，而謀成功之便利共産国际所不承認的人，各国共産党必不能容之共産党所不承認的人，少年共産团必不能容之。這也無非為的紀律（参看第二次大会决议共産国際組織法）

総而言之，紀律是共産党之魂失此，共産党是不能活的不懂得這个的人，不配加入共産党，更不配組織共産党！

(R)

—-—-—-—-—-—-—

附錄

共産国际執行委員会
駆逐法伯宣言

〔法伯 Henri Fabre 法共産党党員，巴里 Journal du Peuple 報的総理編輯。因其違反紀律，不忠而謀私，今年二月擴大執行委員会会議曾議將其駆逐。但法党自己对此，因有許多居要职的党員都来袒護他，久不能决。五月初国際執行委員会乃根特洛斯基，布哈林等五人被命組織的審查委員会報告，因事情的急迫，不待法党之自决即以快刀斬乱麻的手段决議將法伯駆逐。除宣布此决議並且凡党員中与法伯相依的，都認為自動的被逐除宣布此决議外。執行委員会又有一説辞，詳説駆逐的理由。今摘譯如左〕

共産国際是以其麻次大会所明白草出的原理為基礎的。他的組織是立在全体党員所承認的紀律之上的。

共産国際絶不強迫人加入。但如加入，這種加入的意思就是為謀国際之公利，舍弃一切个人的私利這種公利乃不可解的与世界無産者之利益相結合

各国共産党及共産国際，既不是以政治為娛樂的人的俱樂部，也不是想出風頭而為自己謀活路的人的談論团，寔乃是從事战鬥的階級組織由無産階級為防衛自己，為競争解放而成立。

這種組織的所有分子，必須都是完全靠得住的。鞠躬尽瘁於公共的主張；為共産主義思想，慘淡経營；為革命

事業的成功；情願把一切私人的欲望都犧牲——這種種寔共產主義者之顯著的特色，寔共產主義团体应当向其分子要求的必須不可缺的保證。

共產党，因反抗武装的有產階級，從事毫不憫恤的競爭，行列中絕不能容忍游疑，不穩，疑懼，沮丧的分子，使得散布貳心而弱党力。一看出這種分子，立刻就須毫不憐憫的將其殲除。

共產党裡絕無存留来此戲弄(dilettanti)，營謀私利(買賣政客)的人之地，也絕無安住自觉或不自觉作有產階級見解的机関的人之所。

不論以思想或以著作，反对共產主義的自由，只有在共產党以外，能容下去。隨便什么政治上的庸流，無識的僭妄人，所常用的関於“思想自由”或“筆頭自由”的許多老儒常談，也掩不了這椿真理。

這些議論，对於各共產党，乃屬根本。……

……………

(此处即述驅逐法伯事)

………………

無論或是或非，但举以往对于革命情事，所作的功勞，以辨白現在加于此同　情事的害處，可以寬恕，那都是枉費功夫。無產階級寔在很常々不得不將那在一个時候，為很相異的理由，对於其階級的利益，曽能尽过力的人，除掉。……

……………

……據第三次大会，為駆逐雷維事的決議，凡声言与被駆逐的人一体，負聯带責任，或投稿於被駆逐人的報紙的党員，都要自動的駆逐。

共產国際執行委員会

(譯自International Press Correspondance, vol. 2, No.45. 1922六月七日号, P.340)

進化与革命

“馬克思既發明唯物史觀，同時又主張階級爭鬥，主張革命，這不能不令人費解。”往々有很多人都這樣的說。這句話給他做成為一个論題，就是：馬克思既主張必然的進化，怎樣又有人為的革命？

因為未懂得這个論題，一般意象学家(ideologue)及自称為純正派的社会主義者，非難馬克思学説認社会進化是一種机械的歷程，輕視人底思想，否認自由意志，滅却个人自由……因為抽象的錯解了這个論題，一般投机派和改良派社会主義者竟將馬克思学説之客視的方法过張推到極端，成為一種宿命論(fatalisme)和一个反革命的利器。他们自身亦遂陷落在事实圈裡，為眼前事实所眩惑，站在勞働階級為資本階級服務。因為認定這是馬克思学説底缺陷，要弥縫這个論題，遂有人主張，若加入人本主義或实驗主義的哲学，則馬克思学説即比較完满。——這个論題，是麻来論壇上最难解的糾紛，也是馬克思学説時常起恐慌的所在！

什么是進化？什么是革命？進化与革命有怎樣的關係？綜合地(Synthétiquement)答復，是：進化是依着他的條件，他的法轉变的，革命是一个進化之長期醞釀成熟的結果，犹如一个充足的怀胎，要在世界上，産生一个活的兒童。所以一个革命之成就勢必有一切現在和过去底勢力都達到那裡。一个革命不但不与事物底合規的進化(l'évolution normale des choses)相矛盾，并且一个重大經久的革命即是一个進化成就了，即是一个進化最后的目的告成，不是最后的目的被阻。

然則革命不是人為！人当着革命是抱着膊子，听天由命，無能為力的么？這是一般極端客觀主義者(Ultra-objectivistes)往々這樣子想的。他们視个人在麻史和社会的進化中如篩中豆，如河中石，不是説他是他的時代底一个産物，就是説他是一个社会的發展底産物。他们以麻史与自然混為一談。殊不知除開人还可説自然，除開人即没有了麻史！要闢除這種錯誤的概念，首先要根據科学的研究，追問影響於麻史進化的有那些事实做因子(facteurs)，然后再看个人在麻史的進化中有什么作用。我们論題底要点也就在這裡。説明了這个則必然的進化与人為的革命都可連帶解决了。

影響或決定麻史進化的事实雖不可勝数，然大别之不外三大範疇，構成三種因子：(1)地理的(或稱物理的)因子——土質，氣候，山脈，河流，自然的景况，物質底理化性；(2)生理和心理的因子——純是動物和人的本性：需要，情慾，思想，利益，意見；(3)麻史和社会的因子——各種社会制度：

經濟，政治，裁判，以及其他組織，家族；風俗，習慣，法律；語言，美術，宗教的沿襲。這三種因子：(1)是代表自然底勢力(influence)的；(2)是代表人底勢力的；(3)是代表歷史和社会的环境底勢力的(即團体生活之連結的形式底勢力)——可見人底需要，情慾，思想，利益，意見也是出於自然性，人在決定歷史進化的因子中也佔有位置。換句話就是說：可見个人对於歷史的進化不是毫無影響的。

但是我们还更要進一步明白的：自然和社会环境底勢力都是被動的(passive)，只有人底勢力居中是主動的(active)。關於前者是死的，后者是活的。死的勢力在歷史中只应該視為人的行動底許多條件和手段，決不是像一些独立的東西，做一種歷史的实体(substance historique)所以拉波播(Ch. Rappoport)說："為發生歷史的運動，一切客觀上的情形(circonstances)都要在人的个性中覓得一个共通的表現(expression)，应該化身於一个純粹人的行為中。必如是，客觀的环境，方能成一个歷史的因子。就是那最盲目的客觀主義者也不能不承認环境由个人主使。他们若不是不通，決不会不承認事物有這樣的被動性：需要一个活的，行動的東西，好使他自己轉变為運動的因子，為歷史遷流底適当的因(causes suffisantes du devenir historique)。"——可見个人在歷史的進化中更是一个主動的有意識的因子，為歷史運動底行動的主使者。

然而我们也不要由此遂陷入个人主義的概念底錯誤，謂个人万能，可以超脫一切自然底勢力和社会环境底勢力。這是不合於歷史底实在的。人不是時間和空間中一个孤立物，他不是他的歷史命運底絕对主人。个人的行動是服從於自然或社会的法則的。人之所以能在歷史進化中操最重要的作用，因他有智慧底最高勢力，可以研究自然順從自然底法則；可以研究过去底生活捉住將来底趨勢。所以拉波播又說："个人的勢力是在化合於一个社会底形勢之下，佔據自然底勢力，才無限的增加。"固然，人為促進進步，可以反抗一切：反抗自然的阻碍，反抗違反進步的反動，反抗他自己的情慾，反抗他的怯懦，反抗笨拙，反抗兇猛，反梳無知！但是不是隨時隨地都可如此的，必須有他的環境患顧他，供給他的條件和方法，不然，未有不撞得頭破血流的所以馬克思說：歷史是由人做成的，但是要在某一定的情形中（dans des circons-sances donnees）

个人在歷史進化中底作用，明白了。「革命是否人為的？」這个問題好解答了。革命是人為的人底歷史的作用，特別地在革命時代最為顯著因為在和平時代，人的因子与自然和社会的因子互為因果，造成歷史的事实，人的因子隱而不現唯到革命時代則可大顯其歷史的作用，為所欲為凡是可希望的都是努力可实現的他可以催速歷史底路程，可以從資本主義的條件中抽取可能的最大效用，可以將那在歷史底底層下操作的盲目的和無意識的勢力轉变為革命的精力和意識。但他所以有這些能力，又不是憑空創造的因他認識了一个進化底趨勢，認識了人底需要和滿足這需要的方法，利用客观的事物底勢力所準備的革命的地位，革命的步度，革命底基礎客观地說：這些能力也是必然的，適合於歷史的進化底法則的。

試更举实例以明之。比如，資本主義憑着生產力底膨脹，日甚一日地發展，發展到今日，一切奇大的生產力又回过頭来反抗資本主義本身（如帝国主義和国家的战争，工業的，經済的恐慌……等）。資本主義遂死了。資本階級遂倒下来了。資本主義的社会遂不得不讓位於共產主義的社会了話雖如此說，但階級不自殺的。資本主義的社会不会自動地讓位於共產主義的社会的這是一个少数指導者和一个最大多数憤恨不平的生產階級起来佔據社会的权力，佔據一切生產工具，將資本階級推倒，將以人奪人的殘暴社会改為站在協力（Solidarité）底基礎上共同生產共同生活的社会毀去帝国主義国家主義，代以世界主義。他们何以有這樣的能力呢？這又是資本主義的進化達到了：使他们成為繼起的社会底唯一的生机，有解放全人類，救済全世界的使命；使生產的性質变為社会的；使經済的關係变為国際的。

現在我簡單地用以下五

句不矛盾的話做我们論題底結論：進化是必然的；革命是必然的結果；革命的事是有理性，有意志的行動的人使他成就的。但希望我们莫要籠統地用抽象的或意象学的概念来解釋！

馬克思為打破麻史底抽象的和意象学的概念，代以唯物的概念："以人底生活解釋人底意識，不像往日人所為，以人底意識解釋人底生活"（這是昂格斯說的）；打破革命底英雄的概念，代以有机体的概念：社会之進化有他固有的勢力從裡面操作——对於个人在麻史進化中的作用不免擱置換言之就是說：他純用客觀的科学的方法作綜合的研究；未曾用主觀的方法從麻史進化中特別地將个人行使他的环境時之行動告訴我们，因之遂攖起后来对於他的学說有非難，怀疑，誤解，誇張，……等事。但他对於這些，不是不可免的。他的唯物史觀中有階級争鬥，足見他并未否認麻史進化中人的作用底勢力"凡人類社会底麻史，直至今日無非是階級争鬥史"這是共產党宣言之開卷第一章第一句試問這不明々白々地指示我们那有需要，有情慾，有利益，有思想，有意見的活躍々的个人，站在麻史底舞台上裝演麻史么？

（石人）

赤俄最近之經濟狀況

世人对於赤俄之一切施設，始終用一種封鎖政策去对付，——資本家政府在政治上，商業上去封鎖，智識界中人則索性哥乾淨，還着蘇維埃的事件，把眼睛閉着，耳朵塞着，開始罵他是强暴的过激党，最近從眉睫縫兒透進一点消息，見着俄国大鬧飢荒，而赤俄政府的使員又往来於日諾，海牙之間，向資本家政府商議条件，便都譏誚赤俄政府之無能，甚至蔑視共產主義不能实施。真好像，欲振興俄国，非接資本主義的老套兒從頭再幹不可的樣子。我如今不必多費閒辭去為共產主義打先鋒的赤俄朋友们辯護，我且借一点現在有名的經濟学者瓦伽 Eugène Varga 的論証，并延引一点切实的事实来給大家看々。

瓦伽最近著有一篇論文，

題為“俄羅斯經济之恐慌”La crise de l'économie russe，最初登在国際共產党通信上，后又被轉載於本年八月十日巴里人道報上。他先說俄国近来經济上恐慌，有重要的数種原因。第一由於战前俄国境内農業工業上生產机関工具的腐敗。“在和平時代，俄国国家的歲出大多数耗在預備軍事上頭，在農上，雖然有肥沃的土地，而没有注意到土壤之講求，加之農民的愚而無知，因之所出物產比較欧洲各国差少很大。在工業上，也是有同一原由，因俄舊政府欲与欧美列强争為雄長，遂注全力於軍械的製造。本来俄国工業是極幼稚的，這么一来，工業上的生產更不堪想了。”

瓦伽还特别指明說，像這樣幼稚的經济是不能和帝国主義战争的雄心相应的，所以在大战中的列强，最先崩倒的是俄国。“讀列寧所著的怎樣才能修補危急的災害？一書，我们当曉得在克倫斯基治管下的俄国崩坏程度之如何深了。”

第二由于全世界資本家政府的封鎖和他的陰謀，暗助反革命党在内搗乱。這些連三接四的战争使得布尔札維克政府，為自衛起見，不能不訓養多数軍隊以禦外侮。在這兒尚有重要事实不可忽略的，那是因為各国的封鎖，使俄国不能得着国際間分工的利益，因俄国頗需要入口貨，封鎖政策实使俄国大傷元氣。

第三由于“無產階級專政”聯带所及的影响。在說明這个原因時，瓦伽有一段重要的話說：“如果否認這件事实那是不誠实的。凡一種革命，開始時，常生出工作紀律上的怠弛以致减少生產。初創一種無產階級專政的工作紀律，那是很需時候的，因舊观念尚还存在人心，大多数人民不能即時懂得資本主義利益和全社会利益的分别。因此工作的减少，在無產階級專政初期，是難免的。”他还指明当時俄国有一班懂得社会利益，能够做群眾榜樣的工人，又為战事要求着去和白軍打仗，生產事業多操在愚昧無知的工人手中，這也是一件重要事实。然而這还僅々是工業上的說法，还有農業呢，那个原因，便稍為複雜了。

．在俄国三千万農人中，个

24

个都是他們田地的管耕人,蘇維埃政府,為全部利益上,農把田地一概收歸国有,在條件上,本来政府應要用工業出品去償还農民的出產,這事在開始两年曾实行过.但是后来受經濟上的恐慌,使得政府無能為力,似必要全農民白供給麦子了.因此農民除耕種他所需要之外,不甘再多生產,所需的用品,也由他們用極舊式的手工方法去自製造.這么一来,个人的生產和協作的生產起了莫大的衝突,城市与鄉村乃斷絕了交通.

俄国經濟上恐慌的原因,照瓦伽意思,已如以上所述.其中最重要的是第一和第二两種,因為若在蘇維埃政府執政以前,元氣不像那樣坏,又若在蘇維埃政府当权以后,没有万惡資本家政府在俄国外边四面包圍,在内鼓動反革命党搗乱,使他不得用全力去建設一切并促進生產,那么第三種困難,是可以免除,至少都可以減至極不關重要的程度;而為共產主義的实行者,為全世界無產階級向光明路的朋友們的成績,必不止如今天一樣.然而那些又將成过去的事实了,自年来赤俄政府,变更經濟政策以来,俄羅斯的景象,又一大变.那些閉着眼睛,寄着耳朵的先生們还在他走过的遺迹上,議論他的成敗,那知他老早已駕着新式飛行机前進了几許路程了.但他那变更經濟政策究竟是怎么一回事呢?瓦伽还約略的告訴了我們.據他說俄国变更經濟政策有两个法子:1.用完实物稅的方法以鼓励農民耕作,這即是說還还農民的田地,用他生產所得的几分之几納实物為稅(如麦子之類)於国家,餘下的還他自己所有.2.按照本国的經濟力量不能不換與自由交易.這是每々質有關係的,因如果没有自由交易,農民所有將無所用有了.這两个法子,便把以上第三種困難全免掉了.

"按這两个法則的解釋,修改了些国家的身分.在共產主義作战時,国家經濟在原則上要顧到一切人民.一切人民作工為国家,從他的方面国家也供給人民的需要."

最后瓦伽对着俄国新經濟政策的要点說:"个人的經濟被吸收在国家社会經濟裡頭.在新的經濟学裡,国家生產者姑在私人經濟,如同資本制度的对而他同納税的方式要求人民工作的生產一部分他管買,賣,運轉,和經營商務.為使国家完成他的責任,乃有一種新組織.他的效果如下:a)由立一種.以作二多少為比例的工錢制度;可以減少人佔增加工作.国.家只維持真能生產的勞動者,其他左由自己去另我生活.b)採用商品和供給品的價格於生產品的價值上.在交易場中,国家的經營如同私人經濟一樣,自由買賣我尋最高的利息.c)聯合經營者適左他们的經濟利益於国家托辣斯上.這个法子,可避免他们方針上的一概官樣的程滯,并使他能够適左交易場中情况的需要."

以上就是根拠瓦伽論文所說的俄国經濟恐慌的原委并他的由变更經濟政策而改良的方法如今再来照照赤俄内部最近的經濟实况

近来有一件最足令人注意的事实,就是在日諾和海牙会議中,協約国用尽種々方略——其中以法国為最蛮悍——想將極苛酷的條件加到俄民身上,并想於無形中取消赤俄政府的实权;而俄国代表始終以極堅決公正的態度拒絶資本家政府以前用强力封鎖攻擊所不能得,今乃轉用陰柔手腕的野望.始終保持由勞動者從資本家手中所已奪得的最高特权.雖然共產主義的道德,極足以維持赤俄朋友们在艱苦中的勇氣,然在吳事方面,亦足以使蘇維埃政府自信其經營之進步,并深知現在是全世界的經濟恐慌,其影响於俄国者,还不是十分重要,而協約国方面内部的憂苦却比俄更深.俄国經濟实况的改善,除開近来報章適載本年農產收成極佳外,还有比較詳細的材料足以告慰我们的.本年七月二十四日莫斯科国民經濟最高会議的地方局開会議時,委員長Bogdanov報告全俄經濟狀况,其内容大約如下:

(一)燃料——当1918年俄国工業上的燃料已縮至完全需用木材,木材燃料難於運轉而且生熱(calorique)極弱現在這个弱点已將完了,以前事去採伐森林的工夫,現在已变為開采石油和煤炭了.在1921年四月所取木材達三千二百万斯的(Stère),本年四月只用一千三百万斯的Donetz地方所出的煤炭在1921開始五个月供給140·700·000 ponds，1922年同一時期已增至183·100·000 ponds.每月所出平均達30·000·000以上，还没有計入其地.由農民開采的小礦場的出品.雖然在春期遭遇大飢荒，Bogdanov計标煤炭出産已達到战前的百分之四十二，在1921年僅有31%，1920年則僅有27%，足見是逐渐向上的了.在Bakou地方的煤炭出品可如下表：

1921	九月	11·600·000 ponds
	十二月	15·200·000 〃
1922	正月	15·400·000 〃
	三月	16·100·000 〃
	五月	16·400·000 〃

在Grozny地方的所出則如下表：

1921	九月	6·000·000
	十二月	6·300·000
1922	正月	7·100·000
	三月	4·700·000
	五月	7·400·000

至於石油的出品，本年第一季已達到战前的百分之四十三.当1921年在Bakou和Grozny兩處地方平均每月出不过19·800·000 ponds，在1922年已是平均每月22·700·000 ponds了(俄国一波特pond＝中国27斤强).

(二)金類製造——為調查這一類工業的興替，即須計其所需爐的多少.我們看下表便知道他更是從低而高的.

1922	正月	11 haut-Fourneaux (高爐)
		20 fours Martin (馬尔丹蒸燒竈)
		53 laminous (搽机)
	二月	13 haut-Fourneaux
		24 fours Martin
		52 laminous
	三月	16 haut-Fourneaux
		24 fours Martin
		52 Laminous
	四月	15 haut-fourneaux
		23 fours Martin
		49 laminous

在這四个月期内的出品与1921年頭一季的出品比較，已增加13%的展金品，31%的鉎鐵，40%的槌金類(Metal Martin).這類工業的進步，特别是在南方(烏克蘭)的工場，在此處每月的出品超过146·000以至313·000 ponds了.

(三)鑛場——在南部工業的進步，可述者尤其是鑛業開鐵鑛的工作，從1918年到1920年已經完全停了工；在1921年重新開掘，並掘錳鑛(Manganèse)，鉄炭鑛(coke)的製造已由1920年的4·000·000 ponds而達到一九二一年的7.000.000 ponds了.

(四)其他实業——俄国盬務的改善近已有絕好的成績，在1921年的鹽產達到战前百分之二十八；本年則有战前百分之五十五了。其他如電事業，織造字業等亦有驚人之進步在1922年的年頭，計祘有1.000公共電局供給400.000 Kilo-watts (瓦特watt為電力單位)至於織業，只拿棉紗來做例說，從1921年103.000 ponds的每月出品，本年已增到每月242.000 ponds了.

蘇維埃的工業有一些時，受農產收成恶劣的影响，頗起恐慌，現在今年的收成已有滿足之希望，那么前此資本家報紙的密議，也可以無勞过慮了。最后Bogdanov还引一件極顯着的事实，足以証明俄国經濟狀況之漸次復原的：便是俄幣盧布得了平衡的地位，并物價已漸次低落。在本年五月第三个礼拜物價有一次低落后，保持了平衡的態度。及到七月的第一个礼拜，又復從新再跌，在莫斯科的菜蔬價格又减少百分之五，麵包和肉减少百分之四，雜物减少百分之二，而同時在市場中用来换十个盧布的紙幣已很覺得他减消。這些都是現時明顯的事实.

由以上所引述的種々，可知俄国自蘇維埃政府成立以来，勞農政府只有改善經濟狀況，促進生產的功績，他并不負俄經濟崩頹的責任，這个責任是当由前俄皇室和現存萬悪資本家政府所負一般無聊的反革命党的；更可知這共產主義的常一个实驗所是能適应坏境，從經驗中逐漸得着優勝的战略，為全世界無產階級開艱險的途徑，更指引被掠奪的人們向着光明道上走的。他終有一日使一班閉着眼睛，塞着耳朵的朋友，解除他们的封鎖来領略福音，圍繞到紅旂下来。然而這并不是說，我们，資本家的掠奪者，便可"袖手旁觀"希图因人成事，現在赤俄的經濟雖然稍為改善，但是世界大部分还被資本制度籠罩着，在這籠罩下，再不的內生產事業只有傾能向上發展的，除非各国的無產階級多々的覚悟，群向資本制度下總攻擊，單任赤俄的孤單轉战是不成功的，而且這也是極可耻可羞的事！

(允常)

一九二二，八月，十三日.

世界劳動運動消息

少年國際紀念日

——本年為九月三日——

（少年共產国际執行委員会的一个通告）

紅鴻譯

八年以来，革命的無產少年，以每年九月第一星期日為少年国際紀念日，举行慶祝。

這些革命的無產少年，在歐战恐怖期中，確定了這个紀念日，正表示他们為反对帝国侵略主義，共同爭鬥的決心。当着革命風雨緊急的時候，無產少年在第一战線上奮鬥，曾為革命旗幟，犧牲一切。現在就是這些工人階級的少年要為第八週少年国际紀念日有所準備。

現在統治階級動以勢力逼迫工人階級，而对於勞動少年更甚掠奪階級利用各地工人缺乏精力，遂能够跳出革命軍隊的範圍，到如今，他还從一个最鞏固的战線中来攻打工人階級。他的目的，是在將這次兇惡战爭的負担放在工人階級頭上，而使有產階級能够從新發財。

各地的少年工人呵！少年農人呵！你们正要是要永認這些負担的人；你们正是要滿足有產階級慾望的人。

但這是不行的呵！

少年共產国際——他好久就從事保衛無產階級的少年，他好久就要求工人階級对於資本主義的挑战，加以自衛的爭鬥，於此更做成無產階級少年的防護——

請求你们各地的無產少年们，於九月三日和他慶祝第八週少年国际紀念日，并

為你们目前的要求，作有力量的示威運動：

（1）團結起来反抗掠奪階級的攻擊；

（2）奮鬥起来反抗各地的国家主義魔鬼；

（3）更竭力奮鬥以反抗有產階級軍国主義的中心。

這就是那一天的口号，用這些口号，你们就可以在一个巨大的前敵中聯合起来，同時，你们告訴成年的朋友们：“我们也準備了与你们一致来奮鬥，反对掠奪我们共同的敵人。看着呵！我们——將来要繼承你们事業的我们——現在如何的受苦。

你们要你们的事業不失

败你们必当扶助我们！

(4)成年和少年的無產者全来統一前敵！”

這就是那一天的第四个口号，你们必須竭力実践這个口号。

時期很短促了，但要準備要運用全副的精力。近来有些人要想来冒認這个無產少年争鬥的紀念日。但当革命的無產少們組成前敵統一反对战争和主張战争者而犠牲自由和生命以博得此少年国际紀念日的時候，那些人却在那裡束手旁观，甚至於為軍国主義做偵探的职務。

現在他们也要叫你们去擁護和平反对掠奪。其実应該為和平奮鬥反对战争的時候，他们倒反擁護战争，破坏反对战争的战線在革命期間，应該為無產少年反对掠奪者尋找保障的時候，他们却束手旁观。

那么，你们不要讓他们欺騙呵！

你们和各地的千万無產少年，為你们目前要求而示威運動的日子，你们示威運動有好結果的日子，就是這一九一五年少年共產国际在瑞京柏納(Berne)宣佈的少年国際紀念日及每年他加緊努力慶祝的紀念日阿！

你们当在這个旗幟底下團結起来！

当這个無產少年奮鬥的日子，所有的少年無產者及所有無產少年的組織都示威運動呵。

幹呵，少年工人！少年農人！準備呵！

少年共產国際
執行委行会

按少年共產国际的活動本是近两三年間事，但他的来源，也不是無麻史線索可尋的。为一九〇七年在德国Stuttgart地方曾開了第一次社会主義少年團的国际会議，擬出个同軍国主義战鬥和少年人実行參加工人階級的政治生活的革命方針来。在這个会議裡比利時和瑞典的團体為最强盛。过了這時，各国社会主義少年團体竟為各国社会党人“少年人不应当參加政治活動”的話所惑，一切活動都見停止，因此一九一〇年在Coenhagen召集的第二次国際会議，遂無多人来过問了。一九一二年社会主义少年团又随着第

二国際会之后開过一次国际会議，唯一的問題就是討論少年国对於未来大战应取的態度，但終因少年團未能离那机会派爱国派的第二国际而独立，止於發表了一个宣言，也終竟無用。結果大战發生了，国际少年團所預定与第二国际在一九一四年八月同時召集的国际会議也隨着破坏了。国际少年團的書記那時在維也納，对於團務竟不尽力，后来还是瑞士意大利和瑞典的朋友們發議，他們才於一九一五年聚会於柏納，中立各国差不多都派代表来了，德国方面也有脫离中央幹部的南方三个城市的少年代表到会，但法奥中央幹部則都拒絕到会。在這个会議中，决定懇請各国的團体急起做熱烈的政治争鬥，並宣佈少年運動是純粹独立運動，建立一个少年国际紀念日於每年九月第一星期日当着世界社会民主党賣尽工人階級的環境中忽然地有這些無產階級少年發出反抗帝国主義和爱国主義的呼声於欧洲大陸，柏納会議自然成為革命史錄中一个重要事件了。但那時共產革命的思想还不明顯，有人且还誤信考茨基(Kautsky)的誘惑。以后每年国际少年團総部総要開一次会議，直到一九一九年俄少年共產團參加活動，輾轉籌备，最后乃於十月下旬在柏林開成了空前的少年国际会議。在柏林会議中，參加的代表有十四国人，最有能力的是俄德代表，第三国际代表也加入来指導他們。從這次会議后，少年共產国际的基礎遂安穩地立下，他与国共產国际遂生了直接関係，並在他的指揮之下了。他的執行部本設在柏林，但自去年四月第二次国際会議后，表面上已遷往莫斯科，惟国际間的活動仍多以柏林為中心。

赤國際工聯(I.S.R.)的通告

（招集第二次国际会議）

——告所有属於赤国際工聯的組織——

索因譯

朋友們！

赤国际工聯的執行局因着俄国中央工聯和多數別種組織的請求，更本着会議所需要的大的預備工作，遂決定第二次国际会議自本

年十月二十五日開始，至十
一月二十七日為止。

"執行局要求所有的組織
最晚至九月二十日須很情
願的把工聯運動和内部情
形的詳細報告寄到，有関於
日程的提案，本然　教這些
報告和提案能得時發表

因為執行局將使第二次
会議作成一个產業上会議
的連鎖故他希望各代表图
能包含各重要協会的代表
至代表原則是要被規章限
定的。

再第二次革命工．團的国
际会議也將於十一月二十
日在莫斯科開幕．此会於規
定期日便將起首工作，望大
家不要退到。

友誼的問安！

總書記：婁作維斯基
(Lozovski)

中國社会主義青年團
的
第一次全國大会

社会主義的思想在中国
雖然傳播了十九年，但是彰
明較著地立為團体，並且是
傾向於共產主義的團体則
最近兩三年間事。一九二〇
年要祘是个開始的年頭，一
方中国共產党於秘密中組
成，一方則上海有八个青年
社会主義者為実行社会改
造宣傳主義起見，組織了一
个團体這團体叫做"上海社
会主義青年團"継着而起的
有北京，廣州，長沙武昌等处，
和上海團体相響应，最后乃
聯成為"中国社会主義青年
團"。但是那時團体内的份子
非常複雜，各派都有．因為主
義的見解各别，常起衝突，閙
到一九二一年五月遂宣告
解散。

團体雖解散了可是其中
一部份有革命精神的份子，
總是時図恢復恰巧不久少
年共產国际也有命令給由
俄回国的朋友組織中国少
年共產團．於是社会主義青
年團遂乘机在上海首先恢
復，各地也继之而起．起首的
時期是一九二一年十一月，
這次恢復鑒於前轍都由於
信仰馬克思主義者做發起
人，故恢復以後，遂確定為信
奉共產主義的團体不过表
面却説是研究馬克思主義
的團体

從恢復到今年五月，不过
六七个月，各地地方團成立
者竟達十七处（上海，北京，南

京，天津，保定，唐山，唐沽，武昌，長沙，杭州，安慶，廣州，潮州，梧州，佛山，新会，肇慶)，全国团員達五千餘(大多數為工人，次之為学生)。其他各处将成立而未成立者尚很多。

去今年五月五日下午一時，中国社会主義青年团在廣州举行第一次全国大会的開会式，同時兼举行馬克思誕生紀念大会加欢迎全国勞動代表大会。而会者除全国青年团各地代表外，達一千五百餘人。從五月六日起，就連日開会討論議案，至十日晚上討論完畢，選出中央執行委員会。這次大会：代表到者二十五名，代表十五处地方团，又外国代表二名；会議日期共六日，通过議案六件，全国的社会主義青年团遂正式宣告成立，他同時也在少年共產国际的旗幟底下了。議案中最重要的是他的綱領，現在将文中關於進行方針的一部分轉錄於下：

本頁在32与33兩頁之間，為印刷及謄寫所遺漏，印畢始發覺，特補於此，并誌歉。

"中国社会主義青年团為中国青年無產階級的組織，即為完全解放無產階級而奮鬥的組織，換句話說就是要建設一切生產工具收歸公有和禁止不勞而食的初期共產主義社会。

"中国社会主義青年团，一方面為改良青年工人農人的生活而奮鬥，并為青年婦女青年学生的利害而奮鬥；一方面養成青年革命的精神，使向為解放一般無產階級而奮鬥的路上走。然這種奮鬥的道路并非直徑的，所以現在中国社会主義青年團特規定下列現時的方針，以期達到最后的目的。

"政治方面

"(1)剷除武人政治和国際資本帝国主義的壓迫；(2)工人和農人在各級議会和市議会中应獲得無限制的選举权；(3)言論，出版，集会，結社，罷工，应有絶对的自由权。

"經濟方面

"(1)十八歲以下的青年工人，每日工作時間不得过六小時；十八歲以上的青年工人，每日不得过八小時，但应争得平均的工值；禁止十二歲以下的青年作工；(2)每星期至少应有連續三十六小時的休息；一切節日停止工作；(3)禁止中外商及工廠主与藝徒私自締結契約，应制定保護藝徒的法律；(4)改良工人衛生，禁止十六歲以下的青年作有妨害健康的工作；(5)男女工人待遇平等，女

78BIS

子在分娩期两月中应停止工作，並須照常發給工資。

："教育方面

"(1)関於社会教育，社会主義的青年，应為所在地方的青年無產階級組織俱乐部，学校，講演会，以發展他们的知識和社会覚悟，并發刊適於他的日報，月報，小册子。对於青年農人亦应特别注意。又应使年長失学的青年受普通教育。

"(2)関於政治教育，社会主義的青年应宣傳社会主義於大多数青年無產階級，其方法或集会講演，或刊行出版物和小册子，並特别講述中国政治情形及其他種々情形，以啟發并養成青年無產階級的政治覚悟及批評力。

"(3)関於学校教育，社会主義的青年应運動改革学校制度，使一般貧苦青年得受初步的科学教育。並極力運動建設普遍的義務教育和学生参加一切学務管理。取消宗教関係地方関係及一切不平等的待遇。

"中国社会主義青年團对於各種運動当協同中国各種青年團体共同工作。協同各種青年團体反抗各種迷惑青年阻損青年思想進步之政治或宗教運動。

"中国社会主義青年團承認对於解放無產階級和被壓迫民族的問題為世界問題，要達到社会主義的目的，非全世界無產階級和被壓迫民族共同起来革命不可。"

——遺漏，印畢始發覺，特補於此，并誌歉。

新刊評論

"無所謂宗教"

1922年八月在法国印行

"宗教精神与共產主義"

新近旅法学界中有些人集資編印了一種非宗教的册子，名"無所謂宗教"。這本是一件好事，而且是当做的事。在那本册子中，"如何掘去宗教之根"一文，要称是傑出之作，只可惜文中最後一段竟以共產主義与宗教同列，殊令人大感不解，且適足為[illegible]全篇根據科学精神反对宗教的污点。著者曾謂"吾人不能於物質世間之外，復有非物質世間"，"……吾们的人生，是实際的人生"，"生活顛困為物質世間之缺憾，……這是社会組織及經济組織的問題，应讓社会改革者去解决。”總此數語已知著者是接近唯物史观的了。著者信社会改革当重科学精神。然則科学精神又如何？著者說，“……種々社会上問題，我们發現了他的不安，我们便立当研究一个改革的办法。有了办法，我们立当去实驗过了，如果有錯，我们也可拿以再去更改。這是唯一的科学方法。”“我们又有去究研，去試驗，終可以試驗出一个最良最適的制度。除了我们不去試驗，不肯改革，則終身困苦……”

我们試問々著者，馬克思所提倡的共產主義有一点不合於上边列举的話么？在馬克思以前，社会主義成為有產階級中人的清談，共產思想还存留在烏託邦中。自馬克思出，一本科学的精神，尋出“物質世間”的最大缺憾在現代經济組織，而生產力的变迁，更足以使此經济組織有必須崩潰之勢。另一方更從人類史中，找出階級爭鬥的痕跡，知道現今的“下層階級”（凡加“”符号的字句，都是用著者語）乃是依附現代經济組織之下的最後最困苦的無產階級。欲“剷除痛苦的根源”，消滅此階級界限，順着經濟变遷可能的趋向，自不得不想出“一最公平的分配方法，最有效的生產制度，使生產者公有其生產品，而公同分享之”：這便是共產主義所由来，也正是馬克思全部經济学說給以明確證明的。至於革命，更是“剷除痛苦”的不可避免方法。除非我们抱無抵抗主義，“求上帝無形之安慰”，“不去試驗，不肯改革”便罷；否則欲用一个研究出的办法去实驗，没有不妨碍舊办法的，没有不与他衝突的。

馬克思正因為立論準乎“实際”研究出来的改革办法必須“实驗”，所以才主張实行革命的共產主義。信此主義的人，所以才能勇於实行。別的社会主義派别，或者还可容留宗教思想，惟独共產主義者对此種“犧牲弱者庇護强者”，長人倚賴性，誘人容忍，“錮蔽思想”的宗教却深惡痛絕。国際共產主義党因此認宗教是人類中一種毒葯。

至若著者謂共產主義具有宗教精神，我真不知其何所見而云然。豈也受了羅素謂馬克思主義已成了宗教的暗示么？其实羅素所指多在共產党人的革命精神。本來革命精神多出之熱烈的情感。理愈明，信愈真，感愈切，革命的精神遂能愈久而愈堅。這種培植情感使趋重"实际"的精神，不但改革社会須要他，便是實驗室中也不可離他。須知牛頓沒有他，引力原理未必發明；安斯坦沒有他，相对論不会出世。在我们現在看來，牛頓有些地方的精神未免白用，但是安斯坦以前二百年的科学世界，果是誰的領域？且当其時，即至現在，又誰能說他是迷信？

迷信与信仰何別？別在其所信的理論与方法，能否用在"实际"上来"試驗"，換过来說，便是能否合乎科学精神。所以同一參加情感而成為意志的"信"，乃有"迷信"与"信仰"之別（其实只說一"信"字便足）。再申說一句，凡有所"信"都不應超越於理智範圍之外，出此便為"迷信"。準此，我们能說純本科学精神探求出来的共產主義具有宗教精神么？

共產党人对於他種為有產階級作辨護，或是無形中阻人前進，引人空想未来天国的種々学說，"不能接受，不能容忍"，而更加上合乎"实际"的批評，這正因他有信仰主義的熱烈精神和改革社会的决心。他决不能学自由論者之徒尚空想，还以為是乃本諸科学精神。為要解決物理学上的問題，所以牛頓，安斯坦各信他们的發見為"不易方之良方"；為要"剷除社会痛苦的根源"，所以我们才信"共產主義為不易之良方"。假若我们对於馬克思本著科学精神研究出来，急待試驗的共產主義，信而又疑，不去实行，我们又何必談"信仰"，又何必談"試驗"，談"改革"。相信安斯坦学說的人，才肯替他證明日蝕的移動是合於他的理論，替他奏此凱旋。那么，相信馬克思学說的人，視馬克思的著作為可貴可重，又何足怪？凡是相信某種人的学說，对於其著作，無有不珍視之理，何況急待試驗的学說，便甚言之為"經"為"典"，也無可議。

教徒对於神父牧師只有迷信，即心知其非，口亦不敢言。至於共產党人一方服從領袖的指揮，一方实時々監督其行動！著者止知俄党愛護好的首領，也知各国共產党人時々驅逐其不良的首領么？即在俄国当日，此類事亦極多。

共產党当然不要"既不能令又不受命"的自由論者,但共產党也決未曾想造出蠢如鹿豕只知服從的党員.舊式的軍隊除掉被愚弄和服從外無他事,今日的紅衛軍却有了勞兵会議.軍隊犹如此,他種組織,更不待言.

著者对於資本論亦曾讀过未?不知其從何而證明"資本論所搜集之事实,即以最有力的暗示,利用人類好殺的獸性,以激動其報復及争权的野心."因為資本論搜集的"事实"(注意此两字),甚有傷"上層階級"的体面,多是些残暴掠奪的罪狀,遂謂馬克思藉此与人以暗示.馬克思本此以主張共產主義,主張"下層階級"当將握特权的"上層階級"趕走,好消滅階級界限,此不僅暗示,馬克思且曾彰明較著地嚷出来了.但著者如此說法,不懼犯有擁護有產階級的嫌疑么?然則又何解於"剷除痛苦的病根"与"生活顛困為物質世間之缺憾"之言?若以宣佈一種階級一派人的罪惡便以為"利用人類好殺的獸性,以激動其報復及争权的野心,"則無所謂宗教一書也具有宗教精神作用了.

至其謂驅下層階級以殺上層階級,率共產教徒以制服異己……"我们第一須認清在共產主義中所認定的"上層階級"与"異己"果属何人?共產党人指導勞動級階級驅逐有產階級和附属他的軍閥官僚,更使之由有產化為無產来尽人々勞動的義務.這種解脱人類全体,引人向善,並使之有路可走的精神,豈輕々可以"報復争权"等字樣抹殺掉的么?至於殺与不殺,那純視反革命的拳動如何為定.革命是不能不流血的,除非著態者与讀者是抱無抵抗主義的人,尚可以"殺"字動人,然而又何解於"消滅此不平的政治組織"与"剷除痛苦的根源"之說,且更何解於"科学的精神"?

強他人迷信其教条,故基督教說愛之結果為殺,共產党人不僅不說那"愛仇如友"的空話,且也未嘗"強他人同其信仰"反过来,恐怕那有產階級却正在利用宗教精神使人々麻醉於"自由思想"好听的名辞之中,無形中却為舊制度作了保證而不自覺呢!然則"十字軍之東征""左手執元蘭經右手執刀"的譬喻,也止有放在"上層階級"和無

產階級的"異己"身上為当了
至於說到"得勢"的赤俄,則
過渡時期的無產階級專政,
而更使指導無產階級,以無
產階級利益為利益的共產
党人充当先驅,乃政治經濟
過程中的必然趨勢,有何足
怪!若謂"以首領之意旨,強迫
人民服從",著者亦曾知赤俄
政治上的首領須服從勞動
会議(蘇維埃),中央執行委員
会,以及人民委員会的決議
么?著者亦曾知勞動会議及
中央執行委員会常々变更
人民委員会的決議么?而勞
動会議代表更有為無產階
級中人撤換的事么?再"人民"
果何所指?若謂赤俄首領為
擁護無產階級利益起見強
迫反革命派的人服從,有類
於羅馬教皇,立意未免滑稽.
著者試況心想,今日世界除
赤俄外,果是何種階級的哭
下?我们果受了何人的強迫
而須得服從?且所已得的自
由又是什么?不要說実行反
抗舊制度,反抗"上層階級"了,
便是為擁護被壓迫階級利
益而有所結合,有所主張,也
要常々受那維持特权階級
的法律干涉,而社会上受了
宗教精神之毒的人不一
定是教徒更要輕蔑排斥

你到了万分;并且有生以来
便無形中受了各方教育的
限制而暗示.試問自由在那
裡,自由思想更從何說起!舊
制度舊思想既然把人心錮
蔽得這樣,一旦無產階級為
解放人類全体,而奪得政权,
在过渡期中為要剷"清舊毒,
扶植自由的新芽,对他如何
能不加以限制?不然,还得請
出"沙",請出克倫斯基政府来
好了.但又何必"改革",又何必
"実驗"!又何必"实現出一最公
平的分配方法,最有效的生
產制度,使生產者公有其生
產品,而公同分享之"以图"剷
除痛苦的根源",而得到未来
真正自由發展的协同社会
呢!
著者自信為擁護科学精
神愛好自由思想的了,但他
文中這最后一段話,実太不
科学的了,太不肯跳出舊思
想的圈套中来自由思想了.
著者立論着眼在"摇去宗
教之根."但此"根"隱"伏之所決
非在科学的共產主義中,凡
是那描写出一个理想的
天国,而無法実現的一切学
說主義,都还有宗教迷信的
毒根在内,即著者"成功即在
目前"之言也都含有几分心
理上不科学的宗教毒質在

的，想又為著者所忽略了。凡真擁護科學精神，愛好自由思想的人，也都有責任去糾正他！

（伍豪）

編輯室雜記

(1)本誌第一号，很有些錯了的地方，現將必須更正的几處特記於下：

P. 3　右方第14行多"哇""隊"二字

P. 10　右方第27行"但"字改作"亦"。

P. 14　右方第5行去"或"字

P. 15　右方第12行"前"誤作"要"。

P. 20　左方第31行上去" "字。

P. 21　右方第6行在武力旁边加一"注"字。

P. 23　左方第12行多"所表"二字。

P. 29　左方第19-20行自"三方……"下改為"終未作聯合的示威運動"。

P. 35　左方第12行去"里"字。

(2)本誌上号預告的三篇文章，本号因稿多未得登出，誌此道歉！

本誌特別啟事

本誌因限於財力及人力，印刷不多，第一号早已寄完，各地朋友來信索閱者，都不能一一補寄，特此誌歉。

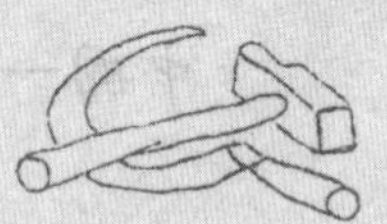

本誌價目表(郵費在內)

	每號	半年	全年
法國境內	50°	3F	6F
歐洲境內	70°	4F	8F
美　　洲	[illegible]仙	4角	8角
中　　國	[illegible]角	6角	1元2角

本　誌　代　售　處

歐州——巴里中國書報社
Monsieur E. chen
Boîte Postale N.° 9
Paris—13

美洲——坎拿大華人工會
轉述堯先生
P.O. Box 1208
Vancouver, B.C.
Canada

中國——廣州興昌馬路二
十八號新青年社

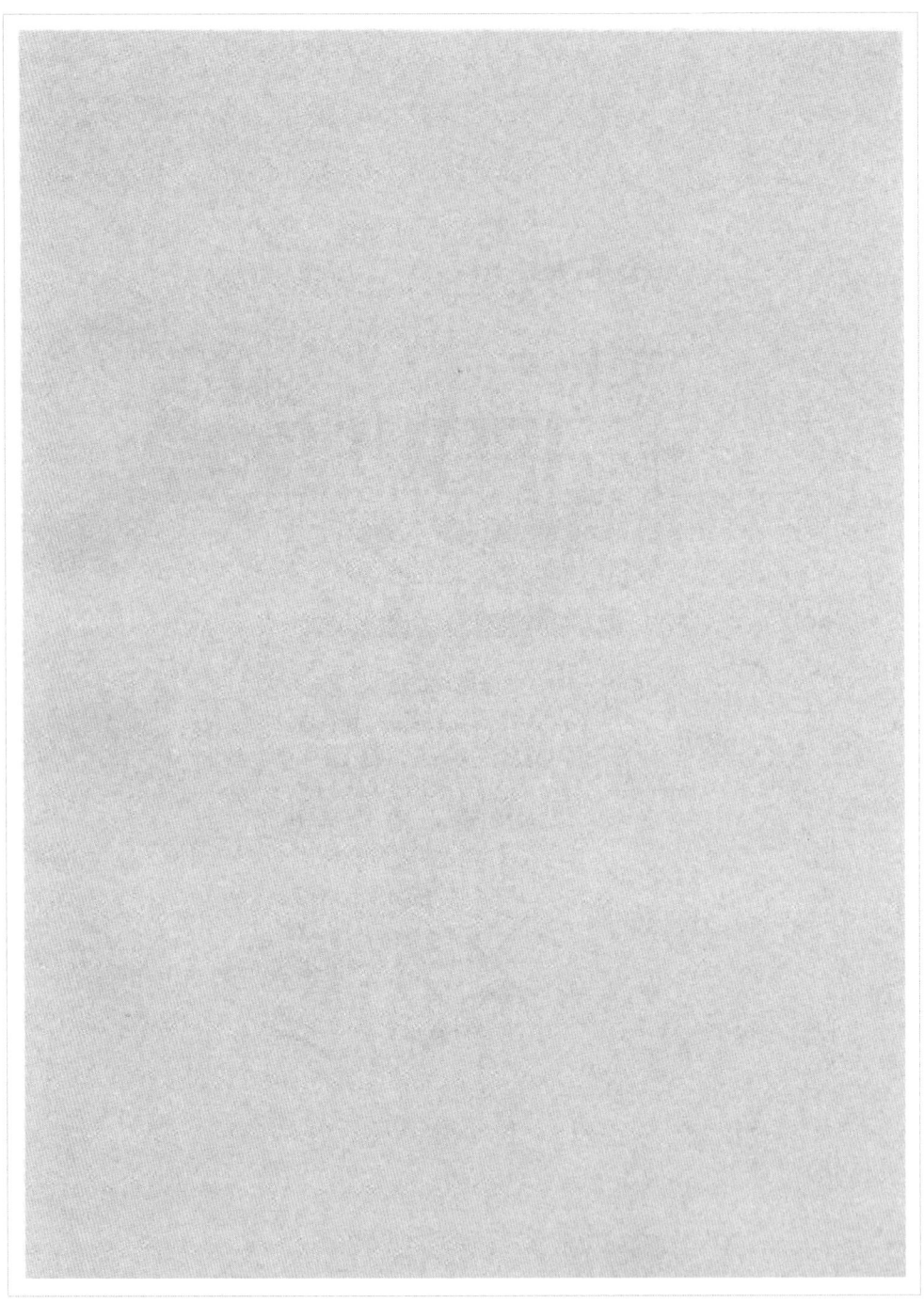

Nº 3　　1er Octobre 1922　　Le Nº 0,50c

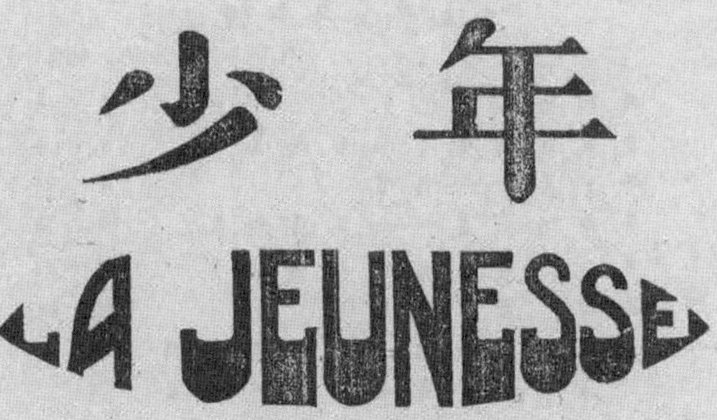

少年

LA JEUNESSE

第三號

一九二二年十月一日

第 3 号

"少年"第三号目錄

(本誌不禁轉載但須注明"錄自旅歐'少年'雜誌"字樣)

少年雜誌社

BOITE POSTALE N°9.

PARIS-XIII.

(FRANCE).

我們的職務

我們很相信社会生活的物質条件，不但足以定人的意識，且更影響到人類一切文化。現今的世界，已被現代經濟制度摧残得分崩混乱，残酷萬分；人類文化，也隨着停滞不進，更帶有退化，破産的恐慌。準此，現制不推翻，一切改造都成空談；推翻了若没有好的制度来替代，則此举仍等於兒戲。我们很曉得在現制中有産階級因運用了私産制度，科学能力，自由競争的法則，乃造成現今發達到了極度的資本主義，明瞭地分析出有産和無産的两大階級界限，造成了双方敵对之勢。為要打破資本制度，消滅有産階級，只有本着共産主義的見地，團結起全世界的無産者，以世界革命，及勞動会議式的無産階級專政為手段，来建設生産資具統歸共有，分配机関統歸共管，無復階級因而無復国家政府的共産社会。如此，人与人的争鬥乃能消除，人類文化乃可救濟，自由發展的人群，乃可希其實現。需要這樣子的改造，這樣子的革命——共産革命——便是我們对於現社会最切要的認識。這不但在欧美，便是我們故鄉——中国——的貧民階級，因着外国資本主義的侵入，和国内軍閥与中産階級的專横，身受了两重壓迫，也同樣急迫地需要一个共産革命：這又是我们对於中国更切要的認識。

但共産革命需要什么？促成無産階級中人的階級覺悟，由覺悟而團結，而行動，自然是个最大的需要。只是促成由誰？團結行動由誰来指導？這自不得不需要一个做先驅做前衛的共産党了。不过共産革命不是一時可以現成的，且革命前的預備，革命時的奔走，革命后的建設，全不得不需要一搬候補的人材，源々不絶地来充生力之軍。於此，無産階級少年的訓練，乃成為必要，且更急於需要。訓練事必須属於一種團体，且更須受共産党的指擇．立於這个原則之上，於是乃有共產主義少年團和少年共產国際之產生．

共產党与共產主義少年團的分别，最重要的是"党"与"非党"。他们的関係，共產主義少年團乃居於共產党的從屬地位．共產党完全是个"党"，且完全是指導無產階級群眾走入共產社会独一無二的党．他的職務，至為明瞭．至共產主義少年團的方針是什么？簡單地說，更跟着去年少年共產国際第二次大会的决議說，不外三種：1政治上受共產党的支配；2作成群眾的團体；3注重教育事業．總言之，便是在無產階級少年中本着共產主義的信條互團訓練．在此活動中，凡為共產主義的少年，其必要的職務乃為：本着共產主義的見地，学到一切学与術，注意於共產主義道德的修養，結合成共產主義全運動的群眾組織，努力向外宣傳，援助無產階級少年的解放活動，時々吸收新的份子，施以無產教化，使之適宜於各種奮鬥，好企圖共產革命，或革命后的建設．這些方針，這些職務，也便為今日各國共產主義少年團和少年共產国際所由組成．

現在可再轉來說到我们，說到我们旅欧的中国共產主義少年，除去上述的普遍職務外，我们实还有旅欧的特殊職務可言．接給欧洲的共產主義实際運動，考察並学習其活動的方法，這是我們旅欧的第一使命．其次，旅欧的中国勤工儉学生和華工朋友，乃我们認為立在同一被壓制境遇下的人，且更多無產階級的少年．我们的利益，本是除掉無產階級少年全体的利益無其他利益可言的．因此，我们在勤工儉学生同工友運動中的一切参加，也是本着我们的職務，來為無產階級少年謀全体利益的．在這種活動中，我们应無彼此之分，更不容有相互歧視之見．此外，我们為要清除旅歐中国無產階級少年解放運動的障礙起見，我们不得不努力反对惑人思想的宗教和其所屬的一切組織，更不得不努力反对与無產階級少年利益整个相反的教育組織（例如里昂中法学院）：這兩事实是我們附帶的使命．

現在中國少年應有的覺悟

汪化

我們抬起頭来看々，現在的中国弄成了一个什么樣子？　我以為很多人都能够知道，現在的中国是一内憂外患的中国了。　究竟内憂外患發源於什么地方？　我恐很多人都摸不着頭腦；照現在大多數的中国人，謀治中国病的，不外两種：(1)一般人看見中国武人，各據一隅，争鬥連年，致民不聊生，外交失敗，以為現在惟有力謀統一，不管是誰，强盗也好，軍閥也好，只要有人能出来真心謀統一，把中華民国的招牌掛得起来，組織統一的政府——即稱是好政府——他們便恭維他上台，然后再朝着西洋人所走过了的鬼道上走去。　(2)另一般人看見中国天產豐富，尚未尽情開發；以致一切物品，皆須仰給舶来，利权外溢，民困日深，以為欲甦民困，非速提倡中国的資本家来開發实業不可。

第一說是很錯誤的，因為武人弄权，不过是中国的病源的一種表現，好像染了梅毒的人的皮膚上的瘡一樣，並不是病源。　我们且假定中国是一个統一的国家，像第一說的人之所期望，中国大多數人的痛苦，就能消除了么？　拿太平洋会議来說，中国真的就能得到勝利？　日本能够杜口結舌，不說他对於青島犧牲很大，英国也能够不說威海衛是他遠東軍事上的防地，一概無条件的交还中国嗎？　不不，絕不！　因為資本主義的国家，只有侵掠他人以肥自己，断々没有這樣容易說話的！

第二說尤其錯誤危險。　中国的天然物產，遺棄着未全開發，実是可惜的；現在提倡開發，那是很对的；但我们的目的，是開發這富源之后，要人々都能得到同等幸福的。　至少也要使大多數人，不致因此開發而受壓迫。　然而若照第二說的人所期望，叫資本家以資本主義式的制度，去開發經營，那又何苦来！　因欧美各实業發達的国家，即資本主義發達的国家的过去事实，已全告訴

我們，而我們的目的恰々相
反了。所以在未開發实業
之先，最要緊的，先選擇開發
的手段同時並須解決分配
問題。不然，結果不外搜括大
大多數的貧民血汗，去供大
腹便々的資本家揮霍罷了。
我們所要知道的，就是中
國已經病到這步田地，究其
实是誰在那裡作祟？我敢
確定的說，就是那萬惡的資
本主義！
英法美日各國的資本家
皆爭先恐后的投資中國；而
中國的軍閥資本家，遂利用
這外國資本，大刀闊斧的剝
奪那可憐的中國貧民階級
了。我們是有眼看得見的，
中國軍閥的爭鬥延長，誰敢
說不是日本資本家之賜？
凡政治上或大或小的事件，
中國政府，簡直沒有一件不
仰人鼻息的；這不是經濟上
不能独立受人牵制的緣故
嗎？現在論到中國羽毛豐
滿的大資本家，雖不甚多；但
那才学飛的小資本家，却实
在不少了呢。他們一面憑
着自己原有的資本，加上外
資，去開發他的实業，必然要一
天一天的膨脹起来。這是
很明瞭的，誰也知道那些中
國的軍閥，官僚，資本家是不
做工的，不会做工的；不能生
產的，而且耗費多的：他們餐
餐都是飲宴，穿的是絲綢，住
的是大廈；出門有車輛，在家
熱時有電風扇，寒時有燒爐；
妻妾滿堂，所以很多兒女；這
些公子小姐，除非他們覺得
念書沒有玩耍的開心，不然，
个々都是大学專門学校的
学生呢。他們一面要拿許
多金錢，貢獻給外國的資本
家；一面又要增加自己的腰
囊的重量；一面又要供給全
家的大吃大用；這許多金錢，
我們又很知道是不会從天
上掉下来的，那末，不消說是
從那勤勞的工人農民，在煤
烟烈日中，不住的揮着鍬兒
似的血汗得来的生產上頭，
剝奪下来的了。只可憐那
些安分的工人農民受着這
二重經濟壓迫之后，雖每天
作工，自早到晚，何止十四小
時，自年頭到年尾，已不知道
禮拜休息日是什么東西，更
不知道什么是快乐，簡直和
牛馬机器似的替那些無良
的有產者不断的做工；至於
所得的工資，與作工的時間，
適成个反比例。像中國現
在那樣廉價的工銀，不用說

不能够維持最低度的生活需要了。所以結果不但不能得一飽，並要負着一身的債。這種債務自然是從有產者的手裡借来的，少不了又要受一層重利盤剝的苦楚。罷了！我們現在也許知道中国的貧民，即中国大多數人民，除了还有瘦的筋力以外，更没有别的了。我們想々這樣赤條々的貧民，他们所生的兒女若不早些替資本家做工，怎樣支持下去？可憐那十一二歲的孩童，發育还未完全，就說要到工場去賺碗飯吃了！那些貧民統々不是呆的，他们寧有不知使他们的孩兒們有知識的需要嗎？這也不过是没飯給他的兒女吃，不得不如此罷了！但是資本家还心口如一的对那無產者說：紡紗吓，看牛吓，……一切比較輕便的工，都是你们的兒女所能做，所应做的！我们不要以為中国現在的学校，是与中国貧民有関係的呵！我們若是這樣想法，是一椿大罪过；因為中国貧民本身与他们的兒女從来都没到过那些貴族的地方。不但学校，是為有產者而設的；就是醫院药房等，又何嘗不然。有產者的兒子的鼻頭有点閉塞了，馬上就有醫生坐着摩托車到来看病。至於貧民的兒子，就病了九天十夜，以至於死，都不能見有医生的足跡的。這也不怪得，因為貧民没有錢！

大家想々，這些都是中国貧民的命運！

我们对於產生中国紛紛，陷一般中国貧民於萬劫不復的制度——資本主義的制度——还認為是合理的，那又有什么話可說；若不是這樣，我们就应該奮起，把這劫掠的資本主義式的經濟組織推翻，替代以公平的共產制，以創造我们那新的光明的中国。

注意！我們為什么採用共產制呢？因為在中国現狀經濟情形如此紛乱之下，必須用急進的治本的主張，極力团結中国的貧民階級来作階級的革命，以覆滅有產階級，如同快刀斬乱麻一樣。我们更不用遲疑，中国有產階級的末路，近在咫尺的了！俄羅斯的事実，更明々的引導我们了！在革命后的第一期中，極難免有產階級死灰復燃的危險；因那些有產者，很不甘心失掉以前的掠奪品，而且他們是寄生慣了的，現在忽然失其所依，自然不免感覺着有不能活命之勢了。我們欲免除這危險，非用勞工專政手段，斷々不行。況且所有生產，為分配管理適当起見，亦不可不集中。

我現在把上文所說概括起来，作為本文的結論：

凡現在中国的少年，都应該已見中国貧民呻吟於兩重經濟壓迫之下的苦狀，都应該鼓起熱烈的同情心，極力設法團結一般大多數勞動者，與那般不勞而食的軍閥，財閥，擁護現制度的学閥，總言之，勞動家的掠奪者，拼个死活；一方面聯合世界的勞動朋友們，共同撲滅那吸人血，吮人脂的萬惡資本主義，以图創造共產主義的世界。資本主義制度是攔路的大虫，我們如果不把他除去，我們永不能前進。資本主義制度又是一切人類的枷鎖，不把這枷鎖打開，我們永不能出地獄。少年們呵！我們第一步的工夫，还須得向這个大虫，這个枷鎖合力的攻打。要認清這是人類的總病源，尤其是中国的二豎子。這二豎子不去，所謂統一的好政府是資本家的走狗机関；所謂開發実業也只為資本家添燃料。欲救中国，欲救人類，只有一条路可走。這路是什么！曰：共產革命。”

全世界的無產少年團結起来呵！

告少年

列甯作

（續第二号）

共產社会的建設

我們這輩子人的職務，僅僅在推翻有產階級。批难有產階級，發揚群眾中已有的仇恨有產階級的感情，懂得聚集階級的力量：這就是我们最先要做的。

你們這輩新起的人，放在你們的前頭的，都有一个更複雜的責任。因為你們的責任並不是僅々在聯合起所有你们的力量以維持勞農的政府反抗資本家的攻擊。這固然是你们必須做的，並且你们已非常懂得這个，像所有共產党人应当懂得的一樣。但這終是不足的。

你們的職務，是在建設共產社会。在許多地方，這个工作的前半部，已經做完了。舊世界已經照他分所应然地被摧残了；但這不过僅是一部分的毁坏，照其事实上可以縮成的地基已被清除了，並且在這个地基上共產主義的少年必須来建設共產社会。

对於你们，問題乃在建設，並且為解决這个問題，你們必定得承受那所有最新的科学。這必須懂得要变换現成公式的共產主義，变换成方的共產主義，变换死板板条文和計劃的共產主義，成為一个總理你们目前行動和為你们实际工作的指南的活的共產主義。

這就是你們的使命。当你们要教導，訓練和後引少年人的時候所必須自律的就在於此。你们必須加入成為成兆的建設者中，所有少年男女都須来到於此。倘若你不招呼所有勞農少年的群眾来作這个建設共產主義的事業，你將永不能造成一个共產社会。

共產主義的道德

求於此自然要論到我们必須怎樣教共產主義和什么須是我们教法的特性的問題。

但在此以前我將先論々共產主義的道德。

你们必須將共產主義的

教育從自身做起。少年共產團的目的是在做一種实际上的行動，以使他在学習上，在組織上，在團聚上，在争鬥上把他的團員和所有認他為指南的人去做成真正的共產主義者。所有現代少年的教育，訓練和養成，這總不外學習共產主義的道德。

但是还存在一个共產主義的道德么？还存在一个共產主義的德律么？诚然！人家時常以為我們是没有道德的。資本家階級屡々反对我们，反对我们彼此共產党人，説我们不承認所有的道德。這实是一種擾乱思想和迷蔽人民眼目的詭計。

我们反对道德和德律究是在那一方面呢？

我们反对他是在有產階級的方面，在那个方面德律是由於天命的。我们很肯定地說我们不信上帝，并且我们知道很清楚，用上帝的名義，实际上是主教的人和那些地主与資本階級在那裡說話，用来防護他们掠奪者的利益。或者就不假託天命去造道德，而從理想家半理想家的話頭裡抽出来，其实這種話的結局与天命是一樣的。

凡是從外乎階級或人類的观念弄来的德律，我们都不承認。我們說那種德律正是為資本家，地主的最大利益来騙工人和農人的，並正是束縛他们思想的。

我们的德律是完全屬於無產階級的利益；並屬於這階級争鬥的緊迫之秋。我們的德律是由於無產階級的階級争鬥的緊迫引出来的。

舊社会是建設在所有工人和農人所受地主資本家的壓迫之上。我们必須来把他破坏掉，我们必須將壓迫人的人弄下来，並且因為這个必須使勞動者的聯合得勢起来。没有一个宗教的道德或是哲学的道德能够創出這个聯合来的。

且這个聯合是僅能從受过教育，從近百年来總數中選拔出的無產階級中生出来的。這僅是当於這種階級被組成的時候，群眾運動之遂開始起来，正其所行動之得見於今日的，換言之，就是在"所有国中一个微弱的国家已得見到革命的勝利，他已經為反抗全世界資本階級而支持独立至三年之久了.

我们看見無產階級革命在世界上擴大起来. 按着我们的經驗，我们説，我可以宣言，僅々是無產階級自身才能造出一个聯合而又堅結的力量，足以使他吸引起散亂而又碎破的農人階級，與且他已經抵擋所有掠奪者的襲擊了. 僅々是無產階級才能够帮助勞動的群衆来自己併合，来自己團結，来战勝，来堅持，最后乃得来完成發達共產的社会.

所以我们説：為我们，在人類社会以外取来的德律是不存在的；是一个謊話. 我們的德律对於我们是属於無產階級爭鬥之利益的.

階級爭鬥

那么，這个階級爭鬥究竟何在？ 他即在於推翻沙皇(俄皇尊名)；推翻資本家，並消滅資本階級上頭. 但普通什么是階級？ 他就是那準許社会裡一部分人来私有別人的工作出產的.

設使社会裡一部分人私有所有的土地，我们就有了地主和佃户两个階級 設使社会上一部分人據有了工廠、工作股票和資本，可是工別的人却在工廠裡边做工；我们就有了資本家和無產階級

除掉沙，已經不是难事，几天的工夫就够了 排斥開地主也已不很难 我们在几个月内就做完了 甚而趕走資本家都已經不太為难. 但是要消滅階級，却無限地棘手；工人和農人間的分別至今还是存在那裡. 農人当他在一塊地上立了家，当他私有了对於他和他的牲口所不必須的餘糧，而別人却正在那裡缺少麵包，那个農人便已經是一个掠奪者了 他愈將麥子看作他个人的 在那上他愈可得利若是有別人飢餓着他便愈可决定："他们越餓，我把我的麥子越要賣地貴."

必須使所有的人根據公共的計劃，在公共的土地上来工作，按着公共的規則，在公共的工場中来工作. 這是很容易実行么？ 你们自己看見了，這个解决是比趕走"沙"，趕走地主或趕走那些

資本家还要無限地棘手。欲作這个必須使無產階級改造他本身的教育，改造農人的教育，並且將勞動的農人拉到他们一起，以便於摧殘那就别人的困厄以自肥的富農的反抗。

一句話說，在趕走"沙"，趕走地主，趕走資本家以后，無產階級的争鬥离究事还遠呢；我们所謂的無產階級專政的制度，乃正開始作起他的職務来。

階級争鬥仍是継續着下去的：他僅々换了一个樣子。他現在的目的是在防止從前掠奪着的復現和聯合無知識農人階級的散碎，群众到一个緊密的同盟中。階級争鬥正継續不輟着，我们应該以所有都来從属於這个争鬥的急迫。

所以我們乃以我們共產主義的德律遵宿於他。我們說："德律就是用来破坏舊日掠奪的社会，和聚祷環集着於無產階級的所有勞動者来創造新的共產社会"。

（本段完，本文未完）

革命的战畧

Une École stratégie révolutionnaire

托洛斯基作　　允常節譯

革命的物質前提

朋友們，馬克思主義的理論已經將麻史進化的条件及其法則先定出来了。說到革命，馬克思的理論也由他的親筆，在他的著作，関於政治經濟批評的遺信（Contribution à la critique de l'économie politique）的序中，立定了差不多像下述的論據：

——没有一个社会制度能在其生產力發達至這个制度之所能及的最高度以前，消滅过去，并且没有一个新社会制度能够实現出来，假使在舊制度裡，没有預先得到必要的經济條件。

這个真理实是政治革命的基本，也是為我们今天保存着不可拒辯的公準價值。但是，不止一次，常有人了解馬克思主義帶有机械的，簡單的，更是錯誤的式樣。即在上述所举的論據中人也能引出不对的結論．　馬克思說，一个社会制度当到生產能力（在自然力一面的人的权柄和技術）再不能在這个制度下發達的時候必当消滅了．　在馬克思主義見地上，歷史的社会看為造成一个人類的集合組織，他的目的是在增長他们对於自然界权力　這種目的当然不是由外界強迫，乃是人類自己，在他们的進化过程中爭鬥着以求達到好適应環境中的客观条件並逐漸加增他们奏自然界原動力上面的权力．　為着一个革命——為着一个社会的革命，深切而不是為一次不管怎樣殘酷的政变——為着一个变換經濟制度的革命，有些必要条件，根據這个論點只發生在一个時候，即当舊社会制度開始束縛生產力發達的時候．　這種論據決不是說舊社会制度，当他在經濟見地上成了守舊的東西也就是從他開始束縛人的技術能力發展的時候，他自己才会自然而然不能幸免的崩倒下去．　因為那是没有的事情，雖是生產力是以構成歷史進化的發動能力，然而這个進化却不產生在人類的外面，乃是由于人類本身的生產力的蓄積，換言之，社会的人在自然界上面的权力的蓄積，实不屬於个人各自的意志，乃只屬於今日人们的普通意志，因為技術是代表出一个已經蓄起的資本，他是從过去遺贈給我们的，他或者推促我们向前，他或者，在某種景况下，抑住我们不進．　然而，当這些生產力，這个技術，開始在奴役制度或是有產階級制度下覺着狹窄時，又当着社会形式的变換，為人類权力向前的進化成了必要時，那么這个進化便不是他自己和日出日落一樣会產生出来，乃是要賴於人類的行為，賴人们聯合於階級中而爭鬥来的．　指導舊社会变成反古守舊的社会階級，应当被新的社会階級来替代，新的社会階級帶着新社会制度的圖案，符合於生產力發達的需求，並且他也準備着来实施這種圖案的．　但是一个用来廢黜生活舊主人，用来開闢新社会關係道路，有充分意識，有組織而且健全的新階級，恰々發現在舊社会制度尚餘殘生而成了守舊復古時候的事情，并不常々遏着。因此，他乃不常自往前進。反之，在歷史上遇着好不止一次，一个舊社会已經衰頹了——举例說，便如罗馬帝国的奴隸制度，和在他以前的亞洲古代文明，其中的奴役制都已經阻滯生產力的發達了——在這个滅亡的社会下，却沒有充分强有力的新階級去毀滅舊主人而建設新制度；只不过封建式的家奴制度，比他以前的奴隸制度稍是進一步罷了。到了封建式的家奴制度，也並不是常々存在，在必要的時候，新的階級（有產階級）又出來準備着去打倒封建主而來開歷史進化的道路。且在歷史上遇着不止一次，一个某些社会，一个国家，一個国民，一種民族，而那生活在同一樣歷史景況下的几種国民或国家，在原來經濟制度之下（古代奴隸制度或封建式的家奴制度），均自處於無能向前發達之勢。然而，当着还沒有一个新階級存在可以指引他們向新路上走的時候，這些国民，這些国家，便自己崩潰了；一種文化，一个国家，一个社会便也停止其存在了。所以人類的進行不常是自低而高総跟着一条上升的線路的。它常接續在停滯和向野蠻方面崩頹的長久時期中。有些社会已經升起，到了某一種水平線上，但不能夠停頓在高頭……人類是不能停在一个地方上的；由於階級及国家的战鬥，它的平衡是不固定的。設使一種社会不能上升，他便当倒下；又設使沒有一个階級能存在着向上走，他便会自己崩解並闢了向野蠻方面的道路。

朋友們，要懂得這个極複雜的問題，是不能滿足於我以上对你們講的抽象的解釋。必須要一般少接觸這个問題的少年朋友們去研究歷史的著作以便習熟各国，各民族的歷史，特別是經濟的歷史。僅能夠這樣，以后才能完全明白社会裡面的机械作用。為合於馬克思对於戰術的理論，即是說階級戰鬥的實用，必須要懂得這机械作用。

革命战術的問題

涉及無產階級的勝　，有些朋友们把事物描寫得太簡單了。在這个時候，不光是欧洲，是全世界，在馬克思主義的見地上同極正確的說法，我们有一个如此的形勢，即是：有產階級制度已經達到發達終点了。生產力已不能在有產階級社会裡再向前發達了。在結果上頭，我们可以看見在最近十年内的情形只是崩頽，只是資本主義人類的經濟根基的崩觧和以前蓄積財富的机械毁坏。我们現在處在經濟極恐慌的時候，他寔是一種驚人的恐慌，在世界厤史上沒有遇过，而且不是简單的，現在到了他的時候了，在資本主義制度下生產力的發達，這種情形是《尋常》而不能避免的；這个恐慌今天正指出有產階級社会裡生產力的崩毁和離散来了。他自己或者能有高有低，但是就普遍而論，則和一月半以前我在這同一所中对朋友们所陳說的經濟發達傾向的曲線表一樣(註一)，經过所有的起伏擺動他是向着低处不是向着高处的。然而那就是說有產階級的終局会自然〃〃机械般的到了嗎？一点兒也不对。有產階級是活的階級，他是成立在限定生產的和經濟的基礎上面的。這个階級不是一種經濟發達的被動產物，乃是一種活動而有生机的厤史力量。這个階級自己尚餘殘生，也即是說他成了厤史進化上極可怕的索鎖。但這毫不是說這个階級正準備着成為厤史上的自殺，也不是說他正準備說"進化科学的定理已經認定我已成為守舊復古的了，我要離開這劇場去了。"很明瞭的這是不成問題的。别一方面，共產党人也不能滿足於徒然認識有產階級应当要受剷除的罪，因此緣故，無產階級的勝利便称已安定了。那是不对的，必須还要把有產階級克服投擲下去！

假使在有產階級的社会中，还有繼續發展生產力的可能，就普遍而論，革命便將無能為力。但是在有產階級的社会中，將来的生產力的發展已是不可再可能，在這一点革命的根本條件便已殘文了。《革命》已經從他的本身上解釋為現存階級的争鬥。有產階級已完全為麻史進化的必要相反；但他尚是在社会中為極强有力的階級。再則还可以說，在政治見地上，有產階級已達到他的权勢的最高度，和他的力量与方法集中的最高度，且其政治上軍事上的方法乃為造謠的，強暴的及煽動的，換言之，即在他極恐慌失掉社会地位的時候，他的階級战術的發展碰到了極点。战争就是這種可怕的結果——战争是不能避免的，生產力已再不能在現存的有產階級社会下向前發達了——我說，战争和其結果已將他的恐嚇的危險在有產階級面前發現出来了。這个事实推進他的階級保存的衝動到了最高点。階級和个人一樣，危机越甚，他在争鬥中為他保存的元力的伸張也越利害。再不要忘記那有產階級，得到了最大的政治上的經驗以后，已為致命的艱險对了面了。有產階級早先曾開創了並折毁了各種制度。他發育在種々時代中如絕對独裁政治、君主立憲，議会專政，民主政治，拿破崙式的專政，天主教的國家，耶穌教的國家，政教分离的國家和虐待教会的國家等々的時代。這些極富足且極变幻的經驗，已深嵌入有產階級的血管和神經中樞裡頭，使得他今天用高的代價来保存他的权勢。並且他举動的聰明，纖巧和殘暴恰能趋过他趋勢所認識的恐嚇危机。

假如我們在表面上分析這件事实，我們將於此找出一種矛盾来：我們在馬克思主義的法庭之前，曾經判斷有產階級，換言之，我們曾經用麻史進步的科学解析，深知他自己已經成了殘生了，然而他却还可顯出那麼大的活動力，其实，這一点兒矛盾也没有；在馬克思主義中，這是人家所叫做論辯法(dialectique)的。事实是各方面麻史進步的歧異：經濟，政治，國家和工人階級的進步不能相並，不能平行的發達起来。工人階級不能一点一滴和生產力的擴張平行發達，而有產階級隨着無產階級增加，鞏固的時候又一点兒也不衰頹下去。麻史的進行本是别一樣的。生產力常是跳躍的發展；有時他極迅速的前進，有時他却退后。有產階級，在他的範圍中也是跟着跳躍而發展；工人階級也是一樣。当資本主義的生產力撞着牆壁，不能前進的時候，我們見着有產階級在他的手裡聯攏起軍隊警察，科学，学校，教堂，議会，言論机関，自衛軍，努力的向前面射擊，并且他暗中指着工人階級說："是的，我的地位是危險的。我看見一个大深淵張開在我的足下。但是我們看是誰先跌下這深淵裡去。或者在我死以前——如果我真是該死——我能把你先投擲下去，呵！工人階級！"那是怎樣解釋呢！極簡單的，欧洲的文明一齐毁坏就是了。假使在歷史的观点上应被处以死刑的有產階級，他觉得自己在最近的可怕战争中还頗具精力，頗有权勢去征服工人階級，那么，欧洲是要陷入於經济的和文化的解体中，如同多的地方的国家和文明早先遇着过的一樣。别一方面說，歷史已報給我们一个時候，当此，為欧洲及全世界的福利，無產階級的革命已絶对是不能避免。歷史已給我们提供革命成功的根本前提，照這意義即是說我们的社会再不能依靠有產階級的基礎上去發展生產力了。但是歷史是不担任為工人階級，工人階級的政治家和共產党人來解决這个問題的。他像似向工人的先驅說（我们暫時表現歷史以一个人的模樣，安置在我们的高頭），他对工人階級說："你必須要明白，假使不推翻有產階級，你將死在文化倒坍的灰燼之下。去試一試，解决那問題罷！"這是現在的事情啊！

我们要曉得在欧洲，大战以后，工人階級近於無意識的去試尋這个問題的答案，這答案是歷史对他出的。实际的結論是照下边說法：

攻打有產階級全不是像那樣容易那樣簡單的，雖然歷史对他已定下了罪案。对於這个結論，当世界大战后三年中，欧洲和全世界現在所經过的時代，一方面，是有產階級社会生產力的解体，他方面是有產階級反革命的战略，發達至於極点。

明白了解此事乃是所必須從來反革命的戰略,即是說反抗無產階級爭鬥之術,借動於種々可能的方法,自敵士們和教師們溫和的講演以至机關鎗連排的轟射,從來沒有達到像今天這么高的程度。

美國前國務卿藍辛先生在他的凡尔塞的和平書上記述路易喬治先生不懂地理,政治,經濟等々。 我們是当相信的。 但在相反方面却沒給我們一点疑竇,這还是路易喬治先生,滿腦子舊習慣去欺騙殘虐勞動者,起首用極纖巧,極奸詐的手段,終結則極慘酷;這是由於他採取英國從前歷史上的經驗,並且他能在近年來騷擾的經驗中改良他的方法。路易喬治先生是在他一類当中,一个被歷史恐嚇失勢的有產階級的傑出战將。我們实在不能不說,便不減少了还這么幼稚的英國共產党的現在價值和將來功績,英國的無產階級也尚未有這同樣的戰略家呢。 在法國,共和總統米勒朗以前是屬於工人階級的,現在也做得很好的政府首領。 從前在工人中宣傳總同盟罷工思想的白利安先生,現已為有產階級的利益努力,掛着出名反革命派首領的頭銜了。一切治國有產階級的富足政治經驗,全由他自己親身在無產階級的警察中吸取出來的。 在意大利,在德國,我們很當心的看着,有產階級從當中推出一些人和一些團体當他們的重要分子,這些分子為有產階級和他的發展,他的財富,他的強力和他的保存,都聚集了所有階級爭鬥的經驗。

革命战略的学校

工人階級的責任,在歐洲和在全世界一樣,是成立於反抗那有產階級用來達到最終戰線的反革命戰略之上,且用他自己的革命戰略,也可一樣達到終点。 為達目的,應当最先明瞭的是:徒然以為有產階級是被歷史定了罪狀,無意識的,極呆板的去攻打他,這是不成功的。在政治戰爭的困難戰場上,我們看見,一方面有產階級使用他的全勢和所有的方略,別方面工人階級使用他的各類活動,他的情感,他的各種發達的程度，同時更須田着共產党。共產党是永派遠争鬥着来反对别的党派和别種組織以図發展工人群眾中勢力的。'共產党，在欧洲漸々居於工人階級前頭了，他必須在争鬥中暮於運用，有時前進，有時推促，有時鞏固他的权勢，有時經服新的地位，直等[illegible]那一種極利便的時机到来好打倒有產階級。我再說：這是个複雜的战略問題，最近国际会議中曾為他提出全个的輪廓。在這觀察点上，共產国际第三次会議已經是革命战略的高級学校了。

第一次国际会議互開在大战以后，那時共產主義在欧洲剛起手動作，由某種推理，人々希望工人階級初步的實進，可以推翻有產階級，因為战后有產階級或还没有時候我着新方針並他的新立足点。從這樣的情感，這樣的希望上大部分在客观上可自認為合於当時的情狀。有產階級被他自己战争吹策弄怕了，那也是由於他自己的地位迫而出此。表前此已經在我的世界局面的陳述中說过，此地不再重賛了。(註二)無論如何，在第一次国際会議時(1919)，我们都希望——有的甚一些，有的輕一些——工人階級和農民群眾初步的实進可以在最近的將来把有產階級推翻。在結果上，攻打已証是利害。犧牲的数目已經很大。但是有產階級已支持了這種初步的实進，並且藉此他把他的階級地位弄得更形堅留。

在1920年第二次国際会議開在危難的期中；(參看註二)人已經覺得着單用几个礼拜或是一，二，三个月的攻擊，已不能打倒有產階級，確需要一種政治的預備和極嚴密的組織。同時局面又非常困難，你们当还記得，当紅軍迫近瓦尔梭(波京)時，計标那軍事的衛動，因看到德，意和別处革命的地位，於其本身乃没了意義，此衛動且曾組有最高权力，引入於欧洲战力之中，但亦因此將決議的一時革命，冰消瓦解了。那些是不成功的了。我们已被人推開。

在共產国際第二次会議以后，極複雜的革命战略的必要，已漸々明白表現於工人階級之中。我们看見勞

動群,眾在戰后已得着嚴密
的經驗,他自已向着這方向甚
行,由這種情狀中共產党乃
到處擴張起來。 在第 个
時期,數百萬工人於德国委
身於舊社会的打擊,几乎没
有注意到斯巴尔達庫斯團
(德国共產党前身)。 那是怎
么解釋呢? 战后,好像在工
人群眾中,又將錯來得权利
恢復,施行一種壓力,求得最
多的爭取,否則完全改变了。
你看為什么數百万的工人
們相信着無須費精力來組
織共產党。 然而在去年的
經过(1920),德国和法国的共產
党,在這兩个最重要的欧洲
大陸国内,已從以前的小會
堂内变換过來,在机関中大團
体了數十万的工人了;大約
在德国有400.000,在法国十二
万以至十三万,這个数目於
法国已称很大。 此種景况
為我們証明這些工人群眾
已感覚到在那个時期,沒有
一个特殊机關,使工人階級
能分析他的經驗并從而得
着結論,一句話便是:沒有一
个集中的政党的方針,那全
是不能战勝的。 為此緣故
在最近時期遂成就了一个
很重要的結果是:群眾共產

党的建設,在那裡頭还要加
上捷克斯拉夫的一党,他有
350.000党員(在他和德国人的
共產机関融合以來,捷克斯
拉夫共產党人在一千二百
万人口中得有450.000党員!)。
有時或者錯以為這些初
建立的新共產党已經学会
了革命战略。 去年的战事
經驗已証得很明瞭了。 第
三次国際会議便是照会在
這个問題对面。
這最后的国際会議,假使
我們把他來說得極概括,可
發表於兩个問題之上。 第
一个是在以前和现在都要
來清理工人階級,在這裡也
包含有我們自己共產党的
一列,有些份子不願意爭鬥,
他們心裡害怕而又隱瞞,常
假借某種普通理論,他們意
欲不爭,他們內裏的傾向且
更願与有產階級聯合。 駁
在一起,來清理工人運動,尤
其要緊的是在共產党隊中,
屏除改良份子,中央党,半中
央党,此实含有两層特性:遇
到有意識的中央党,成功的
協作派和半協作派,应該簡
單的驅逐他出共產党和工
人運動隊中;然而若使我們
有意於無定見的中央党,我

們当施行一種直接的不折不撓的威勢牽引那不堅定的份子走入於革命爭鬥中來。　這樣是国際共産党的第一个責任，来清除工人階級的政党中一些不願爭鬥，并且使無産階級爭鬥麻木了的份子。

但还有一種別的責任也是緊要的即是：学爭鬥之術，此術不是天賜的礼物会自己掉下来給工人階級和共産党的。　人只能從經驗中，從批評中和自動批評中才学得革命爭鬥和战略之術。我們在第三次国際会議裡对新共産党人說：“朋友們，我們不是單要奮勇的爭鬥，我們所要的最重是勝利。”　我們在最近數年中，在欧洲特別是在德国，曾經过多次奮勇的战事。　我們在意大利曾見过有一次革命的大战鬥一次內乱死了些不可避免的犧牲者。　自然，那些战事都未得勝利。　失敗是不可免的。　但是必須使失敗的罪过不由党中做出。　然而，我們曾見着不止一種形式一種方法的战爭，總是得不着勝利，並且也無從得之於其內，因為被一个無忍耐性的革命指揮，總比有思想的政治指揮為常。　由這件事实第三次国際会議已將他決定成爭鬥的意義了。朋友們，我应当来解釋一下：這个爭鬥不容有一点粗燥的脾氣，也不容有分歧的爭鬥。　反之，我們在会議裡卻有了極熱烈莊嚴的氣象，我們的爭鬥意义又全有了法則，并且同時有了換上客觀意見的特性。

我們的会議是一个工人階級的革命的，政治的大勞動会議（蘇維埃），在這蘇維埃裡頭，我們各国的代表立其基礎於各地已得的經驗上邊，我們在一方面，攷察过，更再審議过一回，於清除工人階級中的不願爭鬥而且無能爭鬥的份子的必要上，我們的標題是利便而明醒的了；別一方面，我們為第一次於他的全幅員，和他的充分利害中，也立定了一个問題：革命的战鬥，為着权力有他的法則，他的方法，他的計謀和他的战略；誰不懂得此術，將永遠不能得着勝利。

—·—·—·—·—·—·—·—

以上三節是從托洛斯基的“Nouvelle Etape”一書中擇譯出

的。 Nouvelle Etape這部書，朋友R已在本國刊第一期中介紹述。 大家曉得這書分兩部：第一部講1917至1921世界的通性，用經濟的觀察把大戰以后各國的經濟狀況極精晰的描畫出，更用種々事實證明在現在資本制度下生產不能再向上發達，欲求世界文明不崩頹，只有無產階級起而革命；第二部是說革命的戰略，大要已在譯文中，他的第二種方法的結論是要極力在勞動階級中宣傳，培養實力，不主張憤而一擊的辦法。 我本有意把此書全譯，一時沒得工夫，只從第二部中譯出頭三節藉以引起讀者去看"全豹"的興趣。

(註一) 參看原書43,44頁。

(註一) 參看原書13至16各頁，論階級的要一節.

本誌啟事

"少年"第一号早分完了！

朋友們，你們看过了而不願保存的第一号，肯給我們寄回么？

如寄回，我們好再轉寄与欲看而未得的朋友，他們將感謝你們無限的好意。

男女問題

不成問題的解決

R.

或者說。等到將來別的社會問題都安頓以后，男女便成最大問題。 這話自然是由其人真感覺而出。 其實何待將來，便在現在，在人生活上，男女問題也是兩根本問題之一。 關係一般人間的關係的是經濟問題。 關係兩三个男女間的關係的即男女問題。 此兩根本：經濟問題是人公的方面的問題，男女問題是人私的方面的問題。 人的一切行動，根源都在衝動。 根本衝動有二：一為自我衝動，一為性欲衝動。 我相信經濟，男女兩問題即應自我性欲兩衝動而起。 這兩問題時相纏繞，也猶之這兩衝動時相纏繞。 但男女問題的解決，卻不是以為問題，才能解決。 人如越重這个問題，這个問題必越不能解決。 必待人不甚以他為問題時，他才得解決。 這不是迴避這个問題，這乃這个問題的真實解決之鑰。

“飲食男女，人之大欲存焉。”羅素雖或者是因時勢之要求，變了節，又結婚了（有人告我說），但他以前確曾主張，婚姻應当廢除。並自稱信性欲自由（Sexual Freedom），而比之於飲食。平常飲食，為什么不至成大問題？便因人沒把他太加重視。人固不飲食，不能生存，但人確非單々為飲食而生存（或不應）。人或者不交媾（或廣說沒有性欲事情）也不能生存（有人告我据医家之說如此），但人也確非單々為交媾而生存。飲食沒有什么神聖，沒有什么污穢。交媾有什么神聖？有什么污穢？但令衛生防孕之術進步，育嬰院設置周備，人人換了觀念，不再把交媾稱一回子事，不再念々在茲，你不把他禁，他也不向他總覬覦，交媾还有什么問題？交媾問題解決，一般男女問題實已解決大半。

固然可說交媾問題與男女問題非尽同其分量。还有所謂愛。但是男女之愛是什么？

弗若德（Freud）的心解学說是特以其性欲論著名的。解愛也是他解的最合事實。在他的意思，愛沒有別的，不過是性欲衝動的精神方面。他說，当我們把性欲衝動之心的方面提出，而把基本上肉体的或“肉慾的”衝動要求，按下，或暫忘一会兒時，我們便說愛（Freud, Vorlesungen zur Einführung in die Psychoanalyse, 1920, S. 378.）。那么，是不是如能把肉慾的要求完全滅絕，愛情就要無所附！是不是性欲極熾之時，愛情也隨而極摯？是不是肉慾的要求如得滿足，愛情也隨而宣洩？所謂性欲誠與交媾更異其範圍。但在平常男女間，交媾終是性欲主要的正則表現。如此，交媾解決了，男女問題豈不解決了大半么？但此卻不是解決其全，解決其全尚有需於高化。

凡是根本衝動，消滅是不可能的。窒“慾”猶之防川，潰決起來，為害必更利害。人之患心疾，行動反常，便多由壓抑性欲衝動而起。所以“慾”是不可窒的。但縱之，任憑他去，其不可也同。隨順自然的理勢，性欲衝動之一部分終要以尋常自然的方

法滿足,又一部分則應把其
所得精力,即"慾"(所謂"高此都"
Libido),導到亢為有用,更為高
尚之涂(轉向非復性欲的回
的),這是可能的。 這便是伏
若德所謂"高化"或陶冶作用。
人類麻来的一点々文化,盖
都以此而致。 現在解决這
个男女問題,便也有賴於此。
以我的意思:男女如期為
長久伴侶(理想人群中,人人
都是長久伴侶。 今所謂長
久伴侶即用這種普通意思)
必不可不有為彼此精分所
寄的高尚事業(學術事業功)。
彼此同要尽自然之力,把一
部分的性欲精力("慾")用到這
上。 男女其初結合,大概不
免像々由於性欲衝動,或且
但為的交媾。 但如欲常長久,
長久是不能如此的。 如欲
常長久,必不可不移其注意之
点,轉其"慾"的一部於無窮極
的事業上。 這種情形,或者
也可説是彼此不要相愛那
一点々,而要共愛个更大的
東西。 這樣子乃能群己兼
利。
"慾"既一部分高化了,乃容
易不再把性欲交媾,过於重
視。 反之,這種高化作用,怠
能發揮盡致;也正有待於人

不復把交媾當々祿一回事,
不復在圖這个上过費精力。
因此,"慾"之部分的高化与交
媾愛情不祿回事,两个解法
實是相輔相成,缺一不可。
二者兼到,男女問題乃再不
成問題。 什么結婚制度,自
無所需。 自由恋愛的謬説,
也不待闢而自破: 現在的
主張只是説男女發生愛与
交媾等關係,不祿什么,与自
由恋愛的舊觀念根本不同;
恋的字義,更与現在的原理
遠離。
特是要第一解法完全办
到,不但如前所説,須人改变
觀念;更須經濟制度之改組,
理由之一,即"非人的意識定
其生活,乃其生活定其意識"
的話是近似的真理。 經濟
制度改組以後,工業越發展,
性欲自由且成必至之事。
人的性欲,本与生俱来,自
幼即現。 欲自極幼即高化
得宜,不得不賴善良的教育。
真正善良的,為受教育者起
見,非為施教育者起見的教
育,也必待經濟改組之后才
有。 據上所見,等到經濟問
題完全解决以后,男女問題
自可解决。 不至彼時,也必
不能解决。

男女問題的究竟解决，既属於將來，為目前怎么樣？為目前宜努力的把這个問題，看得不成問題。為目前宜努力於經濟制度的根本改造。

世界勞動運動消息

現在的責任

共產国际執行委員会給德法無產階級和国际工人階級的通告

男女工人們啊！

国际共產党（I.C.）已非常满意的接收了德法共產党的兄弟們在克恩（Köln又名Cologne）会議的消息，知你們已决定聯同攻打那要使德法的勞動者賠償凡尔賽和約中的巨大賠款的反革命派——也就是欲給德国勞動者以最苛刻的掠奪，並欲置法国勞動者於新戰机中的反革命派。有產階級已無能力來修正凡尔賽条約，且其，除掉德法無產者那樣堅强有力的行動外，簡直無法可以制止全世界不被捲入於新的戰爭漩渦之中。

国际共產党望德法的工人階級，絕不要存一点希望，在那早已宣告了死刑的有產階級政府和睦上面。無論怎樣的畏懼新戰爭，他们的利益，終是互相衝突的。預先忙着歐洲市場的復元，英国的有產階級，情願給予德国以各項的通融。但是法国的有產階級，因為要顧着救濟那恫嚇国民大團結（現政府派）生存的經濟恐慌，已迫得從工人農民身上橫征暴歛，在別一方面更必須要对着德国継續他的現今政策。這種政策，是很合乎那夢想把未思發里亚和萊因（Westphalie et Rhin）的煤礦，併為已有的法国大工業家的野心的。他们工業和政治的霸权，就可這樣的鞏固於歐洲。在這些條件内，那些協約国和睦的不可能，已是很明顯了。

男女工人们啊！

国际共产党一样的唤起你们注意，来反对那第二和二半社会主义国际并亚姆斯特丹国际工联(F.S.I., d'Amsterdam)的阴谋。 他们那些小聪明，本来不是用以遏止有产阶级继续他的罪恶行为的。这些人也决不敢当着美国矿工罢工和其厰主欲以强权压服罢工的时候，禁止煤炭输入美国——且这些人既送此伤害的赈济品以侮美国矿工，不用说他们是决不能用那唯一可行的方法，以反对资本主义，而引导无产阶级到革命之途了。

德法并全世界的男女工人们啊！

共产国际对着你们大声疾呼：

你们力战有产阶级统治着，并以整肃的態度来表示你们已被掠夺够了的时机已到！ 徒有大示威运动，还是不足的。 必须要提醒一般尚未自决的，和在手工厰中，在工厰中还昏睡着的人们。对於那些尚坚信現時的艰难要遠過於一九一四年八月的人，必须要有一種刚毅而又坚固的動摇。 对於革命行動，必須要準備一般無產階級的群众，使他们一遇着危險的信号，馬上都个个很嚴整的去到各城市的街道上示威。 对於有產階級，必須要認清了，使到战争發生時，决不会有一个人来替他出力。

男女工人们啊！

這事你们能够做到，什么事你们都能够做到，只要你们團結起来。 决没有比这一無產階級前敵更形必要的了。 我们曾要求三个国际党在柏林会議，着眼於無產階級国际行動的大組織。但為倫敦和維也納的国际党所破坏。 他们对於这事，应受良心上的裁判。 罢了，这事三个国际党的首领已不能做到，你们，你们自己，全世界的無產者必須起来做，團結起来，好反抗那有產階級和那些不肯奮鬥的社会党的首领。

男女工人们啊！

第二国际，二半国际，和亚姆斯特丹的国际工聯，都以保護德国為適宜於你们的。 什么德国？ 国力建築在被谋殺了的三十万無產者的骸骨上面而屬於有產階級的德国！不作一事以抑制资产阶级而且更苦迫着劳动群众的有产阶级的社会党政府的德国！至于我们却决不教你们去保护这样子一个德国。德国的有产阶级和他的走狗，不过要使那不断增加的负担，重压在德国无产阶级肩膊上。不过想长保着他们那监守苦役囚徒的差事，替同盟国派级罢了。

法国的工人们啊！

我们以为用革命的行动，来反对你们的政府，反对法兰西的帝国主义最适合于你们的，并不是为帝国主义的德意志解围，乃是为减轻法兰西施于德国无产阶级的军国主义的压力，为使德国无产阶级得前进无忌的去革命。

德国的工人们啊！

我们通告你们应为着无产阶级的政府，去和你们国内有产阶级的社会党政府决战。这种无产阶级的政府，将除去法国工人群众对于德国意志军国主义怀异的恐慌，并破碎国家主义的桎梏。

德法的男女工人们啊！

我们通告你们应取一致的革命行动，仅有他才能够准备全世界无产阶级的共同工作，来再造那被资本主义毁坏了的世界。

全世界的共产主义者啊！

你们的责任是为那无产阶级前敌的统一，和为着反抗帝国主义的一切阴谋，去发达你们那最强度的宣传！你们的责任，是必须成为从是明天一齐奋起的国际无产阶级的自动机！你们的责任必须做成他的觉悟！打倒无耻的帝国主义大强盗！

对着那全世界的帝国主义排列出无产阶级前敌统一的战阵！

全世界的无产者实行起来啊！

共产国际执行委员会

一九二二，九，二，於莫斯科

莫斯科的判決案

共產国際執行委員会的通告

男女工人們啊！　莫斯科的革命法庭已將反革命派的自命為俄國社会革命党的各首領的判決案宣布出來了。　這種判決案乃是那曾注意於此訴訟的所有工人所切盼的，並且他們都知道各種罪惡全是社会革命党所应当負責的。

革命法庭已認清是種党羽犯了隱藏着謀害那工人及農人的第一次共和国，私通協約国資本主義的政府在此做成內亂，和準備謀刺各工人運動首領的各種罪惡。

革命法庭已宣布了各被告人的死刑，他們的確是作這各種惡事的罪犯，並且他們已經宣布決不放棄那与蘇維埃統治作武裝的戰爭。蘇維埃全俄執行委員会已遵守革命法庭的判決，但定為緩期处死。

依着社会革命党被控告的事件，假使他如下所述，停止了在俄国的內訌和搗亂，不再來散布恐恐慌和間諜，與資本主義政府斷絕關係，則可使他的各首領不傷一髮。　倘再与蘇維埃作战，那么，他的各首領死的責任便应由他自身負着了。

各国勞動者啊！　国際共產党之所以參加於此訴訟者，乃因蘇維埃共和国之存在實与無產階級国际的組織有關。　国際共產党員蔡提金(Zetkin)，波加里(Bokori)和毋納(Mouna)曾藉你們的名義以控訴人的資格控告。　国際共產党執行委員会在訴訟開始前，已曾發表他的意見於俄国共產党中央委員会中，亦即蘇維埃共和国的指導机關中。　我們今天再使国际的無產階級全知道這種意見。

我們与革命法庭的判決案實有聯帶關係。　社会革命党既犯重罪，則非死不可。但無產者的政府無所謂復仇政治，惟革命的利害是較。国际共產党執行委員会也贊同蘇維埃全俄執行委員会緩期处死的决案。　蘇維埃政府現將社会革命党各首領的生命付給於他們在外国各同志的手裡。　為俄止社会革命党反革命的活動起見，他们就給了在外国的社会革命党以援救被处死刑者的生命之責。

勞動者啊！莫斯科的訴訟已給倫敦和維也納国际社社会党各首領以一个力战蘇維埃俄国的机会，這兩个国际社会党以有產階級的新聞紙聯盟来保障俄国的反革命派。此反革命乃得張社会党的内應旗幟。他们以為蘇維埃俄国嗜殺。殊不知此外还有那一个政府能緩期处决那已經宣布犯了通敵，謀殺，作亂，行刺罪狀的人的死刑呢？

第二和二半国际各首領已遣派辯護人到莫斯科来抗辯。這些人一經敗后，即行退縮。蘇維埃政府在克倫斯基(Kerenski)家裡搜出来的證據，足以證明社会革命党不僅於一九一八年以各協約国的金錢助長内乱与蘇維埃統治相衝突，並於一九二一年由法蘭西和捷克斯拉夫兩国政府資助，由瑪波羅的海各国和波蘭政府保護，在俄国從事偵探，並在俄準備去擾亂活動，為得好結果起見，他更要求各協約国的援助。

莫斯科的訴訟既証明各社会革命党人為反革命賊徒，乃揭穿了兩社会主義国际各領袖的黑幕。現在蘇維埃政府既不願意社会革命党各首領死，我们当希望所有勞動者不分什么党派都向第二及二半国际各首領大声疾呼：《与蘇維埃俄国的战爭已够了啊！我们禁止你们以無產階級的名義，来保護那以資本主義政府的金錢和俄国勞農的血塗滿了他们手的人们啊！》

我们確信他们必同樣的向他们說：《強迫你们的同盟社会革命党放棄与蘇維埃作武裝的战爭，截止与各資本政府接近，停止与酷愛和平，勞動和秩序的一个国家發生新的战爭。》

假使兩个社会主義国际用他消耗於與蘇維埃統治衝突的力量的十分之一来阻止社会革命党，他们不特救了各罪人的生命，並救了俄国十万数工人農人的生命。

革命法庭的判素乃是發表那数百万不願意為有產階級新聞紙上荒謬無稽的

話所欺騙的工人的感念

若是數百万工人的論調還帶有有產階級和社会民主党的臭味，蘇維埃政府就只有緊着其放在革命的仇敵頭上的利刀了。因此然後各国的工人階級才肯來扶持俄国，与以社会革命党為器具的国际資本主義作战。

既要扶持蘇維埃的俄国，你们就应該在攻打敵人的战争中，到了不必去些的必要時当与以自由。這些敵人，他们本無所謂謝意的。工人的第一共和国危險時期還沒有过。各外国資本家曾在海牙向他要求恢復已收為国有的工厰及礦山。蘇維埃俄羅斯已拒絕了這種煽動的要求。世界的資本主義為使蘇維埃政府投降起見，已着手開始於斷絕財源而造其內乱之準備。蘇維埃政府固仍妥然保障工人的利益。而你们亦務使他不要寬恕了社会革命党，致使俄国的敵人会增加新的势力起來。

蘇維埃俄羅斯萬歲啊！助此革命法庭，好保護世界上的無產階級利益啊！反对在俄發生恐怖和内乱的人啊！世界無產階級聯合起來圍繞此作前衛的俄羅斯啊！

共產国际執行委員会

1922，8，8，於莫斯科

共產國際第四次會議日程

（從十一月七日開始）

1. 共產国際的遠大政策及執行部的報告——演說者：Zinoviev

2. 五年間俄羅斯革命与世界革命的預測——演說者：Lenin，Trotsky（俄国）。Zetkin（德国）。Cachin（法国）。Roland-Holst（荷蘭）。Bela Kun（匈牙利）。一愛尔蘭党友（由愛共產党中指定）。

3. 資本主義的攻擊——演說者：Radek（俄国）。Tom Mann（英国）。一德国朋友（由德共產党中指定）。一法国朋友（由法共產党中指出）。一美国朋友（由其代表团中指出）。Zapotozky（捷克）。關於Fascisme的特別報告：Bordiga（意国）。

4. 反抗凡尔賽条約的爭

門和共產党的工作——演說者：Froisard和Vaillant-Couturier(法国)．MacManus和Newbold(英国)．Smiral(捷克)Kolarov(巴尔幹同盟)—美国朋友(由美国代表团指定)．

5．工聯問題(特指定一委員会)——演說者：Lozovsky(俄国)．Brandler(德国)．Tomasi(法国)．—美国朋友。

6．田地問題(特組成一部)——演說者：Varga(匈牙利)．Renoult(法国)．Theodorovitch(俄国)．Kostziva(波蘭)．Markovic(巨哥)．—意大利朋友(由意党指出)．Markhlevsky(波蘭)．

7．東方与殖民地問題(特組一部)——演說者：Katayama(片山—日本)．Roy(印度)．Van Ravesteyn(和蘭)．—一个英国殖民地的代表(由此部中指定)．

8．教育工作(特指定一委員部)——演說者：Hoern(德国)．Krupskaya(俄国)．Barbusse(法国)Roland-Holst(和蘭)．Kuusinen(芬蘭)．

9．巴里会議后法党地位——演說者：Frossard和Souvarine(法国)．

10．共產国際和各国共產党的綱領(已組有一部其名單見本誌第一号)——演說者：Bukharin和Thalheimer．

此部局中人：Zinoview，Trotsky，Radek，Varga，Starsky；Strasser(澳国)．Smeral(捷克)．Kabaktchief(保加利亞)．Bordiga(意国)．Frossard(法国)．Sheffle(瑞威)．Katayama(片山—日本)．

11．少年共產国际(特組一部)——演說者：Volny．Schüller(德国)．

12．協作部的報告(在本会議特組一部)——演說者：(由本部中定某人名)．

13．婦女書記部的報告——演說者：Zetkin

14．共產国际傳達事務的組織(特組一委員部)　演說者：Paul Louis(法国)．　本部人員：Radek．Varga．Gramsci(意国)．Meyer(德国)．Alpári(匈牙利)．Koln(烏克蘭)．Preobrashansky和Minkin(俄国)．

15．執行部的席次和共產国际会長的選举．

16．執行部工作的配置(特組一委員部)．

少年國際第三次世界会議

少年共產国际第三次会議已由少年共產国际執行委員会名集，将於十一月間開会於莫斯科，於此少年共產国际必将参與共產国际的第四次的会議．

少年会議中預定的議事日程如下：

(1)与共產国際第四次会議的関係。

(2)少年共產国际與執行委員会的関係。

(3)履行少年共產国际執第二次大会決議案的效果。

(4)少年工人的經濟地位与爭鬥。

(5)帝国主義和反革命派爭鬥時的直接責任。

(6)少年共產国际的党綱。

(7)社会主義少年的組織並勞動少年的衛敵統一。

此外並組織特別委員会以研究殖民地內少年的共產主義運動和其体育問題和共產主義兒童团体的活動。

議事日程第(4)条第(7)条將引起好了少年政治運動的全体無產階級少年的興趣。這就是少年国际会議第一次研究在資本社会下面的一切勞動少年地位中的難題和勞動少年爭鬥的方法。於此少年共產国际第三次会議將換与無產階級少年以作战的方術。

美國勞動同盟

1.美国工人運動的普遍状況。

美国勞動同盟(The Americsin Federation of Labour)，從本年六月十二到二十四日在新新納的(Cincinnati)開第四十二次的年会。美国的工人運動從来没有像這樣苟且，而他的首領們也從来没有与環境如此差遠的。美国工聯運動正經过一種危及他的存在問題的恐慌。然而這次新々納的的大会竟毫没得着救濟的良藥。高僕爾斯(Gompers)和他的朋友们只会重唱模糊了四十年来的老調。政治方面的形勢是怪可憐了。打從好些年頭起，美国的工聯已經用全力攻打未為工人階級图謀一个政治的組織。他们对於勞動朋友们僅与以壞治的賞給，对於敵人則与以輕微的懲罰。結果遂把勞動界弄衰頹了，他的机関只不过做成資本主義大政党的附屬物。在地方議会，国家議会和勞動同盟議会中没得一个真正的工人代表。組織的勞動界在美国毫未施設一二政治上的勢力。只有廠主独能檢查一切行政施設和一切国立机関。他立法自如。他很巧妙的刼奪了工人階級集会和言論的自由。又曾廢止了在航海上從三十年前勞動界所要求到的特别法律。高等法庭对於保護勞動兒童才違法的宣布同盟的法律。并把因廠主而罷工時損失的責任還諸各工聯担負。總之，在政治方面的失敗，再無更甚於此的意念了。

然而那老高僕尔斯竟想不到有改变政策的必要，而A.F.L.(美国勞動同盟，下準此)的大会更加以証明了。他的独裁主義已這樣的善於樹立而工人首領輩々道德破產也竟如此普遍，竟没有一个動議傾向於創造一个至於極溫和的工党。只有一種関於政治上的綱領為謀請求美国聯邦憲法的修正以使調和於工聯的行動自由。修正聯邦憲法差不多是不可能的，而同樣的請求出現也無处不是惹人發笑。

在实業界中形勢，更是可慮。兩年以来，廠主因对方的怯懦，因工聯官僚的無恥無能，倒使他更加勇敢，更加完备的向工人机関身上加以壓力来了。鋼鐵工人和儲藏肉類工人的組織已被殄滅了。在三个月中，紡織工人才延長他的罷工勇氣，這些机関又好像準備着要消除了。六十七万罷工的煤礦工人又正遇着战敗的危机。一百万的鐵路工人本決意於七月一号起实行罷工的。廠主已得了勝訴於破坏强有力的建築工人組合，皮鞋工人組合，和印刷工人組合上頭。美国資本主義已有了堅決的意志来毀滅工聯主義而設立Open Shop，換言之便是為非工聯者開放的作場。

新近美国階級战鬥很可哀的境況，極明顯的指出如下：在1921年A.F.L.有3·906·528党人。據這一次大会的報告，僅有3·165·635人了，而且這个数目还不免誇張。我们疑他实在会員只不过有2·500·000人罷了。在一年中，紡織工的机関人数從104·900跌到30·000，海員組合則從103·000跌到42·000，而且這个减少已是

很普遍的状况了　假使我不出方法来救济，美国工联運動将不久成為过去了。

2. 高僕尔斯主義(Gompersisme)於新々納的.

但在新々納的大会中的官僚已把一切傾向革新工聯組織的提議尽行推倒。有一个提議是要把混合的職業工聯改為工業工聯(Syndicats d'Industrie)。此对於A. F. L. 本是極重要的。他的3·000·000合法組合員，已分做117国民組合，而在德国A. D. G. B.(全德工聯)9·000·000組合員中却只含有49国民聯合　但是高僕尔斯竟不願意听從此提議。甚至於連付表决的手續也没有。大会中單有一点小進步提出実施的是：表决了一个提議用来奨励所有縫級組合的同盟。

新々納的的大会是有逼近於復古守舊派的先兆。A. F. L. 着々表現与美国勲級会(Légion Americaine)有聯合盟的形勢，此勲級会是組成於舊日兵士而努力攻打工人階級的。大会已拒絶了Ku Klux-Klan的懲罰案　Ku-Klux-Klan是一種可鄙的組織和意大利的搗乱派fascisme差不多的。大会并以為把絶和亞姆斯特丹国际工聯聯合那簡直是造反了！

有一个与蘇維埃俄国生関係的提議已被排斥，那是自然的，因高僕尔斯先生乃是封鎖俄国的党羽。以前的中央办事局依然連任，老迈無能的高僕尔斯差不多已聾而又盲，乃復被選為第四十一次的会長。

3. 社会主義者与A F. L.

社会主義份子在新々納的大会中没有什么重要的職分。這些份子以前是和A. F. L. 立於反对地位的。但是本年他们已無條件的降服於高僕尔斯先生之前了。三个社会主義組合(做女人衣服的縫工，皮貨工，首飾工)的委員已忠誠的表示贊成舊日官僚的局所来反对鐵路工人所提議之比較前進的執行委員会傾補人了。社会党人的活動在A. F. L. 中是已明著其奴隸性了。高僕尔斯先生乃奨賞其領袖Benjamin Schlesinger使其表揚美国勞動主义於英国工聯大会之中。

4. 工聯的教育同盟。

然而，在A. F. L. 歷史中，第

一次一般左党的正派活動却已發現了這固然是只有派一小部分的委員代表這派勢力。這些革命份子的勢力尚弱，在大会中並沒有多大影響。但他们要算是美国工人活動中唯一可望之人了。其实也只有他们的綱領才算是進取的。除這派以外便全是停滞的，復古的。這个左党的活動在美国工联中發展頗快。組織革命工聯机関的意念也已逐漸得着了地位。在坎拿大，以前的唯一大組合(One Big Union)在三个月中，曾巧妙的活動起来，現已為工聯教育同盟所替代了。這后一个的綱領接編着聯合的工業主義和赤国际工聯是聯為一氣的，政治上工党的建設和工人共和国的基礎將不久(舊日的官僚式的組合主義者腦筋的麻痺和社会党的奴性剝奪已為我们看却只許障碍了)是美国工人運動的單一真勢力了。

(Wm. Z. Foster 著　名常譯)

新刊評論

"少年国際"

二卷一号

共產少年運動的步驟

The International of Youth. Organ of the Young Communist International. English Edition, Quarterly. Vol. 2, №1.

現在国際少年共產团(或作"共產主義少年国際"更好)的定期出版物重要的有三種，一為"少年国際"，一為"国際少年通信"，一為"建告"；而"少年国際"為中心机関。三種都是拿俄，德，法，英各種文字出版的。但"少年国際"的英版，則至今才見着兩号。一是第一卷第一号。又一即第二卷第一号。此号標明是今年三月出版。其中所載，以關於少年国際第二次大会(去年七月在莫斯科举行)的事宜占大部分。這次大会關於進行的決議，最重要的有三樁。1 政治上受党支配。2. 作成群眾团体。3 注重教育事業。此外还有一件要事，便是把国際執行委員会底点從柏林迁到.

莫斯科而在柏林設"西欧办事處"。

這一号裡載有沙茲金(Lazar-Schatzkin)的两篇文章。沙茲金是俄共產主義少年團(少年共產團)中央委員会委員，今又是少年国際執行委員会委員　也是一个能文者，差不多与閔岑巴哥(Willy Münzenberg少年国際執行委員会書記)齊名。他這两篇文字，一篇是"俄羅斯共產主義少年運動之發展"。裡面有一段話是值得我們十二分注意的，因其可以訂正我們一个很大的錯誤。他說：——

"我們並不是什么«少年»共產党"；我們乃要聯合少年共產主義者与無主義的少年勞動群家，我們並非僅々一个政治組織我們还要集合少年的無產者而教育之，使之活潑々的參加於我們会團体的事業，參加於各工会以及無產階級團的種々活動。這話的意思不外，我們這个團因是共產主義的組織，本与共產党密切相聯，自己既不是个什么党，也不是什么工会，也不是什么政府机関。寔乃是將此二者，合成一体的；申言之，即是一種組織，一方要把少年勞動群衆駁集起来，一方又要使參加我們的事業，教以無產階級各樣奮鬥。

"我們團的活動越擴張，我們團在一般無產階級運動裡与在無產階級團的政府系統裡的職分乃越明顯。在無產階級專政之下，無產階級"的各種組織，要各行各的特殊職司，各行各的所以存在与决定自家活動的職司。共產党是無產階級的領袖。這个，我們的團便是想不能做的，而且從来也没成作过。本来除非共產党信了全体革命運動唯一的受用的領袖，無產階級事与政不能实現。我們的團与党之間(共產党)之間，寔有一層大面根本的不同。我們的團於員中，百分之九十都不属於党。我們的團最大部分是合方在被教育成共產主義者的無党少年而成，無產階級政府(蘇維埃)操全国政治与經濟管理权，工会則經營生產，規制工作。蘇維埃以無產者全体代表的資格，凡關於勞動階級的勞動，生活狀況与教育的决議，無不受其裁定，施行。俄国少年共產團在這兩種活動裡是都參據的，可是他既非"少年工会"，也非政府之一部。

……

"從一般無產階級和共產主義運動論，我们的運動是包含為党(共產党——譯者按。團少年共產團是屬於共產党之下的；且除共產党外，别無為其所認的党，所以少年共產團還稱其共產党，常單独党)所不及的少年勞動的。我们團教育上的重要(即拿之作，拿奮鬥，豫備一輩新的共產主義者)寔其在無產階級專政之下的職任之関鍵。這種教育事情，寔際上的意思即在豫備無產少年參加於共產社会之建設。入我们團的少年勞動者和其有組織的勞動夥伴，原很少差異。我们團裡無主義的團員，處活動有為的共產主義的分子影響之下，自不得不成為共產主義者。這種影響便叫共產教育。"

這段話的意思，第一層辨明少年團之非党，第二層標白少年團最重大事業在集聚無產階級少年群眾而教育之成[illegible]共產主義者。少截全第二篇文字題"共產主義少年国際第二次大会之結果"又鄭重举出会少年国際執行委員会与少年国際第二次大会全体出席代表与共產国際第三次大会根拠事寔経驗審慮而得的决議：

"共產主義的少年組織，緊急而根本的業務在拿共產主義的精神，教育少年無產者群眾。"

德国少年團員翁格(Otto Unger)，也是第二次大会重選出的十一个少年国際執行委員之一，也是今日国際少年共產運動中最重要分子之一，也當說(見德文版"少年国際"今年五月号)：

"共產主義少年国際要作共產主義全運動的群眾学校，要作無產階級解放競爭的群眾勞動学校。"

他处又說(見上引英版"少年国際"翁格論《群眾團体内裡的教育事業》)：

"我们必须成為共產党的寔習豫備学校。"

大家須知就以上所引的話，無一是一二人的私言，無一不是大会的决議，或從大会决議抽出来的結論。"集思廣益"！各地少年共產運動中的少年朋友,得此而審思之,当必可断然知所從事!

不嫌辞費,再總前意。　第一,少年共產团(共產主義少年团),必不可叫作少年共產党。　在政治上,少年共產主義者的組織,必須居於成年共產党的從属地位,以謀進行之統一。　第二,為分工与便利起見,少年共產团必須多加力於少年群众的共產教育,以造就党的生力軍。第三,欲教育群众,故不得不作成群众組織。　欲作成群众組織,故不得不向群众間去。但自己未受过教育的人,能教育他人麽?　必不能!　因此,無經驗又無率導而已傾信了共產主義的少年朋友,如要尽其应尽的責任,必須切実急謀自教!

(R)

黄厥殺了,湖南劳工会封了,中国劳動運動的悲壮之態乃在那時開始　　相隔不过八九月,最近又傳來一个惡耗朋友李隆郅,他本是里大運動中被迫回国的伙伴。返国后,他即從事劳動運動,在萍鄉組成了工会。黄厥死后,他图謀恢復湖南工会,作驱趙運動。同時又協助水口山的礦工罷工。几次的事情,大都失敗了。最后他遂謀刺趙恒惕,未成被擒,竟遭了腰斬的慘死。　　這个事实本是從間接方面傳来的。確否尚未可知。不过我们深知此举出之於勇敢有為的朋友隆郅,乃在意中,故我们很鄭重地向朋友們報告這个哀耗。　　朋友们!這種悲壮的記錄,在中国乃正開始啊!

通訊——和爱君:承好意將里昂中法大学的黑幕給我们寫来,甚感。　里昂中法大学本是建立在与無產階級少年的利益整个相反上边,我们久已深惡痛絕。　至吴稚暉以浪漫式的教育家来办大学,尤見其不知自量。　未得他人体諒,特待一群親故:我們深信此種狀態,不会使大学支持長久的。　關此諸点,我们与先生皆具有同感。只是来信中述及里大的細故太多,我们殊不願以這些相因而至的必然笑話来亂朋友们的眼光。　我们惟願從大处着眼,求里大的根本解决,願先生同此努力!(記者)

新刊出版豫告

光明社(Clarté)的巴黎区大学組(Section Universitaire parisienne)將於十月間發行一種"Clarté Universitaire"半月刊，由傾向社会革命的学生及少年工人担任編輯。報費大約七方一年。

"Clarté Universitaire"与光明社原有的"Clarte"雜誌，最重要不同之点，即在"Clarté"頗有本共產主義的見地，改造被資本主義及空想弄坏了的一切学術的意味，如二十二号中所載托洛斯基評"La Nuit"劇本一文最能表現此種精神。

至於這个新刊的作用，乃想聯合少年学生与少年工人，施以革命教化，其内容特重国際勞動運動消息，為启發少年人思想起見，設自由論壇(La tribune libre)一門，專容納各種相反意見的討論文字。

(記者)

"少年"第二号勘誤表

2 頁右幅 33-4 行："必須牢牢記住：自己的——"係衍文。

2 頁右幅 47 行："自己的本目的"上落"必須牢牢記住"六字。

2 頁右幅 17 行："乃是生產"下脫"資具"两字。

2 頁右幅 32-2 行：1921年誤1920年，下文"1921年的"六字係衍文，另加一"和"字。

6 頁右幅 4 行："準"誤"律"。

7 頁左幅 20 行："仍"字下多一"用"字。

10 頁左幅 13 行："復"誤"还"。

10 頁左幅 19 行："罷"字下落一"了"字。

12 頁左幅 28 行："要"字下落一"的"字。

14 頁右幅 4 行："剝"誤"划"。

15 頁右幅 10 行："科"字下落一"学"字。

18 頁左幅 30 行："擴大"上脫"共產国際"四字。

19 頁左幅 35 行："僧"誤"儈"。

24 頁左幅 11 行："农"字下脫一"業"字。

30 頁左幅 11 行："少"字下脫一"年"字。

31 頁左幅 1 行："会"字下落一"議"字。

35 頁右幅 16 行："日蝕的移動"係"光線的傾斜度"之誤。

本誌價目表(郵費在内)			
	每号	半年	全年
法国境内	50 cent.	3 fr.	6 fr.
歐洲境内	70 cent.	4 fr.	8 fr.
美洲	7 仙	4 角	8 角
中国	1 角	6 角	1元2角

少年

LA JEUNESSE

第四号

十一月十五日出版

一九二二

註册人：Georg Maître

第 4 号

“少年”第四号目錄

(十一月十五日出版)

本誌特别啟事

我们為求我们的編輯,謄寫,印刷合式起見,自本号起,特改成小本,月分两册出版,藉以便於常々和閱者見面,內容方面,也略有更改,閱者看本号以后就知道了. 本号的出版期本应在十一月一日,但以註册問題,竟躭誤了半月,实在对不起閱者;現在本号於十一月十五日出版,以后從十二月份起,就按一与十五两日出刊了.

本誌通信處

ROITE POSTALE N°9. PARIS XIII (PRANCE)

我們的敬意

流水似的光陰，俄羅斯的革命已在其間支持了五个年頭。時光不过一轉眼便飛过去了，但這五年來的共產革命紀錄，却是俄羅斯無產者用他们的血汗一頁一頁慢々地粘起來的。無數的艱辛，無數的危險，他们都一件々親身經过；百戰餘生的勞動战士齊集在紅旗底下來慶祝他们親手造成的革命紀念，在他们是如何喜悅啊！我们——我们無產階級的少年——眼看着俄羅斯的先覺先驅替我们在前边開闢這趨向光明之路，我们除掉欣羨而奮興外，我们每个人的心坎中亚都含有無限感激的敬意！

今年的赤都在這紀念声中，更不比往年了，三个国際会議全在這革命之月來聚議。一点々的革命血斑都要從那鮮血的旗上，深印到全世界無產階級代表的心底；然后更藉着他们的使命將那革命的精神帶給全世界每个共產党人，每个勞動者，每个共產主義少年，隨後全世界的無產階級革命便会爆發了。這並不是我们虛擬，三个国際的確能表現這種精神，並且他们在形勢上是三角，在作用上是連鎖，在紀律上更是步驟一致指揮如意的。共產国際是革命中的先驅者指揮者，赤国際工聯是勞動群衆的團結總滙，無產階級革命的大本營，至少年共產国際乃是革命中的後備生力軍，輜重隊。他們的職務分得如許清楚，他們的革命战略乃能絲毫不紊。我們既多是些須受訓練者，我們顧念到職務分担，对於三个国際此番審定战略的会議，也正有我們無限希冀的敬意。

朋友們！世界革命之期距遠了；我們当努力預備起來！革命之月來了，我們謹以共產主義的敬意，高呼：

俄羅斯共產革命萬歲！

三个國際萬歲！

全世界無產階級革命萬歲！

告少年——列甯作

〔續第三号〕

財產欲

共產主義的德律，是為階級爭鬥用的，是為聚集所有的勞動者去反抗各類的掠奪和各類的小業主，因為小私產制是將全社会的勞動所創造出的東西付給於一人的。

土地在我們本是共有的產業。假使我從

這共有的產業中取得比一部分，用他生產出比我所需要多兩倍的麥子，更把多下来的收穫賣給投机家，那將有如何情狀呢？ 假使我許祘着換錢的人越多，我的賣價越好，那又將有如何情狀呢？ 我這樣子的作法，是不是共產主義者的行事？

豈但不是共產主義者，我這樣子的作法，簡直成了掠奪者了，簡直成了私產者了！ 对於這个，我们是必須反抗的。

假使照這些情況繼續下去，我们必將又向後跌退，如麻次的舊式革命似的，朝着資本家有產階級的政治退去為避免這種墮落，我们必須禁止其開始必須隄防損人以自肥的事情，办到這層，勞動者们不得不都聚繞於無產階級而組成共產社会。

這就是共產主義少年團应当担任的職務的主要性質。

舊社会原是建立在次之原則上的，即：不是你劫掠你的鄰近，便是你的鄰近劫掠你；不是你為他勞動，便是他替你工作；又則不是你指擇个奴隸，便是你自己是奴隸。 很易明白生長在這樣社会中的人，実隨着吸娘乳已吸進一種心理，許多習慣，許多思想；因這種心理，習慣，思想遂致不為主人便為奴隸，或則為小產者，為小田人，小衙吏，一句話便是成一種人只求自己所必須而不管他人。

假使我耕種我的一份田畝旁人便与我無関；假使鄰人飢餓，更妙，我便对他越高抬参價。我如有了醫生，工程師，校長，雇員等類的小位置，旁人怎樣，与我何關？或者在論婚权貴時，覺着我不但可以保全我的位置，我还可從此騰達起来，也成為一个有產階級中人。 這種心理這種態度便完全是与共產主義者不相容的。

當工人和農人们已經表明我们能够由我们原有的方略来保障我们自己並且創造出一个新的社会，同時共產主義的新教育也正產生出来，此教育便是成於反抗掠奪者的爭鬥中的，成於反抗私利者和小產業家，反抗那懷着"我只謀我的利益，其餘的我全不管"的心理和習慣的無產階級聯結中的。

這就是我对於'少年人怎樣應當學共產主義"那个問題所回答的。

反抗掠奪者的爭鬥

為學共產主義，少年人必須時常將他的訓練，教育和養成与反抗舊日掠奪社会的無產者和勞動者不停的爭鬥相聯合。

如言德律，我们便可說："在共產主義者，德律乃完全在於此種聯合中，在於有紀律的聯帶責任中，在於反抗掠奪者的群衆有意識爭鬥中。 我们不相信一成不变的德律，我们要揭破所有沿着習俗来欺騙人的德律"。

德律是用来把人類向上提高的，用来免除工作的掠奪的。

為要達到這種目的，我们必須要有下　輩

子新人，他们在反抗有
產階級的劇烈而有紀
律的斗爭中，已正起首
变成自覺的成年人了。
只這个斗爭乃能造成
真的共產主義者，少年
人们必須把所有的活
動都隸屬於他。 少年
的訓練，教育和養成也
都須照他而規定。

施行少年教育，並不
是向他们貢獻些溫和
的演說，或是些德律的
条規。 不是的，這並不
是教育所在。

当人已見着他们的
父母在私產家資本家
的重軛之下這生活的
時候，当他们自己領会
了那第一次參加到反
抗掠奪者的战爭中的
人的痛苦時候当他们
目擊那為保障已經得
到的勝利和繼續斗鬥
的犧牲時又目擊着残
暴的敵人是私產者和
資本家時——這些人
便成為真的共產主義
者了。

共產德律的根基就
是為達到共產主義建
立鞏固的斗爭，這同時
也正是共產主義、教育，
養成和訓練的根基，於
此对於"怎樣学共產主
義"這个問題，我们回答
过了。

共產主義少年團

假若訓練和教育終
被置於学校之内，被污们
於生活擾攘之中，我们
終不会对他相信。 但
令工人和農人们仍被
私產者資本家壓迫着，
但令学校仍掌握在私
產者資本家手中，少年
人必永遠盲目而無知。
房於我们的学校，必
須給少年人以科学的
基礎，必使他们自己能
陶冶自己的共產心行，

必須造出些有教化的
人。這些学校必須利
用少年經过的光陰，把
他們都造成為脫離掠
奪者羈絆的爭鬥參加
之人。
共產主義少年團，為
不忝其名，為真是共產
主義少年一輩人的同
盟，必須把所有他們的
教育，訓練和養成，都根
據他們在所有勞動着
反抗掠奪着的公共戰
鬥中所应担任的職分
而規定。 不消說，你們
都明白現在俄羅斯，是

唯一的工人共和国，舊
有產階級制度尚存在
於世界中其餘各处，我
們是比較他們弱的，我
們是常被新的打擊来
恐嚇；為爭鬥勝利，為安
定和取得最終的成功，
我們必須学会保存住
我們的聯結和一致。
這樣，要作共產主義
者，意思就是組織聯合
起所有的少年人，於爭
鬥中給以教育和紀律
的範則。 只有這樣，才
能創始，才能引導到共
產社会建設的終点。

赤俄的工人大学

在所有"文明"国中享
受大学教育是富人的
特权。 高等修業的年
限要如許長，所需費用
又如許大，一般無產階
級少年們，他們雖有求

学的志願和才質也是
被擯於外的。 照這樣
所有民治派的人乃得
將生產階級貶黜到昏
愚的境地。 俄国革命
因此第一便着手使勞

勤者得受着高等教育.為這个目的,除開一些共產大学(他的特殊職務乃為造成战鬥的人材)外,又有工人大学的創設.

這種大学——皆適照俄文"Rabotchi Fakoultet"的簡筆字称"Rabfak"——已在九月十七日開过一次三週年紀念会.当一九一八年時,共產主義学生们的活動,在《高等学校直接無產化》的口号之下極其發展,他们且曾建議容納工人们進入大学.朋友維基銳夫(Vikhirev)是這个意思的第一个首唱者.

在那年之末,莫斯科的共產主義学生曾因朋友隊尔(Ter)的建議和指導得有一百个工人学生進入商業学院,於此乃遂創生出"工人大学".

此后不久工人大学便遞入教育委員会的治下,並在一九一九年九月十七日起朋友保克洛夫斯基(Pokrovski)為工人大学的組織及他的進行給了一些規畫.這位老馬克思主義学者用極大的注意繼續着指揮無產階級的新高等学校,而創始者維基銳夫也留在那兒做指導者和不懈的建設者.他並曾說:

"為所有的生產部分,養成有教育的勞動者;改变大学听座中的社会組織,無產化了那高等教育."

這就是"Rabfak"的責任.

"工人大学所指的学生,大概是工廠中的工人,因為沒有革命的学問,沒有赤化的專门家,無產階級的权柄將不能在蘇維埃制度的社会主義建設工作中掌因着的。"

在我们的見地，事实上給我们預備升大学的中級学校，几乎可説没有。要拿他来養成工人学生，那就要長時期的放棄這革命所急需的無產教育計晝的設施。因此工人大学在勞動界中乃收容一些具有粗浅預備的学生。

現在他们的功效已表著出来了，而且更足表彰的是：開創僅不过少数的發起者，他竟能在長時期天災内乱中發達起来，這些時期，党的机関和国家都忙於保護革命，几乎对這種創設毫無維持的助力。但大家可看下列的数目却説得這么响亮，已指示出 Rabfak 增長的迅速了：

年别	校数	学生数
1919	9	2·149
1920	45	14·872
1921	92	40·224
1922	63	29·000

照上表，一九二二年的校数和学生数的减少是由於缺乏經济的緣故。

在工人大学学生当中的工人百分比例，当一九二一年是51.6%一九二二年是60.5%其餘大概是從田間来的。只要是共產党主義者来進"Rabfak，"不管他们在社会中出身是怎樣。到現在"Rabfak"已有六千学生入之高等学校。其中百分之五十五入專門学校；百分之十七升入農業学院；百分之十入醫科；百分之六入社会学科。还有百分之八則入其他諸科。

預計本年"Rabfak"的升

班学生又約有八千人。現在二万九千学生中，有二万五千是由国家供給費用的，四千人是做二合給，上夜課的。工人大学享受着極大的名望，照朋友維基锐夫說平均有六个候補的学生等着一个缺額。

照這種情形，我們実在不妨大胆說，在教育領域内，工人大学可称是俄国革命創造事業中的一件為用極大而又極新奇的事了。

〔国际通信打号〕

蘇俄的近状

收穫——去年蘇俄因境内收成不旺和飢荒的影響，他的經済生命頗受了重大的打擊，恢復的希望，一時奈难実現。所幸今年，收穫尚屬不惡，計其總数，除去家庭消費外，还可盈餘数万々普特（1 pood == 16 k...）；持此与去年的收穫相較，則今年不僅收穫好得多々，即一切分配，也因運輸机関的進步，随之改善不少。不曉過比之尋常狀態，終还稍有遜色。

物税——新經済政策中最重要的事件之一是"物税"。此税在今年收入甚旺。蘇俄政府頗信收集這些豐富田地的農産物後，足可用以補充飢荒未復之區域的缺乏。因此，經済的壓迫，乃得逐漸战勝，一切增加的活動，乃能給工業上以絕大之助力。

商業——今日蘇俄工商務上的関聯乃在工農. 第一他们曾經奢望立他的基礎於合作事業上, 但既現在他们已走入"張大的商業主義"之中. 從任何方面, 都可找出商務的痕跡. 政府机関司理買賣, 並且討論和別人交易的权利, 規定商務, 最後还為国内商務立一特别委員会, 包含有最高經济委員会, 議和協作蘇維埃的代表. 有兩件已經实施的商業事件須特為注意的是: Nishni Nowgorod展覽会和一商業会議. Nishn Nowgorod展覽会收效極大, 蘇俄国家工業会社, 許多企業家和近東的商人, 特别是波斯人, 均曾与会. 依現在情况, 擴充俄国市場事本極难, 但展覽会和商業会議对此已启發不少光明. 此后特須注意的事件, 乃便為運輸机関問題了.

盧布——盧布的不穩定与商務的進步防礙極大. 在过去的數月中, 盧布已進為相对的穩定. 政府曾施行許多方法以圖保護, 如減少新券印行, 規定賦税, 使預标出入相抵等皆是, 但实在的穩定, 还須有賴於普通經济地位的改良.

就全体論, 我们可以說蘇俄的内部狀况, 自從去歲以来已大見進步, 新經济政策已与以無限希望, 但無論如何, 我们一方也应承認許多政治上的危險為列寧所曾預料到的确已發現过了. 其最善的救济方法乃為堅持社会化的生產政策, 即亦而国有資本主義.

工聯——蘇俄工聯
運動々的經濟要素已
田經濟的復甦與起．自
從新經濟政策实施後，
八月中共產党会議曾
將工聯活動第一期的
表格排列出來，其結果
頗称滿意． 田自願加
入工聯的踴躍，其地位
益發擴大，其所失僅居
極少．數目． 去歲組合
員，今年取得党證的現
已居百分之九．十至九
十五． 工聯．必成為共
產主義学校．而工人保
護机關． 他們对於工
資價格的要定，勞動保
護方法和社会保證尤
為重視．

協作——協作事業
在蘇俄頗不能滿足公
眾希望，或者因大家於
其開始時希望过奢所
致． 実在說，他確已做
出許多進步來了． 其
在工人與農夫中間的
關係，已由消費協社為
之保證，為之聯結起了．未
当共產党最近会議未
開之先，有些朋友曾要
求工人協社與普通協
社分離，結果則党中竟
另决一議為：工人協社
必須影響於全部協作
運動． 在現狀中消費
協社與農業協作社实
足引起吾人全部的注
意．

俄共產党最近的会
議——在会議中．俄党
頗重新經濟政策实施
後所發生的有產階級
的發展問題；於此，党中
曾加界說為"我們得到
經濟之觀旋后，仍当繼
續為政治的攻擊．" 這
並非說他們仍將重循
舊道，新環境当求得新
式方法． 小資產階級
份子已從．中作怪，他們
想藉着武力推倒勞動
会議制度，以求得到立

法活動上的可能利益，
門塞維克(社会民主党
的少数派)，社会革命党
等全希望新經済政業
將轉使有產階級国家
復活　他们的能力頗
足使人驚異.　工人階
級為抵抗他们起見，很
嚴重地保護此政治事
業的趋向，並主張置其
首領於理論的領域.季
諾維埃夫(Zinoviev)於大会
時亦曾提出各種実行
的方法，其中　社会主
義学院的活動，有革命
思想的中央图書館，大
学紅色教授的養成，新
聞机関的改善，党校的
增進，馬克思主義研究
会之工作的擴大(特別
是在鄉中)等々皆是.至
関於蘇俄政府可以用
以抗小資產階級中的
有智識的代表的壓制
方法尚未除外，因為他
们的反革命運動実在

危險.　最近他们中的
多一部分人非出亡在
外，便多竄入北部各省.
　社会革命党人的審
判——此審已堅執其
恐怖的問罪方法於公
共意見之前.　在有產
階級与改良派的新聞
机関中亦頗能表示田
此審判反革命的社会
主義者与有產階級西
方覚有被迫而成統一
前敵之勢.現時社会革
命党人背后的真実力
量純在巴里.
　俄国教会的改良——
—自從反革命的僧侶
和長老為其自身的緣
故，託辞開發炎荒実欲
收回庙產而会合后，其
結果適得其.反.活着的
教会的会議已指明俄
国宗教再生的道路.本
来很多的主教都是来
自華貴之家的，但現在
的活着的教会却都是

些小僧侶和些農人.他们已不能再用古来神話的傳說来兴風作浪了,且他们在会議中也有几个重要决議,如要求教会的最高管理权成為僧侶的民主化,僧院移作勞動会館等々,最后此活着的教会又復取消托尔斯泰的破門令.　在会議中,也曾顯着地分出两種傾向,不久或更將分裂.不过無論如何,從他们這種遷就乞憐的行為上看来,已知他们於反革命運動中,実無能為力了.

世界工聯運動紀要

現時世界上的工聯運動,無論其為国際的或国内的,其趨向總是漸々地由右向左,而還結於赤化.　拠本年的情勢看来,很可讓我们抱此乐觀.　雖其中也不無有守舊的工聯和黄国際工聯的搗鬼,但大体上總是因資本主義政府壓迫的激發而傾向革命行動;這確是無可諱言的.　我们現在姑以国際的和各国的工聯運動実情簡單地紀述於下,来作我们這几句話的證明——記者

A 国際的工聯運動

I. 赤国際工聯第二次会議日程

1. Camarade Logovski 的報告.

2. 資本主義的攻擊与無產階級的前敵統一:— Camarades Monatte, Foster

Walder.

3. 赤国際工聯和共產国際：—— Camarades Brandler, Ryossi, Monmousseau, Nin.

4. 組織問題：—— Camarades Lozovski, Hais, Lian.

5. 黄国際工聯者分裂的全国与工聯運動統一的奮鬥：—— Camarades Rosmer, Heckert, Pavlik.

6. 生活程度增高与失業：—— Camarades Pollitt, Dil-mitchanski.

7. 反对帝国主義和軍国主義的奮鬥：—— Camarades Jacquemotte, Yecchi, Sunard.

8. 殖民地和半殖民地的工聯：—— Camarades Tom Mann, Kumitake, Ande.

9. 選举.

II. 黄色国際工聯的搗鬼

黄国际工聯自本年四月底在羅馬開过第二次常会（本誌第一号已略述其内情）后，他与赤国際工聯為難情形益發暴露。　三个国际党的聯合不成他從劳施的破坏力也很不少他当時且想運動俄国工聯也来從属於他。会長陶馬斯（Thomas英工聯中最卑部的首領）於会議初開時曾極狡滑地説他们已預備接收俄国工人於世界無產階級統一組織之中，但須拒絕指摘俄国工人發言权的人物。　關於此種挑撥，全俄中央工聯会議的主事人極誠懇地回答他一封公信，内中有道："俄国工聯万不能坿從於亞姆斯特丹（黄国際工聯書記局所在地）国際，因吾人固無需於彼。　我们所預備与你们聯合以從事爭鬥和前進的，正如你们所能計議到的，無論何

時在反抗有產階級爭
鬥中,俄国無產階級的
補助總為必須之事."你
們也願我們和你們團
在一起以与有產階級
相抗罷.　果願[illegible]意,我
們是已曾[illegible]戰鬥多時,
並且頗願進而与你們
反对有產階級的隊伍
如親兄弟一般地攜手
起來,從事戰鬥".　"我們
是表協助於赤国際工
聯的綱領和方略的,我
們也很欢迎他関於創
造統一前敵的決議.我
們所願聯結的是行動,
並非聯結些陳腐之論".
此信發表後,黄国际工
聯乃越發以排斥赤国
际工聯和共產国際為
事,在七月十九二十兩
日,第二及二半兩国际
和黄国际工聯会於亞
姆斯特丹,特為戰后恢
復問題發表一共同決
議,对德国賠款主張立
刻緩期,於建設德国賠
償能力行無偏向的審
查,或舉行国际公債.関
此他們又特組織一九
人聯合委員会,各出三
人,特開第一次会議於
不魯塞.　三个国际党
的九人聯合会分裂後,
竟繼以純黄色的三角
聯合.国际間革命与非
革命派的分野至此越
發明顯了。

Ⅲ.革命工团之無誠意

自從莫斯科赤国际
工聯第一次大会開後,
無政府主義份子雖亦
对於反抗有產階級战
鬥統一的革命表示賛
成,但在暗中却極力与
各国革命工团拉攏,希
图与莫斯科為难而自
組織革命工团国際.結
果拉丁民族的革命工
团多為所誘,法国的統
一勞動総会,意大利的

工团联合且更为他一时的中坚。 今年六月十六至十九四天，革命工团的国际会議開於柏林，最重要事為招開世界会議於十一月十二至十九日；並举出預備執行委員会筹備此事。 当時会議中形勢顯然是向赤国际工聯作对，法国代表雖很尽力変換此種空氣，然亦無效，不久，法統一勞動総会經聖太田(St Étienne)会議，即明白表示願從属於赤国际工聯。 意工团中也漸多傾向赤化份子，革命工团形成第三種国際的計畫，遂略見消泥。 至最近，駐柏林的革命工团主義者忽以国际局名義發布公文，說赤国际工聯第二次会議已定規延期，他们所預定的十一月会期也改為從本年十二月二十五起首召集革命和産業工团主義者到柏林来開世界会議。他们更説我願不和赤国际工聯破裂，且很急於多開死為其同行動的可能門鬼，但在事实上他们想另造革命工团国际的野心却已無可掩飾，赤国际工聯惟有進行自己的会議，对他们這種無誠意的行為。只有付諸不問了。

IV. 金属工人的国際聯合

本年一月二十八日，各国金属的工人曾在維也納開过一次国际国际会議，会議中最重要的決議案便是对於战争和軍備的態度。他们仍主張以總同盟罷工来阻止战争，並要求同黄国际工聯採用此同

樣的決議;后蓬為四月
間題為国际会議時討
論的張本. 在会議前
維也納紅旗報曾特將
墺国兵工廠的出產每
輸入各国的件数和田
運,揭示於眾. 会議時
各国代表到者甚多,惟
美国西班牙不属於金
属工人国际,英国僅一
小部分工人加入,俄国
金属工聯因其自身係
属於赤国际工聯,曾受
黄国际工聯之警告,謂
如欲從属於此国际,必
須脫离赤的關係.

V. 木作工人的国际

木作工人国際曾於
本年六月十二至十五
日会議於維也納,這亞
是一个对冬部国际主
義的奮鬥实例. 此会
議有三十六个組織列
名,包含有八十五万六
千三百四十七名組合

言,来自十八个国家.他
們重要的决議係决定
從属於黄国际工聯;俄,
保,捷克三国代表因他
们已每赤国际工聯生
了關係的緣故,不每表
决之列. 此外投反对
票的有英,瑙的木作工
聯每意大利瑞士的木
作工聯等处,他们失代
表有五万五千五百二
十七名組合員,此也大
可注意.

VI. 礦工国際

国際間最佔勢力的
工聯要标是礦工国际
了. 他.的人数既多,而
這两年来听遭遇的事
件知去歲英国礦工罷
工,今年美国礦工全每
他们以極大的活動時
机,可惜首領不得其人,
祗知圖私,坐听事的失
败,這真是莫大的遺恨!
今年八月六至十日在

德国佛蘭克府的国際会議，到会者所代表的人數竟達∴百万，英美組合員居全數四之三。依此情勢，又正当美国礦工罷工期中，本应有点作為，乃結果仍是邊於失敗，其中失敗最甚者，莫过於援助美国礦工事竟無絲毫表示，有人提議的直接行動，国際罷工和阻止運煤赴美等案均遭緩决。表面上僅決定以一万鎊救濟，然尚不够美工人二千五百家維持一星期之用，於大局更無所補。会議中討論到战後恢復問題；全体一致主張專從事斯巴(Spa.)協約修改運動，蓋以其与礦業關係特重之故。其運動方法，僅擬從遣派代表加入恢復委員会陳述意見入手，他無所聞。此外為工人管理与礦工会議争執極大，終未得决。開於反对战争案，各方所見亦不尽同，法代表昧於国内的活動，極力主張国際行動，也頗引起些反感。俄国礦工聯合仍因黄国際工聯的阻撓，未得与会，這可知黄色国際工聯首領已不復有反抗有產階級之心，而惟壹意和赤化工聯為难了。不过他越發如此，赤化的傾向在各国工聯中也越發達，美国礦工於最近会議中，已約有十二万人投加入赤国際工聯的票，美国此次礦工罷工共產党人也極其活動，早晚間礦工国際總会脫离了黄色的圈套一齊集在紅旗底下来的。

VII 国際海員聯合会

国際海員聯合会於

八月二日開会於巴里。其最顯著的事為法国海員聯合会之退出，原因由於在此会議中对於援助法国海員〔聯合会文透出，原因由於在工〕為每日八小時工作奮鬥案以三十九对六之大多数加以否决之故。本来此国际聯合自今年一月在漢堡会議后除英美法瑞典外，都已紛紛脱会，現時法復繼起，其聯合的力量將益微弱。現時法国海員聯合已從事新国际的組織，聞其資格甚寬，航路的国际関係中又將有一变動了。

Ⅷ 国際長工聯合会

在国際長工(Landwori...)聯合会会議——八月十六至十八会於維也納——中最主要的問題要标是農業工人每日八小時的実施案了。此事由法国曽声言国际勞動局無过問農業工人之法权，勞動局最后会議遂竟置而未決。其后海牙国际法庭於七月会中確已明定国际勞動局有管理農業勞動事務之权；因此会議中仍決定繼續努力，務使日作八小時的普遍勞動原則在農業上得以实施無阻。所可惜的最大農業国的俄国長工聯合与保加利亞工聯均因立在赤国际工聯底下的原因被擯不得与会：這都是黃色工聯在那裡搗鬼啊！

Ⅸ. 国際郵電工人聯合

国際郵電工人聯合的第二次会議於八月十八日開始於巴里，到会的代表七十五人，代表二十二个組織，其国别為：墺国，阿根廷，比利時，捷克，荷属南洋，英，法，德，意，盧森堡和瑞士．關於婦女於郵電役務中的地位，也為所討論的要点之一，当通过男女待遇平等一条；惟此問題下次会議仍將提出討論．俄国代表加入案，以305,000对223.800的多數，遭了否决；且最后之决議更定為除附属於亞姆斯特丹国际工聯的組織外，餘[illegible]不得加入此国际聯合．聯合中的執行委員会已增[illegible]為七人，内有女子一人．

五．两个運輸工人的国際会議

運輸工人在国际間也頗具勢力，但是他的国际組織却已由一分為二了：一个属於赤，一个属於黄，這是比别種国际聯合略有顯别致的地方．

八月一日属於赤国际工聯的運輸工人国际聯合会在漢堡開会，到会所代表的為：荷蘭運輸工人聯合，法国鉄路工人統一聯合；德国海員聯合，德国鉄路組合（少数派），全俄運輸工人聯合，瑞士鉄路工人組合的少数派，与莫斯科赤国際工聯及美国的I.W.W.．他们所議的重要案件乃為組織国际宣傳委員会，專從各海岸及鉄路上運輸工人入手；此外反对減薪与延長時間也為他们重視的事件．

另一个属於黄国际工聯的国际運輸工人聯合会議開始於十月二日，至七日完事，地址在維也納．他们代表的共有十六国，人数約達二百五十万．会議中已將其内部組織分為三部：1船員；2鐵路工人；3其他事業的運輸工人。其中關於海員一部，自八月間海員国际聯合在巴里会議破裂后，各方轉入運輸工聯者甚多，因此国际運輸工聯為增進其地位起見，特指定一特别書記以董其事。当会議時，赤色宣傳委員在裡边甚為活動。※反对战争案，他們主張鐵路運輸工人聯合起以其經濟权力阻止战争發生，話雖如此說，但因其不在紅光籠罩之下，終不能令人無疑，且下次会議將於1924年举行，這也未免太遼遠了。

上述的三个国际総工聯（但革命工團国际成否尚在疑似之間），七个国际部分工聯，差不多已將国际間重要的工聯組織全包括在範内了。赤国际工聯不久開完成会后，必要有新的战略定出，新形勢將要從這無產階級革命之月發展起来，我們且等着有新的紀錄来罷！

俄國少年團第五次大会

俄国共產主義少年團已造成一種实在的勢力，的確是革命運動的先鋒隊；今年十月十七日在莫斯科開了第五次全国大会，是一件很重要的事情。這次大会議事日程中最重要的問題是共產主義的教育。布哈林，托洛

斯基和魯農察斯基都加入討論

布哈林說明新經濟政策的效果——爭鬥是仍然存在於勞農國家和私有資本主義之間他們緊握政權,拿起有計劃的爭鬥來反抗私有資本.為達到這个目的,勞農國家創造一些共產主義的管理和技術的大計劃.第一着便是工人和農民的共產主義教育.

布哈林極力攻擊溺於酒色等事.他熱烈的告訴少年團要從團的分子中發展一个必需的道德紀律.只須革命的爭鬥還存在,少年人的革命運動,就是最好的道德行為

以上所說都不是空談和理論,蘇維埃政府已經給他成為事实雖然有經濟恐慌,財源缺乏,蘇維埃政府在勞工大學供給三万多工學生今年有八千工人已經得入高等學校明年還有八,千學生將完成他們的學業.

同志托洛斯基注意勞農共和國的內政和外交——少年國為將來的行動,應該不忘过去革命的教訓.当初兩年是劇烈的爭鬥和受殘酷的封鎖第三年是外交,最後兩年是整理武力的爭鬥;和平談判亦充分的發展.

資本家的國家是比蘇維埃強;但是他們不能使用他們的最高权力來壓迫蘇維埃,因為他們各自國內也有革命群眾的恐怖.

当門雪維克和反革命派斷定蘇維埃会[illegible]去他的大綱時,他們[illegible]說錯了.因為,自一九

一九年二月，蘇維埃就宣言準備承認国际間的債項，列强拒絕了。如今完全相反，蘇維埃的態度是最强硬的，最堅决的。熱倫，海矛和呂尔加調和的拒絕都是个最明顯的證拠。

資本家的国家有一切利益要同俄国講和。因俄是原料的供給者和商品的購買者。但是為這个，应該要資本制度能有一个遠見的政策。可惜資本主義活一天，标一天，明天如何都拿不定。

我們不能禁絕外国的資本，因為俄国不是單独在世界上的。战前我們的觀念，總是望着一个兴旺的資本主義發展到最高度，結果資本主義自身懷着一个致命傷。現在的形勢已经变了。這个分別，就是無產階級做了政权的主人，即是做了生產的主人，他可对資本說："直到那裡，不要再跑遠了！" 這是一个主要的分別，為共產主義的敵人所未曾料到的。

新經濟的情形要求少年團方面有一種新的了解的精神。少年團应該認清最后几年的革命事实，好懂得他的新的責任。

托洛斯基將世界現狀及其革命的性質，完全表露出来。爭鬥会日甚一日的利害，組織紅軍和志願保護蘇維埃制的少年團应該完成他們的責任到底。

托洛斯基最后又說："同志們，在一切之先，我們应該研究，应該一再的研究。我們的爭鬥若是長期的，要達到全世界工人階級的勝利，

那就不是一个簡單的問題了，我们應該不斷的，切实的研究下去。少年团的訓練問題，实在是一个革命的生死問題啊！　　（石人）

哈佛罷工的經过

法国自一九一九年總同盟罷工以后，足以阻止資本家向勞動者侵進之勢的動作，祇是Vosges的罷工和Lille的罷工（經过十个礼拜），這两次罷工都前后得了一点勝利，都具有工人们聯合作战的精神，但這種精神的表現在本年哈佛罷工時更達於高等，[illegible][illegible]為勞動運動史增異彩了。

原委——此次罷工起端的原因是由于廠主要減少工人的工錢百分之十，不消說這是資本家用来侵犯八小時工作制的战略，擬藉此可以逼迫工人们加增作工時間，和去年与本年英美的礦工大罷工一樣，都是為這種壓迫而起的反抗。然而廠主们自然另有他们的表面理由。前六月十五日，哈佛的廠主会(Syndicat patronal)承Comité des Forges的命令，通告各工廠，從六月二十二日起從新減少各工人工錢百分之十，其理由大概如下列三種：(1)各種物價已比較平廉；(2)到廠定購貨物的買主減少；(3)為和外国的製造品競爭，特别是[illegible]国。這三个理由中最[illegible]。工人平服的是第一个，因揿官報的公布，在哈佛平均一家三口人的生活費至少年需七千方，而平均工人的工錢僅年得五千方，原来的工價尚不足以糊口養家，現在又忽然还要減少，不必參加什么階級間成見，也夠犯着衆怒了。

罷工的開始——

自這个風声傳播出来以后，工人一方面籌議对付的方法，到了十九那一天，特龍作塢的工人举一个代表去見管理人，竟被拒絕不見，因是登時全廠便停了工作，管理人登發出哨号，全廠工人一齐盛怒出廠，罷工潮頭便開始湧上来了。接続着大西洋作廠，聯門作廠，史乃德公司作廠和其他各工廠的工人都一齐实行罷工，統共有一万四千鐵工和一千二百織造工為抵抗廠主廠在的尾待入了战線。

此中有一件重要事实宜留意的：罷工的工人全是為保全最低度的生活費而作战，絕少別的見解參雜其間，因這些工人中只有二百六十人曾加入工会的，其餘均無团体關係，乃迫於一時衝動，不期然而統一前敵的。

各方面的同情——

罷工風潮開始后，極得各方面的同情。最初哈佛市議会裡頭社会党員表決為罷工委員会集款以贍養罷工者的孩童；哈佛商人也踴躍輸將並奔走於廠主会前從事調停；接着造船所工人决定每人每日存蓄一方作罷工者的生活費，后来為員聯帶責任，他們也实行加入罷工战線；照樣做的又还有泥水工人，這么一来，把哈佛全城弄得静悄悄的，每日只見着罷工者的示威運動的声勢，此外便是一座死城了。　尤其特别的，哈佛市長梅耶(M. Meyer)最初也極為工人出力，不过后来大家都明白他是藉此沽名，以博下届選举勝利的。　当時這種情况实在足以惹資本家和政府的特别注意。　竟有人傳說哈佛警　也要罷工了。

八月二十六日的屠殺——到了罷工的第九个礼拜，廠主和政府方面見工人的声勢愈弄愈大，便决意用强力去壓迫，於是由内務部命令撤消市長梅耶的警察权，另派一營長接管，並加派憲兵到哈佛，禁止一切集会和示威運動。　此時罷工的人数已達三万五千左右，又加上工人们的家屬声勢浩大。　他们早曾由罷工委員会，向廠主方面屢次交涉，而廠主方面始終堅執拒商議，今又目擊一隊一隊的軍警從巴黒派来，真是怒氣衝天，無可宣洩。八月二十六日，因軍警不準工人集会，因此便起了衝突，工人方面赤手空拳，僅多不过能夠向軍警拋擲石子；結果工人被殺者四人，傷者二十餘人，被拘者五十多人。

二十四小時的總同盟罷工——經过此次屠殺以后，工人方面的精神，並不因此挫折；反而越發激昂。　統一勞動總会(　[illegible]　)特為此事[illegible]，並發出命令給全国工人于

二十九日舉行總同盟
罷工二十四小時。 又
決議以八月廿六日為
每年紀念日

　一百一十天大罷工
的結束——自開始罷
工以来，數万工人和各
家屬的生活費全仰仗
各处的捐款接濟，幸因
求过於供，精神上雖願
意拚死奮鬥，而經濟的
壓迫太甚，無法抗拒。自
總同盟罷工后罷工战
鬥員只落得鉄工工人
一隊，其餘的都因接濟
不敷，不能殘力支持，迫
于復工了。　這最后一
隊战鬥員，拚死堅持，直
到十月九日也因財力
不足，万難支持，於是這
一百一十天的大罷工
便告結束了。　但他们
罷工的事实雖已結束，
他们的精神始終不懈，
在九日復工的那一天，
他们还很整齊的昂然
整隊入工廠以表示不
屈不撓之氣慨。　罷工
委員会最后給各工人
的通告裡頭有一句警
語說："我们或者是被打
敗了，但我们並不是被
打倒的。"　又朋友格司
內(Quesnel)在結束前一天
对大家說："野战已完，战
壕中的战爭又開始了，
我们的战壕是在作場
中的。"　他们的真实精
神，可由這几句話中看
出。　　　　　(允當)

最近到的新書

社会主義討論集

每本六方半

非宗教論

每本三方半

中国書報社通信處

Mr.T... Boîte Postale N°9. PARIS—XIII

本誌價目表(郵費在内)			
	每号	半年	全年
清国境内	25生丁	3方	6方
欧洲境内	35生丁	4方	8方
美洲	3仙5	4角	8角
中国	5分	6角	1元2角

本誌代售處

中国——廣州吕宋馬路二十八号
新青年社
長沙朝宗街 文化書社
美洲——坎拿大華人工会轉
述堯先生
P.O. Box 1208
Vancouver, B.C.
Canada.
歐洲——巴里中国書報社
Mr. Tchen.
Boite Postale No 9.
Paris-XIII.

Le Gérant : Georges Maltre.

介紹旅法華工総会机関報

工人旬報

逢五出刊每号只收郵費五生丁

通信處

Mr. K Tcheng
uantier des Prades
Vo - -Bai
A deche
(PRANCE)

第 4 号

少 年

少年

LA JEUNESSE

第五号

十二月一日出版

一九二二

Le gerant Georges Maitre

第 5 号

少 年

萬國勞動者團結起來啊!

俄羅斯革命

五週紀念

1922

"少年"第五号目録

一九二二年十二月一日出版

本誌價目表(郵費在内)			
	每号	半年	全年
法国境内	25生丁	3方	6方
欧洲境内	35生丁	4方	8方
美洲	3仙5	4角	8角
中国	5分	6角	1元2角

本誌通信處

"少年"雜誌社

BOITE POSTALE N°9.

PARIS XIII

無產階級革命的俄羅斯

世界革命的鐘声自從在北欧之野响起来后，
到現在整是五个年頭了。 在這五年中，俄羅斯
無產階級努力創始的功績和孤軍轉战的精神，
很值得我们而以極大之注意 現在我们当這
五周紀念声裡，特将往事追論 番，此蓋不僅能
使我们知而生敬，且更將聞風興起，好来完成這
世界革命的偉大工程

十月革命[註]

十月革命的使命

在过去歷史中，革命
的事件本屡見不一，最
大的如法蘭西革命，美
利堅独立，也頗能震動
一時，各有其歷史上的
相当價值，但一持与俄
国十月革命相較，則廣
狭遠暫的不同，又不难
立見 前二者革命的
範圍只限於謀各个民
族的有產階級的利益，
而后者便轉向全世界
無產階級身上来了。有
產階級的革命，他对於
要推倒封建制度或君
主独裁政治而建立民
主主義的代議政治，旗
壟断資本，運用工業革
命后的科学能力来圖
私利，对外和侵略的政

業，以維持其本階級在国際間的優越地位，如此情形，支持了一百多年，現已标入到他的崩潰期了，过去四年多的大战，近四年的世界破爛情形，便是他的实證，恰巧在這期中，俄羅斯的無產階級革命便应時而起，這个革命所負的使命整个与民主革命相反：在厤史上只有一八七一年巴里共治国能取来与他相比祗是巴里共治国不过是無產階級革命史上的一朵曇花，稍現即滅，而俄国十月革命確為全世界的無產階級奠定了革命始基了。 再，十月革命之所以能与舊日革命相異的，乃因其立足之点在於全般的社会革命，而非僅限於一国一種一階級的革命。 無產階級革命起首，本含有階級争鬥重大意義，且因其發動於一種民族，故国力的運用，也正不可缺少，但他的革命進程，却决不以此自封，且不得以自封。共產社会完全实現時，人々都是無產者，还有什么階級界限可說？世界革命完成時，全世界的無產者都聯合起来，他们还要什么国和政府？ 這樣子一个革命，經濟和政治革命实做了全社会革命的先鋒兩翼，除掉無產階級外，誰能担当起来！ 俄羅斯十月革命实在是負有重大使命，不过他才做得世界革命的起首罷了！ 季諾維埃甫(Zi-noview)說得好得好："在俄国並不是一个共和問題，只是一个革命問題"。

俄羅斯革命的不朽之功事实上存在他為

世界革命的起首啊!"

(註)十月革命乃指俄舊厤十月廿五日說,是日在西厤便為十一月七日

革命的原因和其成功之道

一个革命的爆發,其内幕總要含有生產狀况变動和階級爭鬥的重大意義在内;這本是馬克斯的唯物史觀和革命学說所當詔示我们的。　俄国十月革命之先有三月革命,此两个革命的来源甚遠,從產業觀点上看来,十九世紀的農奴制和其后的地主制,与工業發達后的生產力变化和外資競入全与有極大關係　其在階級觀点上,則俄国厤来的政权都只是操於俄皇和貴族和高僧之手,中等階級和小資產階級除掉依附少权貴,阿其所好外,很少能崛起自組成一雄厚的有產階級以与俄皇貴族对抗的。　農民雖是占全俄人民的最大多數,但他们因產業情勢和大地主的壓迫,終不能有什么組織,不过他们反抗地主的心總是熱烈的。　至勞動階級則自工業盛昇以来,他们的組織和活動能力,的確是日見進步,外方〃力〃以俄皇專制的壓力与他们以種々練習反抗的机会,他们的战鬥力遂益加偉大,終成為俄国各階級中的最强階級了。　此两点既明,我们再逐論到革命近因,則俄皇穷兵黷武,勞民傷財,三年大战实与以直接影響。俄皇室的親德嫌疑,在民族間的憎惡性上又適

是以增其助力，三月革命本此黨擔得民主革命的一時勝利　惟是另一方改之實際，当俄皇尚未宣告退位之時，彼得格勒實已有勞動兵蘇維埃的興起，繼之者為莫斯科蘇維埃，三月革命告成后，各地蘇維埃遂起，於四月中旬便開成全俄蘇維埃会議，自是革命臨時政府的举動乃常為蘇維埃的向背所轉移了。　五月初Cronstadt蘇維埃宣言承認臨時政府，克倫斯基(Kerensky)遂拔之入閣而為陸長。　其后，Ekaterinburg蘇維埃[illegible]開始反对戰爭，農民会議贊助蘇維埃，Cronstadt蘇維埃亦繼起不服從臨時政府，民主革命的根基乃見動搖。　至七月，彼得格勒的工兵先后声言"政权遂蘇維埃"，形勢更見緊迫，克倫斯基顯出他的反革命本領，捕獲些多數派的首領，鎮壓一時空氣，更改組了內閣，他改坐在第一把交椅之上。　但這種情勢終是不穩的，接着便是莫斯科工人為反抗民治会議而罷工，九月中彼得格勒蘇維埃更換了多數派擔奪政权的動議，黑海艦隊繼着有同樣的主張，至十月北方勞兵蘇維埃和莫斯科蘇維埃又相繼響应最后乃由彼得格勒兵工發動，於是政权終遂蘇維埃了。

這種勞動階級組織和活動的發展情勢，與農民兵士贊助之功，在三月革命至十月革命中間我們既已找出幾許痕迹惟其成功之因，尚不止此，尚有更遠的肇端可說　在一九〇

五年的俄国革命中盛
称的赤星期日便是俄
都造船工人的血染成
的，同時接着起的各地
騷擾，造船所的破坏，彼
得格勒等城和波蘭諸
市的兵工血戰Baku煤油
礦工的大規模同盟罷
工，十月底八十萬鉄路
都電工人的大罷工十
月立憲令發布後的普
選運動，殆沒有一事不
是勞動階級為之主的
旦蘇維埃的制度，也是
[illegible]時創生的，兵工聯立
的情勢也由那次黑海
艦隊的変動而立其始
基　彼時革命騷擾，差
不多延長到一年之久，
事雖未成，但其后人心
上的刺激和舊勢力的
打擊，已給一九一七年
的革命暗伏下不少助
力了，其中自更以無産
階級所得之教訓為最
大　總這十三年前後

三番革命的因果関係
来看，我们当知俄国革
命中含的階級争鬥意
義至為明顯了，且每次
革命都是勞動階級為
其中的主動力，農兵從
旁贊助，而中等階級和
小資産階級既無真実
力量又無团結訓練，以
致憲運動民主革命均
無建樹，因力政权終落
到無産階級手裡使十
月革命独著其功勲了

十月革命与
馬克思学説

　当十月革命成功后
世人尝説共産革命不
先出現於工業發達的
英美，而首見於俄国，乃
是馬克思学説上所未
曾料到的事；但這是只
見其一未見其二的話，
也可説人还未懂得將
馬克思唯物史観和階
級争鬥両説打成一片

来看.　一般工業發達
的国家,他的資本制度
已不能再与生產力適
合,崩坏之期本已很近,
但是他国中一般有自
覚性有組織力的有產
階級却不甘束手待斃,
他必要千方百計來救
濟這个恐慌,过得一時
标一時　他方,無產階
級在這決战期中,因於
種々情勢,一時也还未
能取勝,然而這決不是
無勝之可望,衹是暫時
的相　不下　俄羅斯
雖是个工業後進国,惟
他生產狀況的变動已
不復能与君主独裁,地
主專橫的制度相適合,
於是乃必然地需要一
个革命　恰巧在這革
命而起的階級,衹有勞
動者是富有階級爭鬥
性較有訓練的战士,他
们眼看着這資本战爭
的慘禍從恐懼的自覚

中,乃終能一躍而握住
了政权,造成無產階級
專政的局面,超过了欧
美先進国中兄弟们向
来成就的紀錄.　但這
樣,不过僅是一个革命
的起首　我们当知工
業發達之国共產革命
雖難革命之期实短,半
開化之国則革命易而
革命期長,換句話說,
便是:共產社会的真实
完成總是要先見於工
業發達之国的　但.這
話卻不是說工業后進
国必須等到資本主義
將国内实業發展夠了
的時候才去革命,我们
一方也当知道在共產
革命期中以無產階級
專政的国家資本来發
展实業,其成效当超过
有產階級競爭的資本
主義万々;後進的許能
賽过先進的早成為工
業極發達之国.旦一方

也不当忽視易於革命
和無産階級易於握得
政权的時机因此才更
易促成全世界資本制
度的崩坯，全世界革命
的实現　俄羅斯現在
已是這樣地一个領路
着了工業後進之国爲
得不從西效法？　又焉
得不看清馬克思学說
的真实價值？

十月革命中的一个忠实的指導者

十月革命成功之因
已如前述了，但我们还
当追想下俄国三次革
命既都是勞働階級為
其中的主動力，為什么
偏等到十月革命才成
功呢？　這不難回答，並
且是很簡單的回答：這
是因為有了多數派——
共産党——本其中做了
忠实的指導，唯一的指
導。　俄羅斯的勞動階
級中也实只有共産党
称得起他的忠党，這不
独俄国為然，各国的勞
動階級中也無不皆然
当着一九〇五年的俄
国革命，立憲党人也多
是運動中的参与者，但
等到俄皇《十月敕令》下
了之後，他们便都棄了
勞動階級，眼巴々等着
次年的国民議会召集
了．　一九一七年的三
月革命成了。功後社会
民主党和少數派又復
賣尽勞動階級，大踏步
地走入聯合内閣，講起
民主共和来了．　剩下
来的只有多数派他始
終是百折不撓，以無産
階級的利益為他自己
的利益，一九〇五年，他
的党員也多参加在運
動中，托洛斯基且做了
一時的勞兵会長，惜因
人少勢弱，終遂失败。他
们能受了這種經驗，加

以十餘年亡命国外時的奔走,三月革命一來,他们便極力注意到勞動階級的指導和蘇維埃制度的運用上頭.革命初起時,各地蘇維埃內部政党派份子还很複雜,四月中列甯初還,便向社会民主党提出革命中無產階級的任務以清党略　自此後,各地蘇維埃的会議中,[illegible]漸々增加了多数派從中指導的份子最顯著的例是七月一日彼得格勒二人示威運動[illegible]所發出的"一切权力還蘇維埃"口号,那確為多数派最得勝利的指導.　這个口号且女時傳遍了全俄,克倫斯基看了忙,竟誣多数派為德探机密,逃走了列甯,捕獲了托洛斯基及其他党員.　但這種壓迫終無效果.　九月十七托洛斯基出獄,次日彼得格勒蘇維埃便接收了多数派"搶奪政权"的動議,因是執行委員会辞了職,再選舉,多数派变成多数他更開始宣布"搶奪政权的時候已經來到."　接着,列甯,季諾維埃夫被選為彼得格勒蘇維埃赴民治会議的代表,要求政权還諸蘇維埃.　十月俄都市政選舉,多数派又獲多数,托洛斯基做了彼得格勒蘇維埃的会長.從此,革命的醞釀日熟,各地蘇維埃的響应也均以多数派之動議是從;最后紅旗一揮,無產階級專政之局開始,多数派忠実指導的功勲,乃得大白於世,十月革命遂得在歷史上建了不朽之功了.

(伍豪)

五年的奮鬥

Victor Serge (Kiev. Oct. 20th, 1922)

我们且回忆下俄羅斯工人在這五年中所忍受所做成的究是些什么　為人道，再没有同時代的人民所忍受所做成多过他们的了。

一九一七

大战起了三年，歐洲已成了一片死土，一个死的出產大工場。人们都沉默了。濠溝中的沉默也如在曠墳地一般。在這沉默中，听到一个帝国崩潰的轟声。«沙»朝倒了，一个承襲着擺查廷(Byzantin)皇朝，蒙古可汗之台，建在農奴、制上，經过了七世紀之久的«沙»朝，一个曾經罔那絞頭台中流出的血一紀一紀來鞏固皇統的«沙»朝，一个漸々被那愚暴嗣君毀坏了，立在魯鈍的地主貴族頭上的«沙»朝，這个«沙»朝終於是崩潰了。

在彼得格勒，莫斯科得意的日子，群眾掛着紅旗，唱着馬尔沙伊»革命之歌。從和平祝威的郊外直送達宮中一般財政家，聰明的　会議員，大場主，殺戮本是為他们的利益而存在，他们且曾願獲有那達但海峽，現在他们想道：我们是共和的政府啊。"

两个大社会党的合唱隊響應道："是的，你们是共和的政府"

民治，战爭完結，直達全勝，秩序，財產，社会改革：克倫斯基做了一个大的演說……但大的呼声更從一万三千万的農工喉間嚷出：麵包，土地，和平！這將要被那机関槍鎮靜下了。大炮是用以对抗Kalnga蘇維埃的。列甯，《德探机関》，正等候着時机。Kornilov宣布他自己是軍隊中等於執死刑的專政者……社会革命党統治了全国！

够了，這些工兵会議，這不被諸宗派的政党，都願麵包土地和平，[illegible]所有勞動人的解放。自覚和階級意志已在他們中間活着，他們起来了。在十月二十五日，多數党預定的日子，一个新的轟声又在那欧洲战壕的沉默中，大炮的重声中所見：這便是一个資本主義的民治崩潰下来了

一九一八

這个国現在是已經恢復他的工作，和平自由么是已經放出一个光輝的模樣么？不五十万智識界中人以怠工来損害日常活動的職務——世界上所有的関部都来和他搗乱。大使們，軍事差遣們在那些都城中密謀，暗探，破壞。俄国的各地，凡是有産階級貴族存有活力之处，他們都預備重建号令。Kornilov, Kaledin, Dutov, Alexeev, Denikin, Koltchak, Skoropadsky——再轉过来，德，法，英，希腊美国，所有這舊制度的机関，所有這国际有産階級的軍務全準備来割断這个革命的咽喉。

但有什么反抗！土地——社会公有了。工場——無賠償地沒收了。

密約——公布了。債務——否認了。銀行——国有了。猶太人，女子，小孩子，兵士，囚徒——自由了，全自由了。芬蘭——自由了。波蘭自由了，無合併無賠償的和平向着全人類宣布了，紅旗飛遍了城市，紅旗飛遍了战壕。

憲法会議，辯論部："民治，人民代議制，社会公有，忠於協約国……" 水手Jeleznjakov緩々地壓住会長道："我们人累了，你们請罷!"——自此俄国乃不復有議院主义。

——這些犯罪的，做夢的傻子!——痴肥的有產者摺着他的新聞紙這樣說，感謝上帝，我们將很快地看着他们都吊死了。

因為德国軍隊正握住他们的惡力，於是Brest-Litovsk条約乃從俄国剝奪了烏克蘭的豐富麥田，當思窪地的精煤。為了捷克斯拉夫，割斷了往西伯利亞的道路。為了民主社会主义，槍殺了Samar, Saratov, Kazam的無產者。為了左翼的社会革命党，乃抗起他们的兄弟。為了松明，燒了Yaroslav。為了英国在Archangel，法国在Sebastopol，日本在海参崴："白禍"乃遍了各处。為了一个不满足的"革命"，列宁的胸間竟受了两彈。

"多數主义要破碎了!"

你信么？你信能殺死一个有自覺性而立足在下層的全部階級么？你如這樣想，你便錯了。

革命是没有憎惡地向前進步，轉回来却要用一柄两緣的刀子從事武裝：紅色恐怖和赤軍。血尚没止流，但是穷人的血不是独一流着的血——並且也不是为增富富人而来流血。如同一七九二年的别一个革命，將王首領与專制聯盟，這次俄羅斯革命便是將最後《沙》的首領与資本主义聯盟的。

一九一九

一年的战争，飢荒，和过慮。馬餓死在道上，行人蒼白凹眼，瘰癧疹啊，窒扶斯啊，冷啊，餓啊——這内線的奸細啊——可希望的是：巴威蘇維埃啊，匈牙利蘇維埃啊，国际歌已唱遍了三分之二的欧洲。封鎖，不用說的很难——更無甚事了。這还存在一个疆界於来日么？

惜恩的工作無論如何是做成了。十三国——在他们中所有大的强国——全聯盟起来抵抗野蛮的多数派，賈音兒(Churchild)卿正是這樣說的。一万一千工人在芬蘭正遭了屠殺。在柏林，盧森堡，李卜克利西契，約桂西(Yogniches)被了害。列弟内(Lévinè)槍斃在明熱。什尔雲(Cirvin)在布達佩斯絞死。在歐代沙，拉布尔白(Labourbe)遇害。高級長官，高尔恰克同着亞令(Janin)將軍統治了西伯利亞。台尼金佔據了南方。約登利西(Youdenitch)同着馬尔西(March)將軍逼近了彼得格勒之門。這一个鉄圈兒緊鎖住了俄国共治市府。從高加索直到芬蘭，從北冰洋直到克里米；從烏拉直到波羅的海；沒有一处出口！国际的反動更到处擴張他的鉄絲網，還派他的執行器具。在運動中發出他的普遍報告，散布那發瘋似的謠言来毀謗俄羅斯無產階級．為的是要使他咽喉割斷．

共產主義的委員，当離開工場，夢想者——昨日的徒弟——水夫，少年学生，工人生活戴起紅帽子之後，要在六个月中成為赤軍將領，没有一个人来怀疑你们被做成的材料，你们所能的技術和在你们拳掌中的力量还会再多一点。　我们忽然知道，当着革命——你们是其中的靈魂和身体——在一个時期，在第二年的十月那几天壓服了三个反革命軍隊，你们真是無敵了。

立足在劊子手尚做主人的荒廢欧洲，你们是僅存的革命者了。並且你们引進你们各国的兄弟創立起工人的第三国际……

一九二〇

和平終將来到么？舊世界已經懂得敲開這些人民是將不成功的．從斯姆里(Smolny)從克姆林(Kremlin)發出的号声已經響到巴里，倫敦，布宜勞斯艾斯(Buenos Ayres)，東京，舊金山，悉尼(Sydney)，更響到好望角了．　無政府主義者，工团主義者，社会主義者，所有派別，所有学派所有工人，所有心中存有將来的人類，已皆懂得在最大的痛苦中在最坏的煩悶中有一个新的世界產生，這是很真的了．

恐怖已完結了．　和平条約已簽了字．　封鎖是打破了．　一个世界会議举行在莫斯科——共產主義的根基遂告建立。消費的合作復活，工場得着新的生命。金錢是廢止了。所有的事為着所有的人。有一个統一而有道理的生產方法。工人的大学。無產階級的文化。電化事業。從達出產品於那些組合，国际聯合。

不朋友们，我们患着究結还不很近呢。有些人将你们方将起首的工作，作成一个成功的結論，他们無能得太平凡了，太少自覺性了。不拘那百万工人示給你们的最大熱誠，你们總还是孤單着啊。

並且自從你们孤單着，一个新的企圖又做来反抗你们了。且帶回恐怖，再举赤軍——不是勞動軍——法蘭西已經承認了克里米的万格尔(Wrangel)，波蘭已實進開府(Kiev)来了……

一九二一

大戰后窮困的嚴冬。活氣已到了他们力量的尽頭。克隆斯台(Cronstadt)炮声。響，水手和農夫跑出来反对共產革命。因為他们在這上本不能再多一点，也不能多懂一点，他们在如此很多的忍受之后，僅会要求一事；種他们的地，賣他们的出產，救他们的飢餓……農民需要一个休息。他们流的血太多了。很多他们聰明的孩兒被捨棄了，也有死的，也有前進到很遠的大隊中去的。於是一个停止的狀態乃成為必須。經过了這个夢魘，列甯便給出信号。

是的，一个停止狀態是必須的！沒有甚事

在欧洲活動.　二个社
会主義国际,一个国际
工聯在那裡定出時候,
国小步子跟随着老面
又先的方略和常規.現
在是在内乱起伏之后,
一个旱暑又乾枉了窩
瓦平原.　三千万農夫
——他们中有五百万是
兒童——緩々地走入餓
死之途,除非有些大力
來加以援救……
　如此,革命將做出讓
步來了.　勿拋棄一些
事情.　你着所有他的

权力.　存着這無產階
級国家,準備幫助無論
在那国中都可以是的
工人,界起於他们回轉
之中,完成他们麻史上
的職務.　保持他的学
校,他的图書館,他的社
会化的大工場,他的赤
軍.　每天都要用一个
生活的較高方法,更深
点地侵入到醒悟了的
鄉間.　保着他的善战
的政党預備图所有的
進步.　且更存留着這
个国际家庭.　(W.)

俄羅斯革命中的不朽

季諾維埃甫

　当巴里共治围期中,
最重要的定期刊物之
一"共治"(La Commune),曾以
对於巴里共治党人叛
動的攻證說过;這不是
一个"共和"問題,但是"革
命"問題.　這誠是一个
非常敏銳的觀察.　且
這話寫在一八七一年
三月底,正当叛動的起
首兩个星期之后,突很
見精確.　誠然,那不是

"共和",但是"革命";不是一
个有產階級共和的異
起,但是無產階級革命
的開始.在他的深処,
在他的麻史真意中,這
实是第一次為這个革
命名詞顯出價值的運
動.

設使对於巴里"共治"
[illegible]的观点是真的了,那
么,以此来注意我们俄
羅斯的革命,乃更[illegible][illegible]
[illegible].当我们[illegible][illegible]蘇維
埃权威起首五年的[illegible]
[illegible][illegible][illegible],必会自豪地將
[illegible].[illegible][illegible]期刊物的[illegible]
放到我们的革命上頭!
於我们在俄国实不是
一.个共和問題,[illegible]是革
命問題

……………………

……在巴里共治園和
俄国革命中間的差異
乃類於嬰児和成人.巴
里共治団活了七十二
天,死在他最好的児女

们血泊之中.在俄羅
斯,勝利的革命正慶祝
他的五週紀念,在一个
完全保證最苦的時候
已成过去,工人階級的
勝利已經確定的地位
之中.

……………………

……革命的大風雨已
經吹走了伏在下層群
衆眼中的国权[illegible]密神
說的所有殘跡.俄羅
斯工人群衆已用了他
们自己的眼睛,看出一
国是怎樣做成,一个改
府是怎樣立起.旦在
這五年中,無論有如何
困難運命付与我们工
人群衆,在他们總有一
个活[illegible]的而且不变的
意思存着:群家覚着他
们自己是要成新权威
的創造者,如同這国权
的主人而非僅是他的
從属.

但俄国是沒有蘇維

埃的!——我们常听見少数派和有產階級的層員在大街角上這樣嚷着——你们的蘇維埃僅是虛構!

我们是没有蘇維埃么?　他们說這是給我们的,因為我们的蘇維埃不像有產階級的国会.　那裡是没有蘇維埃么?　他们說那是給我们的,其实在這蘇維埃权威的第五年,蘇維埃已透入人民血肉中了.

那裡是没有蘇維埃么?

士大夫们可看々彼得格勒蘇維埃的最近的選舉,在這个最大的无氣正回復的無產階級城中,那裡是没一个單独工人,没一个單独工女,没一个單独做零活的工人,没一个單独廚婦,没一个孤独童工,在蘇維埃的選舉中没有一个地位或別種參与的.

....

在各个勞動運動先進国,在欧洲,在美洲,工人本是比着我们俄国工人多受点教育,站在較高点的文化水平線上.　但是在這蘇維埃权威的第五週年,我们俄国無產階級却已勝过他们的兄弟,世界上的其餘工人.　這个勝利是我们工人佔有第一次無產階級革命的实驗経驗.　他们不僅看見革命是怎樣做法,並且自己也做过了.於這个意識中,我们乃站在一个首領地位,高过世界上所有其餘的工人..........

....

誰服役於誰?　蘇俄役於世界革命啊,抑世

界革命服於蘇俄？还是蘇維埃权威服於共產国际，或是共產国际服於蘇維埃权威？我们的仇敵在這个問題中，永不会止住对他们的興趣，有些人很細心這个論題，多少有点誹謗的意思，別一些便是簡單的愚鈍了，你们竟有聰明的頭腦？究竟那个服從於那个？一所房子的基礎和房頂，或是房頂和房基．致慮过這个謎么？

……俄国無產階級革命：無論怀疑着和不信從者都可說已活在全世界的工人心裡，這是他们的樣式，告他们去奮鬥的号呼，他们的希望和領路的明星

簡單地說，俄羅斯革命中的不朽，事實上乃存在於他是世界革命的起首啊．

（L譯）

十月革命和共產国際第四次世界会議

托洛斯基

世界革命

此处有一个朋友給我一个問題："從共產主義之利的观点上，那一国革命最為有益？"我隨想一下便回答道，從這个观点上，革命最有益处是在美国．這个国在經濟性上是最独立的国．農業和工業的相互均衡能使他在一个殘酷的封鎖事件中得到一充分独立的

經濟生命. 且他在世
界中是最富足的国,並
且在他的处置上有最
好的工業技術和差不
多世界之半的金子供
給.

因此,假使這个国的
無產階級能略取了政
权,則物質的根基,和為
社会主义建設的組織
和技術的先决条件都
是最有利的.

在這条線上的第二
国便是大不列顛. 俄
国在這点上雖不是佔
有最後的地位(因為延
有亞洲和非洲),但無論
怎樣也佔有在歐洲境
內的最後地位. 惟我
們着攷察現实的情勢.
我們便不得不說,這个
最帝祇處黃能領導的
資本主義国中的政治
先决條件,便是說為要
創造一个切合的階級
政党的先决条件,还最

缺乏. 在我們国中,厤
史已展開了革命的卷
紙,並且在這五年中我
們已被逼着在經濟先
進国用以宛敵我們的
資本的繼續優勢之下,
来工作經濟落後国的
社会主義的建設.

這是一个根本的事
实,而且從這上乃起了
我們內亂的恐怖苦難.

俄羅斯革命的教訓

假使我們願談俄羅
斯革命的教訓,我們在
第一位中須自豪地拳
出我們的政党来,他对
所有国的無產階級已
給了最宏大的式樣,開
係於怎樣為权力而奮
鬥和怎樣使征服的权
力被最嚴忍的方法来
保護着——用着所需要
的最很最無寬恕的專
政制的幫助——且对着
這个要保持国权在無

產階級手中的問題，此
方法用来毀坯有產階
級的僞善實無用其時
膳。

所有国的工人必須
在最近几年内学得俄
羅斯革命的教訓。無
論我们在内乱中曾經
做过些錯兒或是沒有
做过（假如有人去我，一
定能我出錯兒来），我们
現在總已离開我们
後边的革命活動的古
典部分了。如对我们
的經濟活動，我们常說
这些必須讓步的錯兒
一个大的讓步便是
新經濟政策……

……讓我们且忘掉一
会兒以前我们順着所
謂的"战的共產主義主
義"(War Communism)之路所
進行的，和以後回轉到
我們現在的地位。讓
我们且比：現在的地
位同在一九一七年十
月二十五的地位。假
使我们外国友人和欧
美的同伴们問起我们
這个問題，我们当能回
答如下：鉄路，礦山，工場，
製造場和多一部分的
土地在当時全在私人
手裡。現在呢，所有鉄
路，大多數或至少是所
有重要的製造場和工
場，所有有價值的礦源
是全在国家手中了，在
這国裡工人階級得着
農人群众的帮助来治
理着。這正是在我们
統治五年後我们看見
的結果。我们前進过，
後退过，但結果工業中
最重要的生產方法和
一部分有改處的農業
生產方法全已在工
人国家的直接管理之
下了。

無論如何，什么是退
却的原因呢？這个問
題是很重要的，因為凡

是許标這个退却的事
实多是遮蔽了遠近的.
对你们自己,你们是怎
樣想像国有生產方法
的程序和組成社会主
義的程序.　我们先生
们在所有我们的舊書
中,我们也在.我们自己
的書中,都反覆說過 得国
过工人階級当取得国
权之后,要一步一步地
实現這国有的程序,而
開始於最緊要的生產
方法.　這个規律在今
日还有力量么?　在將
要放慮共產党綱領的
第四次会議中,無論工
人階級当他在英国或
是法国取得政权之後,
將能毁坏了商業技術
方法的組織器械,而代
以有利益的普遍方法,
這个問題在消極方面
總須要被回答的.　工
人階級必須使用有產
階級支付和計标的方

法,兑换和銀行的方法,
並且僅能漸々地接着
他的技術力量和能力
渡入一个社会主義的
經济制度.
　於此,乃有个界乎俄
国無產階級革命和未
来無產階級革命(例如
美国)中間最大的差異,
在那裡工人階級直到
略得国权時止,須要打
勝很大的困難;但当政
权已經奪得之後,在所
有边界為我们曾經奮
鬥过的壓力反要較少
了;因為在我们国中含
有一个很强壮的小資
產階級和一般很强壮
的農民,对於革命乃有
別的先决條件:並且因
為我们的革命是於有
產階級不限防中發
生的.　我们不僅解除
了有產階級的武裝於
十月念五之前和二十
五六兩日,且更在十月

念五的後三年中. 有產階級.地主们和也官吏们在十月念五之後,始才看出真实的地位,於是乃依着欧洲資本的助力撤起反抗我们的战争. 在欧洲這个程序是要十分有異於我们. 在欧洲反革命力的組織和軍事——同着共產党為這个爭門的預備相並而行——現在正前進着,並且這个爭門也將更利害——但都不是在十月念五之後,祗是在他之前.

社会主义当他可以比資本主义為能供給勞動权力以較大量的生產來滿足他的社会需要時,一定地要接收他的实驗的辨解如同接收他的理論的辨解一般. 並且蘇俄是最貧乏的国家之一也是一件事实. 法国代表在日諾亞以其主張厚着臉皮來非難我们,說欧洲已無所学於我们,因為俄国已成一完全荒廢之国,意思便指我们应給欧洲表現出一个比一九一七年我们所取得的更高的經濟. 那真是出了問題. 然於而這却是我们價付一个革的價值. 沒有一个單独革命不使其自中的經濟水平線減低的,並且有產階級守舊的歷史家泰思(Taine)也曾声言法国革命後八年,法国人民是写过革命以前. 那实是真的.

所以我们看到我们的目,這時候資本主义的毀坏乃正多过社会主义的建設. 時候經过的还是很短. 在共產国際第四次会議中,我们須要再發揮一次. 在這供獻於用社会主義代替資本主義工作的五年中，我们趕首來建設社会主義於最落後之国(法国大革命是爆發於大陸上最先進的国家，其地位高。过所有其餘国家，惟英除外)，最大的歷史革命實不能充足引起我们社会生活的必須变革。

朋友们，這些結論是：我们以我们党的名義將列席於第四次会議，在那裡我们將要問我们歐美的朋友和我们自己，什么是國歐洲世界革命發展的地位和形勢，再究全說清楚点便是：什么是國对於一个有效應的範圍將依賴在歐美革命發展上的我们較遠的建設速度的地位和形勢。

(飛譯)

俄羅斯革命的教訓

十月革命与世界革命

我们很相信季諾維埃夫所說的俄羅斯革命乃是世界革命的起首。要證明此言真實，我们祇須要拿过去的歷史的給与和今後的趨勢來看。

十月革命过去的歷史所給与吾人的教訓，不僅在他与一八七一年巴王共治国革命有成人嬰兒之別，要緊的是他的堅强的革命實力乃築在階級爭鬥嚴格意義之上

的。 在一九一七年三
月革命中，我们知道，指
導俄国無產階級革命
的多數党不是不予革
命以援助的，但他们最
大的努力还是向下，还
是極力去做蘇維埃的
活動。 克倫斯基政府
他们不来参加，共和政
体的决定他们不予以
是字，他们唯一的口号
祇是“所有权力歸蘇維
埃”。 時机是不可失的，
推倒“沙”終勝於在專制
政 下討生活，這个他
们 深々知道，但他们
决不肯以推倒“沙”实現
民主政治為滿足，他们
知道民主政治是与無
產階級無利的，是仍然
要增加国際糾紛延長
資本主義壽命的，於是
他们还是繼續為革命
努力。 結果俄国各大
城的蘇維埃先后成立，
多數接收了他们的口
号，農兵的蘇維埃也齐
願加入革命援助，七月
暴動一試未成，十月再
試，遂終於開了無產階
級專政之局，民主政治
遂不復再見於俄羅斯。
革命成功后，蘇維埃俄
羅斯所努力的事業更
無一件不是為世界革
命披荊斬棘的。 大工
業，銀行国有，土地歸農
民耕種，廢遺產制，這是
絕資本主義大地主制
孳息的活路。 破坏舊
日軍事組織与信条，編
制農工階級的赤軍，行
紅色恐怖，內制反革命
派，外禦資本国家的封
鎖和侵犯，血戰三年，方
始堅牢了無產階級的
壁壘。 对外援助弱小
民族独立，鼓吹被壓制
民族[illegible][illegible]的聯合和反
抗，指導各国無產階級
團結活動，对內更積
無產少年施以無產教

化，革命精神蓬益加魯
遍。行新經済收策，以
舒緩世界上唯一的無
產階級国家的經済急
迫之氣，好使工業落後
的狀況漸將易了舊观。
凡此諸事，皆是在世界
政治上經済上開了一
个新的局面，而這个新
的局面更是与帝国主
義。的侵略政策，資本主
義的掠奪行為永遠文
於反抗敵对。地位的進
言之，這个革命精神是
世界的，不是偏向於一
国一種的，是立於階級
爭鬥意義上而将為全
人類的，不是以全人類
為點人的号召而永遠
為一个治人階級增助
力的。我们本着這个
見地來說俄羅斯的十
月革命是世界革命的
起首，諒誰也不能否認。

俄羅斯革命与各国

十月革命既是世界
革命的起首了，但經过
五年的奮鬥，世界革命
依然还是没有多大動
静，还是讓俄羅斯的無
產階級在那裡孤軍轉
战，其中底情我们仔細
地研究下，可分两項來
說。

第一，我们先看一看
一般工業先進国的内
部情形。当十月革命
方發生後，各国的無產
階級頗思乘机活動，但
因战事的壓迫，誰也不
肯繼着俄国為此举首，
時机爽綫，終於讓美国
生力軍一隊々增加过
來，西战場生了变化，德
墺革命方始爆發起来。
德墺革命開始后，德国
斯巴達卡斯团頗能極
力從事於無產階級搶
奪政权的指導，但内田

社会民主党背叛工人階級，外国協約国勝利的壓迫，英法勞動界的坐視成敗，不為響应，終於使最具有十月革命精神的李卜克内西实，盧森堡遭了慘殺，巴威邦的蘇維埃成了曇花一現之局。

墺国是看德国行事的，德事既敗，其後匈牙利蘇維埃遂也独力難支，崩倒在羅馬尼亞的侵佔和社会民主党人的背叛上頭了。

從此，德墺遂成為協約国的俎上之肉，战勝的瘋狂心理更弥满了協約国的人民心中。意大利雖経过了一時的赤色傾向，但終敵不过反古派的氣焰，最近殘殺勞工的搗乱派且更握得了政权，要皇帝和国会保證他們的長久地位了。

法国勞動界本是充滿了不問政治空氣的，大戰後此風漸革，新的統一總工会已和赤国際工聯携手，祇是他們缺少政治運動上的適当首領，舊的変節賣党已將他們嚇够了，新的还沒見出現。最守舊而圓滑的勞動首領要算是在英国了，他們利用工人的組織，工人尚未自覺的好管政治心理，来圖私利，於是工業先進国的英国勞動者轉瞬也將来上德国勞動者現在正上着的当了。

上月選举，英国勞動党不已經握得了議院的次多数么？勞動奸細馬克多那德不已經領袖了全党么？德国的社会民主党，曼勃耳脱總統不是他們未来的目標么？

美国的情形更混沌了，資本主義的勢力在那裡足以雄視全球，失業的工人

和羅工的風潮雖可增
他们的内顧之憂，但東
至南美商場的搶奪，老
朽勞動首領的保守方
略，很能夠延長他一時
的壽命。　日本的勞動
運動尚在開始，單閥官
僚勾結的達鎖还繫着
很緊，一時自難說到革
命。　總起這各方情形
来看，大戰所給的復古
潮流与壓迫影響要标
是最重。　次之，便是無
產階級群衆中缺少階
級覚悟和革命精神，一
方又被叛賣勞動階級
的社会党人領錯了路，
致使欧洲經濟恐慌到
了這種程度，社会革命
还是延續着未能生出。
俄国革命的成功，在於
有產階級的冷不提防
和領導無產階級的多
数党繼續不輟的革命
活動，同樣的情形在工
業先進国中是不易具
有，不曾具有的。　托洛
斯基說欧洲反革命和
革命派的爭鬥祇是在
"十月念五"之前，非在"十
月念五"之後，此話可謂
知言。　本着這个見地，
列甯於這次共產国際
会議中並說，"我们（指俄
国）是在一个普通意義
中来学，他们（指各国）必
須要在一个十分特殊
意義中来学，以求真實
地吸起革命工作的組
織，建設，方法和实質。"這
实是全世界無產階級
所应牢々記着的一句
話啊！
　第二，我们再看經濟
落後各国的情狀如何。
十月革命起後，環大俄
羅斯而居的各小民族，
差不多全相繼而起来
試行蘇維埃政治，但中
間經过了各反動派的
騷擾和煽惑，到現在尚
後以蘇維埃共和国名

的，便多是小資産階級勢力，不甚雄厚赤色恐怖方所能及的區域了。芬蘭和波羅的海諸洲，因民族的差異，工業交通較為發達，二面階級的反革命力漸知團結，所以他們的局勢遂多變遷。

此外各種被壓迫的民族当欧战过后，祇知震動於"民族自决"的虛声，而不悟国际間資本主義的欧治作用，於是波蘭独立乃做了協法国的傀儡，中欧小国，购国一方欺凌墺国，一方畏逶仰賴協約国的經濟做他們·耀武之資。為争一尺地不惜用兵多次，数年不决！而国内的經濟恐慌都無法能求解脫，做了英国傀儡的希臘現狀正是如此，几十万的敗兵和商人現都沒有了生路。

其中較為奮發的要算是土耳其的国民党人，多年的战斗最后他们有賴於俄国的指導，算是将勝勢確定。

但洛賽恩(Lausanne)会議開了，英法意本将携手来宰割近東，忽美国因米索不達米亞煤油礦問題又欲聯法以制英。

巴尔幹諸国因对土而聯絡。土耳其在這種連横合縱的情勢下，能不能脫其操縱，這須看他的革命精神如何為定。

換一句話說，便是能不能從民族主義見地上改入社会主義来衝断一切。日諾亞海牙两次会議中的俄羅斯，華盛頓会議中的中国，孰得孰失，須由他自擇了。

總起来說，弱小民族不圖独立，不圖自存則已，否則唯一的榜樣和援手祇是俄国。

時机是不可忽的，革命是不可止的，

变化是不可忘的，知此乃能言世界革命。

俄国革命与中国

我们知道人類厤史是不重複的，各国情形是不尽相同的，俄国革命所能給与中国人的教訓，並不是取他的厤史重来排演，乃是要從他走过的痕跡中找出勝敗之道，好讓我们有所去取。

在俄国三月革命以前，君主独裁政治的权力足以籠罩一切，国会雖有若無。工業固已漸又振興，但多一半資本家勢力尚不雄厚，且因君主的索取与役使，一時也难得有餘力来圖團結，另一方外資輸入又佔其半；這也是單薄国内資本勢力的一个關鍵。俄国又是農業国，農業难得有像工業国中的組織，大地主因搾壓農民，更不得不倚靠皇家軍隊，皇家法律来鞏固他们的地位，於是他们更成了皇室的忠僕而不暇自覺。但是生產力發展了，舊經濟組織不能应其所需，一个新的变化必將產出。在這变化醞釀期中，再加以政治黑暗，官僚貪婪，人民不得自由，学問家少發展机会，生產机關多用作軍械製造，種々激動，一个革命的激劇大團結遂乃係着生產变化成為不解之勢。普遍的下層階級是這種團結的同情者，真实的活動份子还多是智識界中人和一部分有自覺性的劳動階級与小資產階級中人。他们運動的目標是立憲運動，一九一五年和一九一七年三月兩次革命都是在此日標而生,不过程度的深淺略有不同罷了.

同樣的情形我们拿到中国來證,頗有些相類似処,祇是辛亥革命我们不能認他為類於俄国的三月革命. 俄国的三月革命雖也曾有留了一些舊皇室的軍力,経舊朝貴族来組織内閣,但不久克倫斯基当政,終表現出些民主政治的氣派. 至中国則辛亥革命民主派的勢力 伸过長江以北,便与袁世凱苟和,讓他挾着北洋.正統来主中国. 二次革命失敗,北洋鉄騎更渡江而南,直逼湘粤. 其後袁死,黎継,馮去徐来,民主派始終未能突出湘粤,破北洋派已成之局. 及至最近,則南方新軍閥又都成勢,起与北洋軍閥呼在争衡,因是群雄割拠,争為雄長的形勢在中国逐益發開展起來. 這樣的情形縂能説是軍閥政治從舊日君主専制政体中孳乳發長起来,決不能認為民主派共和革命的結果. 革命十一年了,民主派所以不能指頗的根本原因有二:一是由於辛亥革命建築在排滿的感情成分上較多,建築在民主革命的意義上較少. 故革命的对象乃多重在滿洲駐防軍,而忽略了隱於河南的袁世凱所領率的北洋軍隊. 一是由於帝国資本主義的壓迫. 辛亥革命本含有因生産狀况変化須急国自强的經濟上重大意義,所在内,惟正因其如此,所以列强才不容此銷費的大商場生産独立起來。

捉住了這兩个關鍵，我們当易懂得同樣的事實表現，在俄国三月革命造出那樣的果，在中国竟不如此，都因為此事實中具有的条件不盡相同啊！

貪婪是可恨了，但因為袁世凱利用他來籠絡官吏，政客和武人，軍閥都傳了他的衣鉢，列強更藉此而來勾結賣国賊，於是人民遂受了万重的剝奪。自由本是民主国民應得的東西了，但一般有智識的人竟要在袁世凱治下要自由，遂要了一部治安警察法出來。捧着上边壓有兩重壓力——軍閥和列強——的国会造憲法，結果只有弄到解散，不則便是白紙，留供他日軍閥挾以爭雄之資。在軍閥治下講聯省自治，結果是趙恆惕，唐繼堯和陳炯明的替身陳席儒做了民選省長，黃麗遺了害，雲南遍種了烟土，廣州城擄掠一空。学術不振教育是可恐懼了，但一般教育家都祇想在列強和軍閥治下來建立个好政府，結果王寵惠組了閣，好政府"詠是湊一色（胡適之評王內閣語）了，財政教育的椅子全被好人佔了，但終不免羅文幹的被捕，国內八校依然無錢發薪。發展實業是必須了，但一般軍閥刮錢來辦實業，大小資本家勾結外換來辦實業，則結果不是工場倒閉使聚到城市中的工人失業，便是工場主權完全落到外人之手。

情況如此，如何可以圖苟安，如何能自認為在中国民主革命非已成功！

真正民主派人如相信民主々義可以內倒軍閥，外抗列强，則只有努力革命，方能实現。

我们共産主義者对此革命也自应尽以無限努力，不过我们所努力的革命，須要有我们的意義。在某種情[illegible][illegible]况中援助民主革命原是可以的，但我们对他無大希望，且不应忘記俄德兩国革命前後的事实。一九零三年俄国社会民主党的分裂，一九〇五年革命和一九一七年三月革命中多數派的活動，他们立足在何種階級之上，定念在何種主義之前，其後十月革命更成功在何種方法之中，我们均須仔細与以攷量。且尤其令我们难忘的是德国革命的失敗記錄。我们当深知道社会民主党之所以能造成今日的局勢，乃因其違背主義，叛賣勞動階級与斯巴尔達卡斯團發生太晚之故。歷史既是不重複了，覆轍更不应再蹈，從事革命活動的朋友们，我们終当自慎！

切实說来，在中国現在並不是什么共和民主問題，但是一个革命問題！這个我们須牢々記在心中。

(P.)

嚮導週報

每期定價(連郵費在内)二十五生丁

第一期目錄

本報宣言

聯省自治与中国政象

統一借債,与国民党

日本政党改造之趨勢

第二期目錄

造国論

革命運動中印度政治近況

武力統一与聯省自治

国民党是什么

第三期目錄

中国國際地位与承認蘇俄

国人对於蒙古問題应持的態度

祝土耳其国民党的勝利

私人資本主義在中国的害处

歐洲代理處

巴里中国書報社

BOITE POSTALE N°9

PARIS XIII

第 5 号

介紹

旅法華工総会机關報

工人旬報

逢五出版一次

報價只收郵費五生丁

第八期要目預告如下

(十二月五日出版)

1. 我們工人对於自 的團体应該怎樣?
2. 賠款分配与工会組織
3. 工人團結的重要認識
4. 今日之華工
5. 旅法華人新聞
6. 國內新聞紀要
7. 本会消息
8. 特載——中國工人向國会提出的說帖

本報自第八期起移至巴黎出版

通信處在華僑協社

39 Rue de la Pointe

La Garenne Colombes

(Seine)

少 年

LA JEUNESSE

LE GERANT GEOPGES MAITRE

第 6 号

"少年"第六号目錄

（一九二二年十二月十五出版）

本誌價目表（費在內）			
	每号	半年	全年
法國境內	25生丁	3方	方
歐洲境內	35生丁	4方	8方
美洲	5	4方	8角
中國	5分		1元2角

本誌通信處

少年雜誌社

BOIE BOSTA
PARIS X
(FR)

論工會運動

"工会"這兩个字，依英
文Trade Union，人都譯作"工
聯"，依法文Syndicat多譯為
"工团"，依德文Jwerkschaft亦
似可譯成"工聯"，但据我
们想，在中国劳動運動
中，為求便於運動，合於
二人們〇用的慣例起
見，似还是一律都称作
"工会"為妥。　我们的主
張如是，特地先在此提
說一下

工会和行会

　在工会運動以先經
濟社会中本有行会組
織的痕迹，這不但欧洲
如此，便在中国也是同
様地循着這个途徑發
展起来的。　祇是行会
和工会究竟有别，他们
各自的基礎和本質，都
有他们各自的生産狀
况做依据，未不是僅從

他们团体的形式上看
来便可武断地說他们
無甚区别的；便是英国
一部分社会主義者所
提倡的"行会式"社会
主義，在他们思想中容
或有受了舊日行会組
織暗示之処来主張分
散大工業，行産業自治，
但实質上生産狀況既
異，經濟組織已变，無論
怎樣改法，終不会循着
原道而回，与舊制恰相
吻合的。　在手工業自
由市時代生出的行会，
也祇有産業的封建式
社会能容留他，十八世
紀工業革命一開始，他
所存留的組織痕迹便
煞得無影無踪了。　同
時应運而生的，便是工
会運動。　工会組織多
是建築在賃銀劳動工
廠劳動者的身上，這每

工会運動的目標

工会的組織既是应着産業革命而必須生出的組織;於是這種運動乃成了有意義的運動. 惟是工会運動的目標究何在呢? 依衛布(Webb)說,這个目標是在於保護和增進工資的標準. 白王他諾(Brentano)和宗巴尔(Sombart)則說工会是用以補助其会員在罷工時候的缺乏以保護和要求增加工資以保護他们的利益的. 這兩種簡單的解釋在工会運動開始的十九世紀確呈如此傾向. 又,第二国際曾接收奧国産業主義者白勞恩(Otto Braun)的解釋,謂工人的組織乃是以這永久的工銀職業組合於資本制度的範圍内来保護勞動狀況的改良,並為

歐洲中世紀依着家庭工業而生的行会組織完全不相同了. 組織根拠既異,運動的目標也完全不能相比, 行会目標重在自和,彼此希[illegible] 交易標準俾人各無損傷;這是由个人協商中生出来的組織. 至工会目標,則重在外抗,協助以图自存;這可以說是由个人自由競争中反映出来的組織. 目標的分别既明,我们由此可知一个時代的主要状况影響於一个時代的勞動組織至鉅,絲毫不可以假借, 凡是違背了這个進化的趨勢来圖改造;没有不失敗的,行会社会主義和無政府主義之不易使人傾信,多半因緣於此.

阻止情状变坏而奋鬥.但這種解釋我们是不能满意的,我们深知道依着產業集中和勞動階級加大的趨勢看来,工人的組織决不会自要於在產業内為一部分的職業組合,他必要振拔起来掩盖全部產業. 從前在歐洲罷工也.祢是犯罪的,工会的組織也是時々受政府和資本家工涉的,但現在資本社会却認工人圍結的勢力為不可侮了. 依此趨向,我们乃敢大胆說工会運動是要改良工人状况,引導工人為經济的奮鬥,協助工人政党图謀工人階級的解放,取消工銀奴役,以達到最後共產主義的勝利的. 這樣目標一定有些舊式工圍主義者和產業主義者以為這是出了工人应做的範圍了. 其实未来的世界,应是勞動者的世界,不当再存有私有產業的人,在他们原是承認的. 欲实現這種理想,不從政治和經济革命中雙方打出,难道听着資本政府永遠退着他的威权,使工人階級受着無尽的剝奪么? 我们信真正懂得工会運動目標何指的人,必不甘如此.地坐以待斃. 況且工團主義所自出的法国工團現在已变了"所有欧权還工会"的口号了,迷信僅以總同盟罷工和以產業自治便能实現共產社会的工会運動者亦可以醒々了罷!

工会的組織

組織工会的份子,概極嚴格的意義說来,自以在工廠鑛山和交通机闘中的賃銀勞動者為最合格，但拠一般情形說，則凡是賃銀勞動者，無論其為工業的，農業的，商業的或社会公務的，無分其為勞力每勞心的，皆有從事工会組織的任務。　換言之，便是工会組織本是極普遍的，但工会運動卻須依着近代生產狀況的变化和資本主義的直接影響而以前述的二項勞動者為其中堅。

組織工会的方式如何？　依着舊有的慣例，多是從同職業的联合下手，十九世紀和二十世紀初年歐洲的工会運動大半都依着這个方式做的。　然而這種職業組合現在卻已漸々露出他的破綻来了，他的不利之点約略是：1，勞動組織本貴乎力量集中，職業組合常々因職業類別太多，反將勞動者分得太零散了。2，勞動者对資本家的爭鬥貴乎步驟一致，乃同一產業中的勞動者常々因所屬的職業組合各別而互異其見，致罷工怠工等事常易生出許多內部阻礙。3，知已知彼方能百戰百勝，職業組合常々因同一產業中的組合不一致，使全產業的狀況，任何種工人方面都不能知。　這二種缺點都是明顯的事实，現時弥補這些缺點的，便是產業組合運動。　產業組合是要以產業類別為聯合的出發点，而非僅以各个人的技能和職業類別来分組合。　举例来說，如礦工組合普日除去坑夫以外，尚有礦中工程師，数火夫，机器師，坑夫，書記等々組職，而今則都可統属於一个礦業工会之下了。這種趨向在英德各国的大産業組織中已多見諸実行，而且尤便於要求產業国有和工人參加管理的進行。至在革命後的俄国，則此種運動已成工会組織的普遍方式，現時俄国的産業組合分得極其簡明，總其數不過在二十種上下，而每種工会所包含的人員都極其衆多，運用亦極其靈活：這便是産業組合適於為工人階級奮鬥的一个明證。

聯合職業

工会的組織無論其為職業的或產業的，其開始的進行總当以各个地方的某種職業或某種產業的勞動者聯合為組織的單位。本此單位然後再進而求一區一省的聯合組織：省是以政治關係分的，區則多以經濟關係為別。例如中国的京漢，京奉……的鉄路工会，招商局，太古，……的海員工会，株萍路礦工人的聯合，便全不是用省界可以蠡分開的。由省或區的聯合進而為全国的聯合，再進而為国际的聯合。在這条聯合線上永遠是以某種職業或是某種産業為聯合的標準的。另外的一条聯合線便是開始繫在一个地方的各種工会的總聯合上頭。由此地方總聯合的單位，乃進為一省的總聯合，遂而為全国的總聯合，更進為国际的總聯合。在系統上說，這兩条聯合線的前進原是很清顯的，但実施起來，国内国际全不易按步就班去走，其中錯雜最甚的是国际間的联合，尤其是在勞動革命預備期中的国际聯合。我们看々現在两个国际工会（莫斯科的“赤”和亚姆斯特丹的“黄”）的决战和各个国际部分工会的破裂情狀，便知此種一時变態變是不可遏止的了。

工会的行動

工会運動的目標有了，工会的組織成了，緊接着一步便是須問我们如何運用此工会机關。解答這个問題，須顧及我们運動的目標而分作两項来說。一項是革命前的預備，一項是革命開始後的奮鬥。在前一項中，起首的活動便是掃除勞動運動的障碍和增進工人的地位。這種活動方法須視各国的情形而定，並須因各国特異的情形而各異其方針。同樣的工業先進国在英美所急，的是失業工人問題，在德法便是八時工制的動搖問題；在政治上雖同是防範復古派的抬頭，但在德国第一步是保住共和，在法国是反对資本政府侵略政策，在意大利直須反抗現政府而維護勞動者的生存了。至在工業落後的殖民地和半殖民地，則政治上的活動常々急过本身的狀况改善。其在事實上也是非等到帝国資本主義的束縛略見解放以後，工人所受的壓迫常不易減輕。顯著的例，便是中国，中国現在要拿舊式工團主義和産業主義的空想来限制工会行動，則不但工人階級翻身無日，便是中国的全民族恐怕也要永遠奴役於世界帝国資本主義的重軛之下了。

勞動運動的障碍減少了，工人的地位增高了，但這个決不能滿足工人希望，工人最大的活動還是革命。以工会的机関來促進工人的階級覺悟，宣傳無產教化，散布革命種子，這實是現今各国工会運動中的最大任務。

其次說到革命開始後的、奮鬥，那麼我們只須拿俄国工会現時所担負的職務來說。

俄国工会——特說為產業組合——"在今日實是種々產業中所有工人的永久組合；他實是代表無產階級專政机関的重要基礎之一；他要移轉他的重心到經濟組織的領域以內，以圖在為共產社会建設和消滅社会階級的工人所有努力中來作有力的參與"（第一次產業組合全俄会議的決議文中語）。

至參與的事权最顯著的便是各个工会都有管理各自所屬的產業的生產和產業狀况之权，在地方上，工会聯合会為公共經濟会議的重要參與份子；在全国，則全国工会聯合会（俄国名為全俄職業同盟会議）得選出三十人為全俄最高經濟会議）七十名定額中的委員，一边地方公共經濟会議及其他机関又得間接選出其代表補其餘額。

由此可見工会在俄国實已握住全俄的經濟生命了。

其在政治（即蘇維埃）方面，則各地蘇維埃選舉雖云由劳動者直接選出，但情勢上實際工会有極密切的關聯，此又無能否認的。革命後的俄國工会責任如此，時與革命前的各國工会責任相較，可說一个是在建設一个是預備破壞了。

工会与工党

“工党”這个名詞我們是用以代表一切属於勞動階級的政党，並非指某一党說。工会與工党在向来的慣例多是成為一種对等和聯立的形勢。舉例如德國社会民主党，在柏白尔(A.Bebel)時代便以為社会党是管政治方面事，而工会是管經濟方面事的。因此他們遂決定凡有必須以同盟罷工来做武器的時候，雙方必須開对等会議来決定：這便是所謂对等權利的原則。但這種界限見解在我們看来是錯誤的。工党的組織本是集一部分有階級覺悟的工人和少數頗從事勞動運動的中等階級中人而成的。他在作用上，祇是要做成勞動運動的先驅，社会革命的向導来率領勞動群衆。他本在除掉工人利益而無其他利益，他的行為如能獲得工人的信任，則工会对他自不論政治的經濟的策略都能一致接受。否則，像叛賣工人階級在大战前後的德國社会民主党，英國勞動党，法國社会党……雖也稱是工人階級的政党，但究竟有何用？因此，我們乃知工党和工会的關係是種密切而永不相欺的。世界革命的完成須要全世界的勞動者先組織起来，而在這組織和革命的期中，尤要認一个忠实的工党来作工会的指導，使有階級覺悟的工人好源々不絕地走入工党。真实的例子便是俄国革命的成功乃正因為工人階級有了一个忠实的共產党啊！

（伍豪）

告少年——列甯作

〔續第四号〕

什么是一个共產主義者？

為使更加明白起見，我將举例来說，我们是自命為共產主義者的。什么是一个共產主義者呢！

"Communiste"這个字是從拉丁文"Communis"而来，義訓：公共（Commune）。共產社会即是土地，工廠，工作，一切共有。這就是所謂共產主義。

假使人都各自開拓他自己的田畝，於此能有公共的工作么？工作共有不是驟然能創設的，不是会從天上掉下現成来的。他乃是長期努力長期忍受的結果是在爭鬥的过程中漸々創造出的。陳旧書籍是無所用的，是沒有人信他的。需要的乃生活中的个人經驗。

当高尔恰克和台尼金從西伯利亞，從Don向我们前攻的時候，農人还是向着他们。布尔什維克主義尚不能

為其所喜,目為布党人
是照税徵收麥子的.但
是自從.西伯利亞,爲克
關覺了高尔恰克和台
尼金的查乾以後,農人
們已悟到於此实没有
選擇了;或者是重新慷
複起辦使他们再臨入
於爲地主奴隸中的資
本制度,或者是向着工
人方面來,工人们雖还
没有各類好事;且还於
凶鬥中要求一个鉄律
和一種剛强的毅力,繇
而他们却將大家從資
本家地主的奴隸圖中
解放出來了.　当着農
人們,以至於極急昧的
農人術,都已從他们本
身的經驗中,懂得並且
感覺出這个真理之時,
於此艱難的習練以機,
他们也感了自覺的共
產主義者了。共產主
義少年團必須放在所
有他的活動的基礎之

上,便是這種經驗.

我已經回答过两个
問.題,即:我们須学什么,
我.们須從舊日学校舊
日料学中取些什么.我
並且也說过,須用什么
方法学到那一切東西
那方法即是要時時刻
刻她少年的訓練,教育
和養成和所有勞動者
反抗掠奪者的争鬥不
可解的聯結起來,

共產主義的工作

從各種少年組織中
借來一些成例,我要讓.
大家曉得共產主義的
教育須如但從事.

如今都識織除不識
字人,很明顯的是在不
識字的人地方,建設共
產狀会乃爲不可能的
但僅是蘇維埃政府下
一道命令,或是党中出
一个口号,或是有一部
分最好的战員(党員)為

此事而犧牲，是不足的。必須少年一輩人也來共同努力。

共產主義寔在凡屬於少年團的青年男女都說：這是要我們作的工作，我們要團結起來，我們到鄉村去教不識字的人念書，好使以後的人再沒有不識字的。我們願意所有青年的進取心都用在這上頭來。

你們應曉得想把蒙昧不識字的俄羅斯在几个星期內使變成開化啟明的俄羅斯，這是不可能的；然而假使少年團肯於此盡力，假使所有的少年都盡忠於此公共的利益，則此成團的四十万青年男女便不愧名錄為共產主義少年團了。

少年團的目的不但要自己得知識，自己得了知識以後还要用以教導那些不能自救，不能自祛蒙昧的人。

為少年團的份子，就是要把自己的工作自己的力量都為公共利益而犧牲。　此乃是真的共產教育。　此乃能使青年男女成為一个真實的共產主義者。假使能從他的行動中得到些實驗的效果，則他必將是共產主義者了。

如今再取我們城市四圍的菜園來做个例。這不是一个為共產主義少年的工作么？　人在工廠中飢餓着，大家也都挨餓。　要救濟我們，必須發展園藝的耕種。祇可惜這種耕種尚是用的舊式。　因此必須要最有意識的份子來從事工作，就像你們才得見着蔬菜的長大，[illegible]面的[illegible]氣，收藏的頭良、 对於這種事情，共產主義少年團中，都須作出一个活潑的職務，一切組織以此為眼前的責任。

共產主義少年團須成為衛擊的團結，在所有範團內都來協助，都来開創， 這个團須使不管什么工人看見少年團員，縱然主義上他们或者不能理会，思想工他们或者不能立即相信，但知團員的真实工作和操行確是能指示出這些人是来指引真实道路的。

共產主義少年團員的組織

假使共產主義少年團不能够在所有範團內作出上鼓所說這種行動，則必是他已走入舊日有產階級的遺途中了。

我们的教育須不可

解四地每勞動者反抗掠奪者的爭鬥相聯結，好來幫助勞動着解答從共產主義教義中傳下来的一些問題

少年共產團員須貢獻所有他閒暇的時間，去耕種菜圃，去到工廠裡設立少年團等々。

我们想以我的貧團的識羅斯做成一个富足的地方， 為此必須要共產主義少年團能聯結他的養成，他的訓練和他的教育到農工人們的勞動上頭，並且要他不徒關在学校中埋頭伏案地去空念共產主義的書籍和小冊子。

只有同着工人和農人共同工作才能成為真的共產主義者。

必須使大家都見共產主義少年團員是有訓練的，同時且是能工

作的。等到大家看出我们已經從舊日学校中將專制的訓育掃蕩过去，换上有意識的紀律，看出我们少年人參加到"共產党的礼拜六"，看出我们少年人会利用所有的閒空来為民家服務，那么人將对於我们的工作另眼相看不比舊日一樣了。

共產主義少年必須自願的地在他的村莊他的街坊中尽所有可能的服務：例如分配糧食或保持清潔等事。

在資本制度下這些是怎樣呢！　人各為自己做工。絕無人人關心到是不是有人老廢或疾病，窮是不是一切家務都放在一个可憐的奴隸的模壓賤的婦人身上。

現在誰來戰鬥這些呢！——便是少年團，他必須說：我们將改变所有，我们將組織些少年人的分隊去帮着掃除，帮着分配食糧，並且要有條理地去訪問人家，要為大家的利益去工作，公正地平分力量並指示出工作必須是有組織的工作。

未来屬於少年

現時五十歲以上的那輩人是不能希望看見共產社会了。他们將死在共產社会實現之先。

但今天还在十五歲左右的這輩人將能看見他共產社会，並且还要從事於他的建設。這輩人須知道他畢生日的不外這種社会的建設。

在這社会中，工作是屬於各个分子的家庭的，是無人來強迫，個體

沒有些地主資本家民
眾的壓迫者的話。反
之，在我们則当把所有
工作，都加以組織，不管
他是怎樣汚穢，怎樣艰
难；都把他組織得使各
个工人各个農人都說：
我是工作大隊的一份
子，沒有地主，沒有資本
家，我也能过我的生活。
我並能把共產制度建
立起來。
旅有照這樣，我们才
能希冀我们自己所定，
的目標可以達到，
我们計祘着為要使
全国電化，為使我们残
的俄羅斯能够利用
些最新的科学成績，至
少也要十年工夫。
現在十五歲爭筹十
年至二十年将生活一蘊
共產社会中的建一輩
人，必須定出絲的數育
許全，太々鄉春备轉蕬
職城市中寏陈地來解

決共產工作的問題，不
管怎么微細，怎樣爾單。
共產主義成功的保
證就在実現這个教育
討論的方法中；就在發
達健全的共產主義進
取心的方法中；就在少
年表示其聯合勞力的
能力中。
共產主義少年团的
团員必須時々從成功
的見地着篆自己一举
一動，必須時々自問是
不是着負聯合而自覺
的勞動者之名　必須
如此，共產主義少年团
乃能团集起他半兆份
子成為一大工作隊，而
當得起一般的敬重。

（全文已完）

評胡適的"努力"

（飛々）

胡適先生本是我們所敬愛的一个人，他的思想和言論很有些令我們佩服的地方。但我们看他最近在"努力"週刊中所發表的一切政論，都使我们非常失望，且要使我们的革命主張得到堅確的反證。

有人說，胡適提倡白話詩，有人去嘗試，等到他提倡手槍炸彈，卻没有人去幹了。其实有没有人去幹，那另是一个問題，我们所失望的，乃是胡先生对於政治太缺乏了革命的精神。

在"努力"第四期中，有人問他还是取革命手段呢？还是取改良手段呢？还是先破坏後建設呢？还是在恶基礎上建設好政府呢？他的答案是："最好双方分工並進，殊途同歸"。我们真不解一方要在恶基礎上"努力"建設"好政府"，一方認定非先破坏不可，這个工怎樣分法？怎樣能殊途同歸？除非胡先生先站在兩者之間袖手旁观，等到雙方打得不得開交時，他再來領着"殊途同歸"。

胡先生是以"打图起屋"的人自居，而以"燒房子"的人待人的，但是房子还要真燒，他卻要告人先來做"收拾殘椽剩瓦"的事，自己以為可以在那裡打图好備起屋了。果然他所打的图是燒了房子後的新图，那还可听他在那裡把圖自玩，如是一張好圖，尤可供大家的研究，祇是他所打的圖樣是要在破漏將傾的房子上添補丁，添那不可能的補丁，這不但徒勞無功，且更阻止革命的發展。

胡先生先迷信"公開的南北和会"，繼迷信公開的"各省会議"会能解決時局，實現統一。姑無論在現在的群盜割據爭為雄長的情勢下難以做成，且決難有真正民意的代表，便是会開成了，便是大家真肯"把袖子裡把戲都攤出來"了，試問如何能有滿足各方慾望的結果！不滿足便爭，如果人民照胡先生所說，"用手槍炸彈罷工罷市對付分贓會議的办法對付他們"，他們竟不爭了，然而各大軍閥又肯容忍么？不容忍，还不是一樣嗎？要用手槍炸彈罷工罷市的办法么？與其這樣彎曲（但這还是我的替胡先生推論如此，他並沒有這樣堅決主張）何如不直說"打倒軍閥呢！這不又是胡先生缺乏革命精神的明證么？況且手槍炸彈罷工罷市止能做革命的導火線，真正革命非要有極堅強極有組織的革命軍不可。沒有革命軍，軍閥是打不倒的。若徒以手槍炸彈罷工罷市來恐嚇，則手槍炸彈，他有躲避之法，罷工罷市他更可以軍隊來壓迫。這樣薄弱的主張，當自不能與有組織的革命視為同值。

胡先生的政治主張，所謂"我們最低限度的要求"，自然離著我們共產革命的政治主張很遠，但即使合於民主政治的要求,在現在軍閥跋扈列强侵吞的中国情狀下,也止有一个民主革命才能達到,才能完成民主共和的工作然而胡先生竟不作如是想,以為在世界帝国資本主義和軍閥的支配之下便可建立"好人政府"實現其政治主張,這不是做夢么?

現今的中国在世界帝国資本主義包圍之中已变為半殖民地,一举一動都受列强干涉,這是誰也不能否認的事实,而胡先生偏認在此列強均勢之下有利可圖,淺視北京東交民巷衛牽線的英美派外交家,竟認其為"好人".信美国政治家(即美国帝国資本主義的走狗)可親,特跪到代新銀行團遊說,鼓吹憲期借款的美顧問苟鬼施家討論憲法問題. 張作霖明々已是日本的爪牙,英美的政府又正向直系軍閥送秋波了,而胡先生竟还贊成"由政府公開的調解直奉的私鬥,消除那逼人的战禍"的主張,还以為這是"最大胆的"計畫. 軍閥賣国还要調解,我们真不知是顧忌軍閥啊,还是怕投鼠忌器啊? 這樣短視的外交眼光,這樣敷衍妥協的政論,而想做"全国的观象台,斥候隊",而以為是乃"研究事实,观察時勢"的主張,我们真不敢信服.

"没有好社会,那有好政府? 没有好政府,那有好社会! 這一套連環如何解得開呢? 嚇!的一声,連環解了! 這是胡先生最得意的"努力報",但是我们竟不明白這位哲学教授指示人"幹!"的地方究在何處下手? 然而他卻說了"從下手处下手!" 這樣地籠統話,能令我們滿意么?

胡先生又曾宣誓說"各行其是,各司其事,"我們便不恐懼他這話同樣會被各大軍閥,新舊國賊的外交系,基督教徒和要錢的議員們拿去利用,他自己這種圓滑的精神已實足阻碍革命精神的發展了。

因此,我們乃敢大胆地指出胡先生已是缺乏了革命精神的人。知此乃知他在"努力"上所發表的妥協的統一會議主張,偽和平的聯省自治辦法,和能說不能行的他們好人政治,都是些不落實際的廢話。凡是有革命精神的少年們豈能受其蒙蔽!

"太壞了不能改良的,或是惡勢力偏不容納這種一点一滴的改良的那就有取革命手段的必要了."這也是胡先生說的,我們便因此假定胡先生確有迫得不得不上革命道上的那一天,真能做他所謂"君期我作瑪志尼"的瑪志尼,然而繞了這些道兒,迷惑了民衆多時,這是何等的不經濟!

胡先生答"中国共產党对於時局的主張說"我們並不菲薄你們理想的主張,你們也不必非薄我們最低限度的主張。 如果我們的最低限度做不到時,你們的理想主張也決不能實現。" 但我們却要代答胡先生道:"我們却很菲薄你們的最低限度的主張,而尤其信仰着你們最不努力的方法你們最低限度是永遠做不到

的．　至我们的主張，祇
能有用政治争鬥的革命
手段才能達到实现；我

们殊不願上你们無革
命精神的大當"。

俄國革命是失敗了么？

〔質工餘社三泊君〕

在九月号的"工餘"上
有三泊君一文，名"俄国
共產主義失敗之原因
及其補救的方法"。此
文題及其内容頗能感
味於俄事之人於一時，
本誌对　似不可不一
加駁論。

在三泊君文題中最
足感人的便是"俄国共
產主義失敗"八字　俄
國名從革命後直到今
日純是在共產主義革
命中討生活這誰也不
能否認　取例來說，失
農業，銀行，鉄路等收這
國有，土地交給能自種
的農人耕種，廢除遺產

制和土地佔有权，消滅
有產階級遺留下的惡
制，…　凡此種々，全是过
去五年中俄羅斯無產
階級以革命·的活動換
得来的．　因此活·動，所
以才引起内部皇党，有
產階級，自私的農人的
反革命結合和国外資
本主義國家的壓迫行
爲．　並且他们更互相
勾結起，繼續不斷地来
圖搗亂，而各国的無產
階級發又因囿於情勢，
郡排奔不動，於是俄国
無產階級的革命遂不
得不獨自地持續下去
3．　革命事業本是要

經長期努力長期奮鬥才能保住成效的。一国一種的民主革命，如法国革命，美国独立都是經过極長期的血战争鬥才得使共和奠定，更何况無產階級的共產革命，須全世界勞動者聯合起来世界革命呢！ 我们若因要急观，事的成效．便怱揮革命的時效，或更忽視了四週反革命的空氣，則只能怪我们性急，若硬加俄国以“共產主義失敗”之言是不当的。 且俄国今日实行無產階級專政，勞動会議掌握政权，從階級争鬥的根本見地来解共產主義祇有說他是成功，何得反謂之失敗！ 我们应知俄国現正在從資本主義走向共產主義的过渡期中，換言之，便是正处在共產革命期中。

在革命期中，最初建設是要少过破坏的，五年来蘇俄的努力多一半是用在剷除舊毒，内防叛乱，外拒强敵的工作上頭。 我们若肯平心靜氣地研究久々俄羅斯五年革命的記錄則知他们並不是不圖建設的，也不是沒有建設的，祇是舊勢力的反動迫得他们不得不在破坏上多下功夫。 且他们從事破坏，又豈無意義！ 掃除了舊的障礙，新的制度方得逐漸实施。 未来共產社会的实現，須要有共產制度為他做保障，俄国無產階級今日的努力，乃正因要立此保障之基，所以他们的破坏才非盲目。

明乎此，乃知三治君“俄国共產主義失敗”一言，是極不合於事实的閒話.

三泊君既錯安了題目,因是他開宗明義第一句便以俄國施行新經濟政策為"共產主義在俄國試驗失敗"的左證,這真太背事理. 俄國之施行新經濟政策,其在事的根據上實有極重要的來據可說. 1.俄國在革命前工農業上的生產機關和工具都太腐敗. 2.大战發生後,生產運輸機關的破坏和壯丁的損失更是直接地增加經濟恐慌. 3.十月革命过後反革命派的騷擾,一方既使大战中的情形愈加延長, 方更使無產階級無辜犧牲此危急的災害. 4.全世界資本主義政府所加的壓迫. 5.愚昧工人在工作紀律上的怠弛. 6.政府因經濟的恐慌,無法供給農民以工業品. 7.無知識而祇圖私利的農民不僅不肯供給麥子並且還因受反革命派的煽動要圖反抗, 總此諸因,生產狀况遂呈現出一个極大的不穩,最后且更激出克冠城(Kronstadt)和大包夫(Tambov)省的農民軍暴動,於是新經濟政策乃在這種事實的要求上勢所必至地產生出來.

事实是不可侮了,我們且再轉向理的根據方面來看. 在新經濟政策中最受世人非難的要點是重建私人的小工商業一事. 他們常覺以廢除私有制一義來反證俄國今日共產主義已經失敗,其實他們卻未嘗發明白俄國今日尚是在共產革命期中,尚着共產制度的全部建設尚属很遠.私人間小工商業的恢復在共產社会中自然是不容留;容留了便是还没到共產社会,但在共產革命过渡期中,適了相当的情形,有支卻不足為懼. 新近英報訪員蘭沙末(Ransome)曾問列寧,說有了這般小商人,他们不將窺覦政权么? 並且買賣兌換的利大,握在商人手中;国家多管些無利的事件;此無論從資本主義或共產主義的見地上,全可看出有後退之虞.列寧回答他的大意是說這些小商人犹之倫敦市上大市的小販,買賣雖然極好,究竟離政治很遠. 若說他们利大,則未免忘了俄国尚是个農業之国. 本年政府收入,糧税乃為大宗,農業豐收,更影響到羅布價格近來的安定. 輕便工業已多振兴,国家銀行近又有餘裕可計,行將用他來振兴机械工業. 這樣情形,不僅從資本主義見地看來可以乐观,便是從共產主義見地看來,也可抱同樣乐观,因為現在俄国的政权,還握在工人階級的手中啊! 後退是不可能了,俄国今日已決不能走回"封建專政"之局,他祇是要以国家資本主義來領路,好走向共產主義(蘭列兩人的問答,全文見滿切斯特守衛報十一月二十二日份). 列寧此言很明,可指明新經濟政策在理論上也決不会妨害共產革命進行的;並且就一年多實施的效果看,也的確可以增加無產階級国家的財富.

至政策中徵收農

民糧稅是由農民自擔其地被為己有相呼应的，若農業共治国之以產業遍公，則其組織自由国有的工場相同無所用其糧稅了。对外通商，是現狀所必須，且大权握在蘇維埃政府之手，更無所恐慌於資本主義国家的誘惑，忘諾，海牙两会議的結果和烏尔圭哈突(Urquhart)对英商約的失敗，不已明示我们了么？

以上的事理我们審根据於經濟状况的必然性和共產变還革命的可能性而来断定新經濟政策決非能作三泊君所謂的"俄国共產主義失敗"左證。且不但不能為其左證，我们更信這是完成共產革命促進共產主義的一条捷徑呢！三泊君也曾研究此事实么？

上述两点既明，三泊君文中一切論点遂多失了根据，其所謂乐观派的話，我们既可置諸不論，便是悲观派之言，也多受了各国有產階級蒙蔽，社会党人欺騙而後發出来的"杞憂"，其实俄国今日的勞動階級豈真是"除了換过几个統治者外实際上一無所獲"么！凡稍注意俄事的人，當自知其謬！

三泊君聞也是贊成階級爭鬥的人，嚴格說来，既贊成階級爭鬥，則因緣而生的無產階級專政，無專政期中一切必然的設施，有何可以反对呢：除非他是站在"有智識的人仍然多居於資本階級"的地位来說話。

三晦君的最批准俄

事之点是"中央集权"与"産業国有". 中央集权為無產階級革命期中所必不能免的事实,這是凡稍懂革命戰略的人都知道的. 且全俄蘇維埃所集的是什么权;各邦蘇維埃所分的又是什么权,我们若不加以實在攷察細心地研究,便籠統地以"集权"二字来反对,亦殊未当. 至說权力集中是多数党爭权的結果,不是革命的必要条件,尤属武断. 多数党当三月革命方發生後,便力嚷"所有权力歸蘇維埃",十月革命是全俄蘇維埃本着這个口号而起的,要說爭权,便是俄国無產階級来与有產階級爭权,要說無政府党社会革命左党不贊成無產階級專政,退出聯合,那是他们昧於階級爭鬥之義,却怪不得多数党.

"産業国有"是生產集中的必然現象,俄国這几年的經濟恐慌正因為他生產運輸机関的集中还沒(未)做到十分好処,不是因為他不能碎分產業而生出的反動結果,此就經濟現象与原理看来;都能證其無誤. 依三泊君意,總以"飢則耕而食,寒則織而衣,勞則築而居"的絕自由境界与產業国有相反,此話說来何嘗不好听,其實就生產趨向說,歷史是不重複的,如要硬来碎分生產机関,逼之上古部落生活状況,則因實質的条件难合,必要引起更大的經濟恐慌. 如此人必有不得食,不得衣,不得居的了,更何從言其自由!

此外三泊君还有許

多不敢实际蒙蔽事实的话，许是他错信了Sinnacica Revue的记载而吐发出来的。我现在无须多加辩正，因凡是留心识事的人，都能知其不然。

（恒豪）

反对国际资本主义的侵略
指导中国民众运动的趋向

向导週报

第四，五，六，七，诸期均陆续寄到了。

凡在欧洲境内，可直接向巴里中国书报社订阅。

订阅办法{预定十期价法币二方半 / 预定二十期价法币五方}（邮费均在内）

以此类推，凡预定者，俟每由国内寄到即寄。

零售每期二十五生丁，邮票可以代价

巴里中国书报社通信处

Mr. To Rien. BOITE POSTALE No 9 PARIS XIII (FRANCE)

读者注意：本期赠阅先驱第十，第十二期各一张，凡欧洲境内订阅本志者，俱随报附赠。读者如欲续阅，但请将姓名及通信地址函明，便随到随寄——"少年"杂志社敬白。

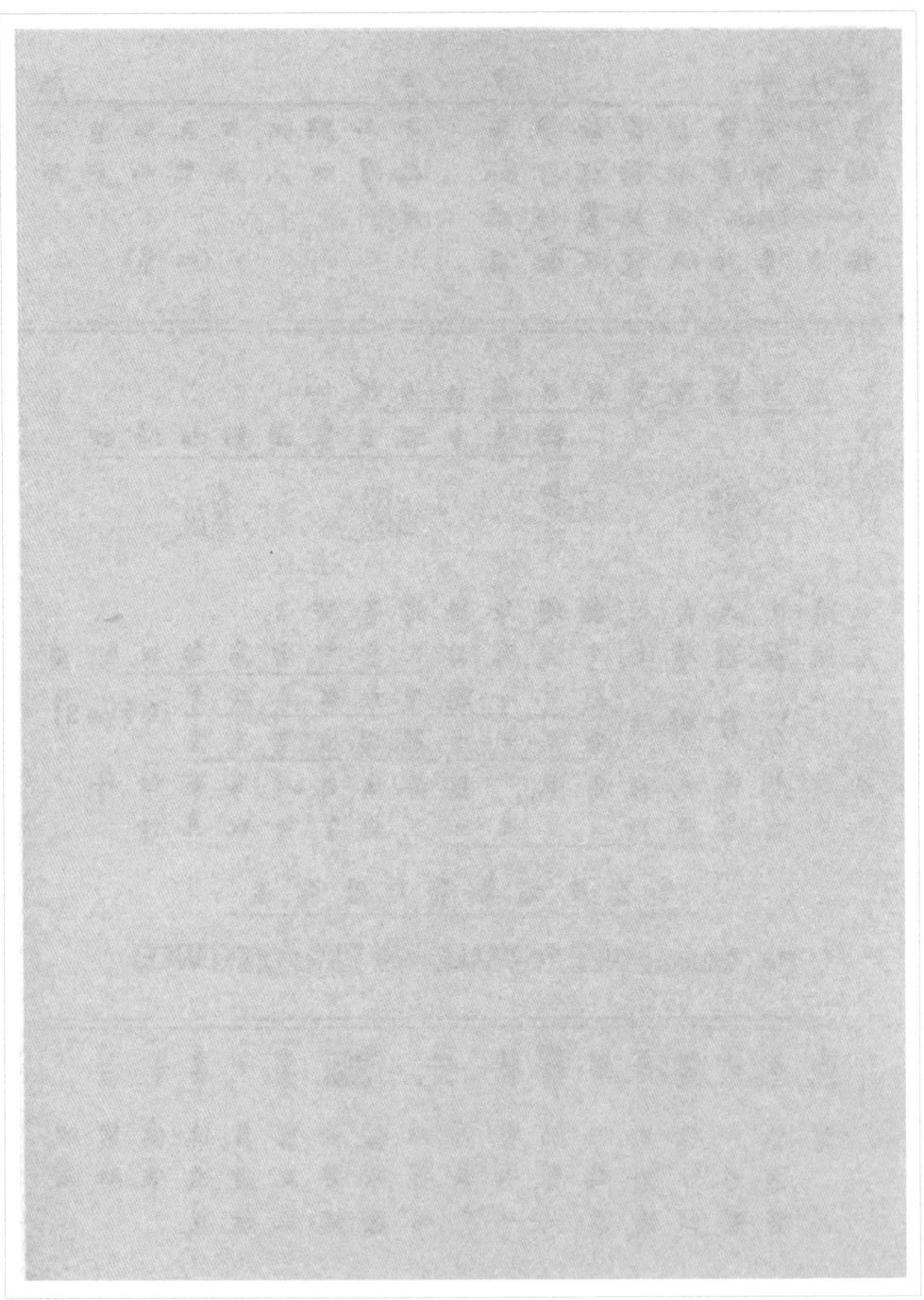

少年

第七號

"少年"與朋友們足足有兩個月沒見面了！屢次承讀者來信的慰問，我們於感謝之餘，既抱愧不能作確切的答覆，又覺着"少年"之可以使讀者念望，必有其繼續生存之可能；于是從今天起"少年"又復出版了！愛"少年"的讀者，請你們接受"少年"繼續出版所含的希望與敬意！

一九二三年，三月，一日，巴黎。

第 7 号

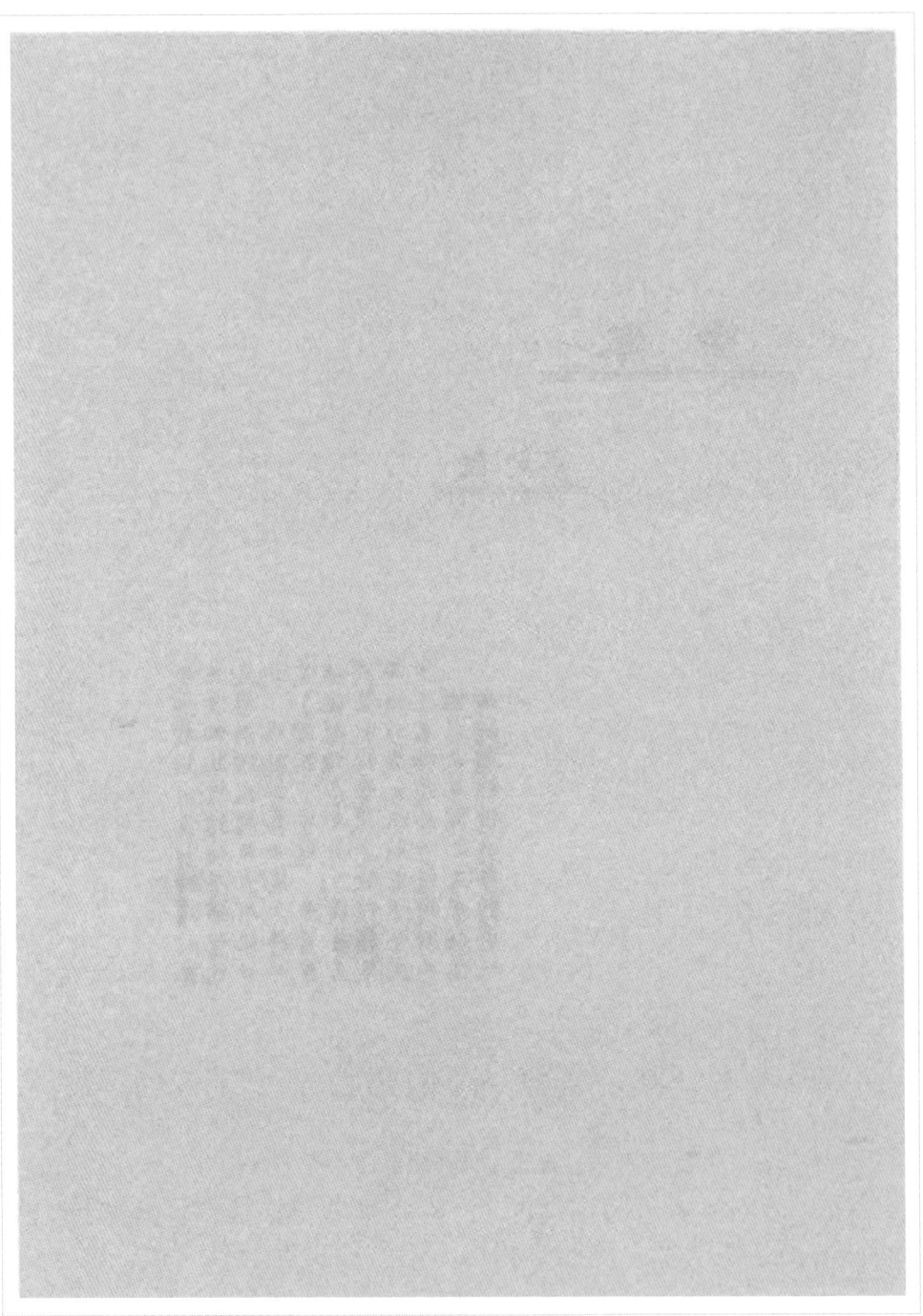

"少年"第七号目録

（一九二三年三月一日出版）

本誌啟事

本誌自第七号起，仍改為月刊；每号定價法幣二十五生丁，半年一方五十生丁，全年三方正；欧洲境内，價目一律，境外另定；通信處改在巴里西郊，華僑協社轉交（少年雜誌社 C/o 39 Rue de la Pointe, La Garenne-Colombes, Seine, France），凡有信件，隨時皆可收到。所有從前訂報期滿者，請從速来信続訂，以便照寄。

巴里中国書報社代售

風行全中国的

嚮導週報

反對資本主義的侵略·指導民衆運動的傾向

前数期再版已寄到·最近至十四期也寄到了·凡在欧洲境内俱可向本社直接訂閱·每期定價二十五生丁·每十期二方半·每二十期五方·郵費均在内·零買郵票可以代價·本社通信處如下：

Mr. Tchen. Boite Postale N° 9. Paris — (XIIIe)

介紹旅法華工総會机關報

工人旬報

籌劃僑工教育·喚醒階級覺悟
貫輸工人常識·供給正確新聞

逢五出版·每号篇幅在十頁以上，字数約一万餘·售價只收郵費五生丁·通信地址在華僑协社内華工総会：39 R. de la Pointe. La Garenne-Colombes (Seine).

反對帝國主義聯合戰線怎樣在中國應用?

D. (Mockba).

1.

欲將反對帝國主義聯合战線在中國应用，必須分析中國社会之各派狀况，然後才有下手方法去研究如何聯合作战.

中國的統治权仍然在帝欧遺留下的軍閥(北方)及由革命造成的新軍閥(南方)之手，此等軍閥計分為三大派，各派均依照軍閥存在之原則結托一派帝國主義的國家為其後援，如下表:

北方　直隸派之吳佩孚——傾向美國.
及　　奉天派之張作霖 ⎫
中部　安徽派之段祺瑞 ⎭——傾向日本.
南方　聯省派之陳炯明——傾向英國.

吳佩孚頗有反对日本之表示，而同時有極力擁護親美派的傾向，因為他只看出日本武力侵略的危險，不能看出美國經濟侵略的危險.

張作霖与段祺瑞之親日，不但有过去的長久關係，最近且以日本之援助，其軍隊已占領福建省，將聯合浙江督軍盧永祥(段派軍人)以為段派之地盤.　他们的勢力鞏固起来，不南向和親英的陳炯明衝突，便北向和親美的直隸派衝突.

南方的聯省自治派為廣東省之陳炯明，湖南省督軍趙恆惕及雲南省督軍唐繼堯為重要人物(貴州省及廣西省在上列三省勢力支配之下),尤以陳炯明為主要. 陳炯明以反对孫逸仙之故,自然乐於与向来反对孫逸仙之英国(香港政府)結合,英國人更乐得利用陳炯明以排除民主派孫逸仙在廣東之發展,因此两方自然勾結起来,最近由英国借款二百万金镑与陳炯明,以鞏固其地位,陳炯明遂贊助香港政府壓迫工会之政策. 陳炯明反对孫逸仙,吳佩孚反对張作霖与段祺瑞,此時孫逸仙方与段張聯合攻取福建省,陳吳間遂自然有所聯合 這两方面的聯合,只与其敵人(張作霖与段祺瑞)之後援——日本帝国主義者——有所衝突,而於两方面自己之後援——英美二帝国主義者間——却無甚衝突,因為英美勢力在南方之衝突不若日美勢力在中国北部衝突之甚.

2.

中國民族以地大物博交通不便之故,得已久停頓在家庭的農業及手工業之自足的經濟狀況之下,因此資產階級不易發展,因此封建式的軍閥家長式的政治得日久保其餘焰以至今日,因此幼稚的小資產階級至今还未發達到勢力集中能够独立爭鬥的程度,因此現存的各党派無論其心理上或將来的目的上為反对帝国主義和軍閥与否,而他们在現在實際上無一不欲倚靠某一派帝国主義者及一派軍閥以自存及發展,其現狀可分析如下表:

1）新興的实業家
2）全国大部分商会
3）教育界大部分
4）進步党
5）基督教徒

——傾向吴佩孚——美国
——反对｛張作霖、段祺瑞｝——日本

6）廣東香港商人
7）益友社

——傾向陳炯明——英国

8）交通系
9）安福部
10）国民党

——結合｛張作霖、段祺瑞｝——日本
（反对吴佩孚——英国，美国）

以上十个党派中，国民党是属於革命派，其餘九个都是非革命派。這九个党派中，新興的实業家是近数年来在上海及其隣近地方起来的，欧美式的工廠工業都在他们手裡，他们已有由小資產階級進到大資產階級的傾向。教育界之大部分，尤其是由美国畢業的教授，与新興的实業家相結合，好政府主義者就是他们的代表人物。全国的商会是大部分富裕的小資產階級之代表。進步党原来是三種分子合成的（一）海外富商，（二）国内富商，（三）官僚，這个党此時雖已無形解散，他们的分子还能在社会上自由活動。基督教徒内有許多富商及官僚，美国傳来的青年会（Y.M.C.A.）在新興的实業家及高級学校教授团体内均占很大的勢力。這五派人的共同口号是"教育实業救国"，他们已見到軍閥是他们發展的障碍物，他们也反对軍閥政治，然而時他们始終總想結托一个較好的最有力的軍閥(袁世凱,段祺瑞,吳佩孚)来制服別的軍閥,来統一中国,好讓他们来發展教育及實業.

他们這樣軟弱的心理,是他们所处的經濟地位造成的:一方而他们在經濟上已有相当的地位,已有可以自存及就現狀而除圖發展之基礎,其政治上的地位已与統治階級接近,因此他们自一九一一年到現在始終不贊同革命的行動,致失了他们現有的經濟政治地位;他一方而他们階級的發展究竟还在幼稚時代,没有達到独立爭鬥的程度;這種半發達的經濟地位自然造成他们厭惡軍閥而又結托軍閥的矛盾心理.

他们所以反对日本親近美国,是因為他们一方而已有獲得資本發展教育實業的需要与可能;一方而看出美国是有輸出餘資之必要的国家而日本則否,而且只看出日本貨物輸入之目前的障碍而未看出美国資本輸入之將来的危險;他们這種反对一派帝国主義而又親近一派帝国主義的矛盾心理,也是他们的幼稚的經濟地位造成的.

廣東香港的商人都是商業資本家,一方而依賴英国銀行家之資本,一方而極力排斥日貨.

益友社分子原属国民党々員,因為他们經濟地位較優(如金星公司派即唐紹儀一派等),遂自然趨於保守的傾向,与国民党脫離,而与聯省自治派之軍閥結合.

這兩派人雖以經濟的地位遂成他们反对革命的心理,而同時他们經濟的地位尚不似上五派有急於利用外資發展自己的实業之需要与可能，所以他们雖有排日的表示，同時却未有与上五派同樣的親美傾向。

交通系完全是一班賣国的官僚，他们自清朝末年以来即利用盤踞交通部交通銀行及各鉄路等国家財政机關，以勾結外国帝国主義資本的手段，達到他们官僚的財政資本之目的，只要能達他们的目的，任何軍閥任何帝国主義者他们都願与結合。

安福俱乐部本是段派之小徐一手造成的，他们的分子是軍閥官僚及極墮落的知識者，他们因為羨慕交通系之富厚，想利用政权奪取交通系霸攬国家財政机関之勢力，造成了新交通系，如著名為中政府向日本借債之經紀曹汝霖陸宗輿等都是新交通系之代表人物。

這兩派本都是反革命的，他们在过去極其反对国民党，在將来也必然反对国民党，現在与国民党合作，不过是被吳佩孚壓迫的一時現象

国民党在中国各党派中是唯一有革命傾向的，但党員中以由世家崩坏的知識者及經濟地位極低下的小資產階級居主要地位，他们的革命勢力，一方面不站在勞苦民眾的基礎上，一方面又不站在較發達的資產階級的基礎上，所以自一九一一年一直到現在，他们革命的事業總是因為力量不足而自然成了流產的現象，並不是因為他们一時間政策的錯誤；他们的經濟地位过於低下，所以他们造成資產階級的好

夢，还在推倒現在的統治階級北方軍閥，自己取得政权，以国际資本發展实業的未来世界，這是他们趋向革命的唯一原國因；同時又正以經济地位低下，眼前無自己發展实業的需要与可能，所以眼前在經济上没有一定結托一个較富厚的帝国主義者（如美国）之必要；在另一方面，經济地位既低下而又無大民众的後援，所以自然，不得不結托肯為他们後援的任何一派帝国主義者及任何一派軍閥来達到他们眼前需要的革命目的。

3.

在以上十个党派以外，还有一班有革命的傾向而無党派的小資産階級分子，他们在社会上亦有相当的个人或小团体之活動，這種分子大部是由世家或小資産階級受經济制度变動的挤壓而將墜入半無産階級或無産階級之知識者，他们当中最進步的分子一遇世界革命潮流，也会發生劇烈的革命運動（例如一九一一年之革命及一九一九年之学生“五四運動”），但是這種非階級化的浪漫分子固然易於捲入革命運動，同時亦易於变為反革命的運動，所以像他们這派人在各国歷史上曾做过革命的功劳，也曾做过反革命的罪惡。他们若失了適当的指導者及適当的組織，便是革命運動中最大的障碍物。

農民居中国人口百分之六十以上，其中最苦的無地佃農在一千万以上，他们富於保守性，同時也富於原始的民族運動之本能,他们所受外資輸入物價騰貴的痛苦最足引起他们排外的感情;他们在政治的經濟的地位,均没有結托帝国主義者的需要与可能

中国工人運動雖还在很幼穉時代,然而半殖民地被壓迫的種々事实逼着他们開始做勞動運動,時即富於革命的傾向和民族的感情.他们在政治的經濟的地位没有結托帝国主義者的需要与可能,亦与農民等;他们不但没有此種需要与可能,而且半殖民地之工人備受帝国主義者掠奪的苦痛,他们比先進国的工人階級更易於起来反抗帝国主義.

4

在以上的社会狀况之下,中国共產党应該首先努力組織工人,農民,及小資產階級之革命分子為反对帝国主義聯合战線之主力軍,再逼迫其餘較進步的小資產階級加入此聯合战線,至少也要他们消極的離開帝国主義的牢籠,不做反对的運動.

在這战線上,我们应該用"建設統一的独立共和国"為口号以推倒一切帝国主義及帝国主義的附產物——本国軍閥.

中國勞動運動報告

——於第四次國際会議——

中国勞動運動之起因有三:(一)由於近十年来国际帝国主義的侵略日甚一日,被侵略的中国勞動者对於物價增高而工資不加,自然不得不出於罷工的要求;(二)由於一九一四年欧战以来,外国貨物輸入額稍減,中国本国資本家的工業稍得發展之机会,工業勞動者亦因以增加人数及战鬥力;(三)由於一九一八年欧战停止,世界勞動者均取向資本階級進攻的運動,同時中国本国亦發生民族運動,中国勞動運動受此两个運動影響而激起.

中国勞動運動約分三期:第一期,以民族運動為導火線,一九一九年之愛国排日運動,開始喚起工人聯合的覺悟,一九二〇年香港的五金工人罷工及一九二二年香港海員罷工,均帶有濃厚的民族感情. 第二期,為"中国勞動組合書記部"所指導之中国北部及中部經濟的罷工運動,此種罷工運動,自一九二一年"中国勞動組合書記部"設立以来,至少每星期必有一次,此種運動由民族的覺悟漸進到階級的覺悟,一九二二年五月一日第一次全国勞動大会,正是此期間覺悟的表現,此次勞動大会,由"中国勞動組合書記部"發起在廣州召集,全国工会到会之代表一百七十人，重要的議決案凡七：(一)全国工会罷工援助案；(二)八小時工作制案；(三)全国総工会組織原則案；(四)訂定勞動歌及勞動旗幟案；(五)勞動節日(每年五月一日)休息案；(六)第二次全国勞動大会一九二三年五月一日由"中国勞動組合書記部"在漢口召集案；(七)發表宣言(此宣言主旨是攻擊国际帝国主義及本国軍閥)。

第三期，為一九二二年八九月間之勞動立法運動，此運動乃"中国勞動組合書記部"所主倡，中国北部及中部工会幾於全数加入，立法運動中所要求之目的如下：(一)勞動者之集会結社权；(二)勞動者同盟罷工权；(三)勞動者之團体的契約締結权；(四)勞動者之国际的聯合；(五)日工不得过八小時，夜工不得过六小時，每星期須有連續四十二小時休息；(六)十八歲以下的青年男女工人及吃力的工作不得过六小時；(七)禁止超过法定的工作時間，如有特别情形，須得工会同意才得增加工作時間；(八)農業的工作時間雖可超过八小時，但所超过的時間之工資，須照八小時制基礎計标；(九)須以法律担保一般不掠奪别人勞動之農人的農產品價值，此項價格須由農民代表提出以法律規定之；(十)吃力的工作及有碍衛生的工作，对於十八歲以下的男女工人絶对禁止超过法定時間，絶对禁止女工及十八歲以下的男工作夜工；(十一)用体力的女工產前後各八星期休息，其他之女工產前後各六星期休息，均照常領取工資；(十二)禁止雇用十六歲以下之男女童工；(十三)国家須制定法律保障工人最低限度的工資；(十四)各種工人有他们的產業組合或職業組合選举代表參加政府經濟机関又選举代表參加政府实業机関及政府所管理的私人实業或机関之权；(十五)国家对於全国各公私实業均須設立勞動法執行檢查局；(十六)国家保障工人有完全參加国家所設勞動法執行檢查局之权；(十七)一切保險事業須由工人參加規定之，以保障所有政府的公共的私人的实業和机関内工人之損失及危險；(十八)各種工人及傭工一年工作中有一月之休息，半年中有兩星期之休息；並照常領取工資；(十九)国家須以法律保證男女工人有受補習教育的机会。

預定的運動方法是：第一步由"中国勞動書記部"代表全国工会提向国会立法案；第二步通電全国人民的團体請求援助；第三步組織工人請願團到国会示威；第四步総同盟罷工並……現在行至第三步，議員中多表同情於工人，此期運動有由經濟的爭鬥進入政治的爭鬥的傾向。

全中國現約有勞動者五百餘万(農業勞動者除外)，而近世工業勞動者約有二百餘万；加入工会者約有二十八万餘人，如下表：

各業勞動者人數表

1	鉄路	100·000	17	車夫	200·000
2	紡紗	160·000	18	郵差	60·000
3	火柴	90·000	19	釀造業	100·000
4	礦夫	420·000	20	理髮業	200·000
5	海員	60·000	21	盐業	300·000
6	烟草工	100·000	22	使役人	400·000
7	搬運	500·000	23	窑業	200·000
8	電器業	100·000	24	籐器工	50·000
9	五金工	200·000	25	毛織工	20·000
10	絲業	130·000	26	織染工	300·000
11	印刷	80·000	27	製茶工	100·000
12	洋灰工	25·000	28	竹木器工	50·000
13	蛋廠工	15·000	29	造紙工	100·000
14	造船工	25·000	30	製葯工	30·000
15	麵粉工	15·000	31	裁縫工	300·000
16	皮革工	20·000	32	建築工	600·000
	以上	2040·000		以上	3010·000

共計 5050·000

各業工人加入工会人数表

1	鉄路	42·000	6	電器工	2·000
2	礦夫	25·000	7	建築工	30·000
3	海員	45·000	8	理髮工	14·000
4	五金工	50·000	9	盐業	10·000
5	烟草工	18·000	10	使役人	8·000

11 織葢工	8·000	14 紡紗工	10·000
12 車夫	10·000	15 印刷工	10·000
13 裁縫工	1·000		

共計 289·000

全国工人集中之地，計分四大區域：(一)中部之上海為全国勞動者第一集中之地，工廠工人及交通勞動者，約在五十万人以上，以紡紗、絲業、造船業三項工人為主要分子；紡紗為中国最近最發達之工業，上海、吳淞、杭州、通州、無錫、天津、香港、青島、長沙、濟南、鄭州這十一处皆有紡紗廠，全国廠數不滿一百，而上海竟占五十二个，紡紗工人全国十六万，而上海占百分之六十；全国絲業工人亦集中於上海，新式製絲工廠全国計九十三个，而上海占七十二个，工人十三万，而上海占九万(此據中国絲業公会最近的報告，而美国人所作中国年鑑超过此數一倍以上，殊不足據)；造船業工人，除福州有少數外，大部分都在上海；然而上海工人數目雖居最多數，而工人組織則居最低度，加入工会之工人不及全埠工人數十分之一，其原因有五：一是由於中外官所壓迫之嚴酷，二是由於工人間«青帮»之阻撓工会組織，三是由於紡紗、絲業香烟工人中女工童工占半數以上，固結力战鬥力遂以薄弱，四是由於上海交通便利，四圍失業者眾，勞動市場供过於求，工人遂易為資本家所威嚇，五是由於上海工業最發達，資本家階級的観念亦最發達，壓迫工人的政策亦最發達。

(二)中部之漢口為勞動者第二集中之地，最近鉄廠·兵工廠·鉄路·水電·紡紗·香烟·車夫等均已組織工会，並成立武昌·漢口·漢陽三城工團総会，包涵勞動者在十万人以上，本年九月粤漢鉄路罷工時，三城各工團以全体举行同情罷工壓迫官所屈從之。

(三)香港及廣州為中国南部勞動者集中之地，此方面勞動界之優点是香港廣州二処十餘万工人幾無人未加入工会，他們的缺点是大部分属於手工業的行会組織，只有海員及建築工会是産業組合，五金工会是職業組合，彼等手工業的行会，香港·廣州各有二百以上，其分裂及組織不良而無戦鬥力可見。香港海員工会不但是南部有力的工会，而且是全中国有力的工会，全国海員六万人，香港居其半數，故全国海員総会設在此埠，一九二二年之罷工，自一月十二日起至三月八日止，延長至五十餘日，用款至二十餘万元，罷工之海員二万三千餘人，同情援助罷工之工人及小商業勞動者二十餘万人，由加薪的要求進而至於民族的運動，中外船東及香港政府終至屈服而应工人之要求，增加工資由百分之二十至百分之五十不等。在此罷工期間，不但香港廣州工人与以应援，中部(上海及漢口)及北部各鉄路工会均由中国勞動組合書記部發起設立"香港海員罷工後援会"与以經済及輿論之援助，因此海員罷工風潮震動全国，一方面為促迫香港政府屈服之一原因，一方面為引起北部鉄路工人罷工之重大原因。

(四)北部各鉄路工人人数雖不多，而与南部之海員工会同為全国两个最有力之工会，這两个工会之大罷工，在一九二二年全国罷工運動中為声勢最大之運動。 一九二二年八九十三个月中，京漢線·粤漢線·京奉線·株萍線相継罷工，延長一千三百餘英里，加入罷工者幾三万人，罷工之目的是為排除壓迫工人的職員及增加工資；罷工勝利後，更進而着手两个運動：(一)組織全国鉄路工会運動；(二)參加鉄路管理運動。 全国鉄路工人人数工会人数及罷工人数如下表：

路線名	路線里数	工人人数	工会人数	罷工人数
1 京漢路	120	17·000	14·000	12·000
2 京奉路	480	15·000	2·000	1·000
3 隴海路	210	5·000	5·000	5·000
4 津浦路	550	15·000	2·000	
5 粤漢路北段	300	8·000	2·800	1·000
6 粤漢路南段	208	6·000	1·900	
7 京綏路	400	12·000	7·000	10·000
8 正太路	150	2·700	1·100	
9 道清路	95	2·000	1·000	
10 沪甯路	180	3·600	0·400	
11 沪杭路	168	3-100		
12 膠濟路	250	7·000	2·900	

路線名	路線里数	工人人数	工会人数	罷工人数
13 九廣路	114	1·300	0·700	
14 廣三路	120	1·500	1·030	
15. 株萍路	120	1·500	1·000	0·500
16 潮汕路	40	0·400		
総計	4·103英里	101·100	42·830	29·500

什麼是無産階級專政?

A. Lozovsky

有一个問題時時為革命工团主義者底弊端,並阻止他们加入紅工团国际,這个問題就是無産階級專政。為工团主義者,無産階級專政彷彿是一个不可思議的怪物。無政府工团主義者流行的標語,就是:打倒«任何»專政。但是,假使他们也不否認資本主義的世界是在有産階級專政之下存在,他们否認«任何»專政,实际上即是反对工人用暴力推翻有産階級底权利,換言之,即是反对工人階級做社会革命底权利 這点原理粗看是抽象的,然而在实行的爭鬥中操一个重要的作用。我们須完全從实行的見地來研究這个問題,看々無産階級專政底概念在革命工团主義者是作何觧釋,而這个專政的实际又是怎樣。

我们暂且假定如法国工团主義者仇視無

產階級專政，高唱工團獨立的一班人們達到了他們的目的，推翻了有產階級。 假定一切經过都一如統一勞動總会中底無政府工團主義的首領所推測，共產党總是妨害的，未曾參加，工團主義者是完全独立的，工人階級奮發起来，流血的衝突經过了，把有產階級所組織的警察和其他彈壓隊不独逐出了巴里底工人寨，並逐出了其他各城鎮的工人寨。塞納工團組合成為革命事変底中心，這時在攻擊有產階級第一重大的戰鬥中，有些什么工作擺在這班得勝的組合面前呢？ 有三个工作：(1)在国内攻擊反革命的爭鬥；(2)用武力保護法蘭西工團共和国，抵抗那班想来恢復舊狀態的英吉利，意大利，西班牙以及其他各国底軍隊；(三)生產和生產分配底組織。

攻擊反革命的爭鬥是怎樣講呢？ 他要創立一些机關，可以一致地，嚴厲地攻擊那想恢復舊制度的一切明或暗的團体。 得勝的革命要佔拠銀行，工廠，製造場以及各種商業，他会以富人底房屋供給無產階級居住，因之遂惹起举凡認這種手段爲他們有妨害的人們底猛烈反抗。 我們知道，有產階級会使用武器，他懂得軍事学，他的少年多是運動家，在一般的机關辦事人員中都有他的很多党羽。這將是在一切事業中明或暗的急工。 復古派的一般党徒將實行團結，他們將以“文明”，“文化，

«德莫克拉西»以及法蘭西大革命底不朽的原理等名義，願犧牲一切来收回被充公的房屋，資本，工廠，製造場。若塞納工團組合不集中他的注意力在攻擊反革命的爭鬥上，他將在一个或兩个礼拜內即被反革命底波濤掃蕩了。他应該創造某種机關，專門应付這个爭鬥。他应該有一个特別的工人守衛隊供他指揮。他应該給工人的鎗，炮，tanks，飛机以保守所有取自有產階級的東西，並到必要時向他的敵人進攻。

一定的，工人底武裝，創造一種民軍或一種特別的工人衛隊，以武力反抗有產階級的爭鬥，這些都会惹起所有反革命報紙底奮激的仇恨和惡烈的攻擊。塞納工團組合会被控告為暴虐，為專政。若他对這種控告稍鬆一鬆手，或是講究礼貌，剎那間放棄暴力，工人即失敗了，有產階級底暴虐和專政即跟着又来了。無產階級為他自己的防禦，必須成立一个鉄面無情的制度，对待所有想恢復舊狀態，想爭回他们已失去的特权的人们。這時应該要關到報紙底自由了，大概要佔拠 Le Matin, Le Temps, Le Journal, Le petit parisien L'Echo de Paris 等華麗的大報館，並就這些報館来印刷革命的文字。

一定的，若塞納工團組合底首領決定照這樣做了，他馬上即被人待為可惡的波尔失維克，專政者，背叛自由者等々。但是，除非這種欺騙底大本營（有產階級底報紙）將革命轟散了；他們是不能別樣做的。打鉄趁熱，爭鬥一声開始，就应該一直做到底。

所以人可看見，攻擊反革命的爭鬥，致令一切要佔據政权的工人團体拿出鉄面無情的手段对付他們的階級底敵人。但是，若無產階級底世界主義还沒有一个充分的勢力，有產階級底世界主義还代表一个很嚴重的分量。在法国的革命会惹起鄰近有產階級国家一番猛烈的仇恨。已經失望不能收回他曾經放在法国的資本，並且失去這些資本底利息；德莫克拉西的美国会輸送他的巡洋艦放在法国的水中。西班牙的有產階級亦然；他將要興師出境。凡法国鄰近的国家都会个个認壓服一个暴動的無產階級是他們的生死的問題。在巴里共治市府之前，德国的畢士馬克和法国的Thiers即容易站在同盟底地位。

在這些状况中；革命又如何应付呢！他应該迅速地訓練一个工人的速成軍，將工人的守衛隊改編為工人的軍隊，下無產階級全体動員令，号召一切勞動者和一切被壓迫者準備武裝，成立一个嚴重的紀律，拿起一个集权的爭鬥对付敵人底侵犯。雖然在無政府工团主義者心理，一些聯合主義的原理很可宝貴，然而到這時；很簡單的理由会逼使一切革命者集中他們的抵抗力，以便到必要時能乘敵人之危攻擊敵人，所以人要創造一个工人

的革命軍，以保護革命
底勝利
在經过這对内对外
的争鬥中，同時人要来
对付小有産階級和小
地主。人应該抵禦一
切残餘，一切过去的成
見，一数百年遺傳下
来的承襲制。在法国
工人階級是佔少数，他
会有一部分農民反对
他。因為富人無利益
希望成立社会主義。所
以应該堅强地把持所
有取自有産階級的東
西，拒絕一切想將已充
公的財産还給舊主的
用意。為這个，又应該
借助於暴力。应該槍
斃危險的反革命党。但
是不能人人都給他鎗
斃了；又应該利用有産
階級所建設的監獄，給
一部分反革命党禁錮
起来。一定会有一些
笨重的理想家要說："為

什么革命以後，我們还
使用暴力，还給人進監
獄呢！"我们答道："是的，
一旦掠奪者底反抗不
完全破碎，我们是要借
助暴力，是要有監獄的。
若你们不給他们送進
監獄，他们即会給你们
送進去。"打战就要像
个打战的樣子呀！但
是此地我们又遇着一
些困難為工團主義者所
決不曾夢想到的。我
们試想，倘在法国由革
命的勞動総会或他的
執行机關下一道堂皇
的命令，宣告所有工廠
製造廠，生産工具都沒
收為公共財産，一般無
政府主義者立刻会拿
起个人的行動反抗公
共的利益。這班先生
们將宣言他们極鄙棄
勞動総会底決定，他们
願取他们的所需。說
了就做他们即佔據存

在銀行裡的錢財，取用
公共貯蓄的生產品。無
論無政府主義者底学
理怎樣高妙，恐怕無人
能有意許可他們這樣
享受公共財產。若這
班無政府主義者使用
武力，勢必也要使用武
力才能使他們服從事
理。所以人可看見，由
事物底必然的步度，還
迫工固要創造壓服反
革命的机関，創造抵禦
外敵的机関，抵抗所有
拿無政府主義或其他
原理来違犯無產階級
底紀律，和侵害無產階
級底利益。

但是工人階級的工
作，如上面所說就标完
了么？社会革命之後，
馬上生產組織和分配
底大問題即全般擺在
那裡。什么是生產呢？
他的成分是些什么呢？
生產有人力，工廠，製造

場，管理和技術的机開
做因数。当先一着，就
是要組織人力，這將是
工廠工人委員会底工
作。但人可以組織工
廠用這樣的形式：每个
工廠都行使他的所好
么？工業的經營，需要
一个一定的統一的中
樞輸送原料。我們知
道，法国是未備具所有
他所必須的原料的。假
定他应該從外国運棉
花進来；很明顯的，每个
製造場不能因他的所
好，單独從外面運棉花
進来；這棉花一定是預
标各个製造場底需要，
按照一个普遍的計畫
運進来的。所以為分
配，一个集中的分配机
関是不可免的。而且
也还要一个生產底集
中机関；因為有時全国
底利益，需要閑閑一些
工廠：例如到爭鬥最利

害的時候，法国缺少了食料和原料；因為哈丁総統德莫克拉西的巡洋艦封鎖他的海岸，他勢必要關閉一些工廠和製造場。這時就是要決定那个製造場应該關閉，這个問題又非由一个集中的机關不能決定。因為有个集中机關徹底認清全部生產狀況，注意到全国底公共利益，不是工人階級某一羣或某一組合底利益。

然則這些問題底解決应該由那个机關呢？由勞動総会么？則是勞動総会這个机關，应該致力於生產，分配，内外底治安，攻擊反革命的爭鬥，組織公共教育，与同胞共和国發生關係。這是很明顯的，他本身決不能成就所有這些工作。因此，法国底工團，若推翻了有產階級，他们勢必要創造一个專門行政機關，一个專門生產机關；他们应該創立"工人国家"——即是在無政府工團主義者看起来彷彿不过是一个木偶的"專政"。

但是我们又听見工團主義者告訴我们："我们毫不反对工人團体底專政，我们只反对党底專政。"這是什么話呢。我们只須問：在什么條件之下，人才能够引導爭鬥同時向各方面攻擊，得到適当的結果呢？那是在能够在行動中实現最高度的統一，能够有一个統一的意志執全国底指揮权——能够使新創立的机關放在一羣有一个共同思想，承認同樣的行動綱領，同樣的了解工人階級底工作，有共同的战略的人们手中；這群人総称之就是一个党。縱使這个党号為工团主義的党，我们看也没有什么不妥——不过我个人的意思，我们相信他会号為共産党——但是，不管他的名称如何，他総是一个党，一个為工人階級所应施行的專政底保護机関。有産階級直到現在都是由他的掌握政权的党；由他的行政机関，由他的大学，由他的報館，施行他的專政。無産階級，為使外界服從他的法則，他应該处々施行他的專政。

所以仔細研究底結果，我们可以看見，因為否認無産階級專政和工人国家，法国革命工团主義者即不自覺地否認了革命。這是由於完全不明瞭社会争鬥底実在性所致和对於階級争鬥這个事実只有一点抽象的（並帶有玄学的）概念底結果。階級争鬥不是一个無影無蹤的自然力，他有一个一定的形式。他应該獲得具体的功効，並且一旦工人階級得了勝利，他应該固定這个勝利在一些一定的組織的形式中。這些組織的形式即是我们所称為的工人国家或过渡時代底国家。一旦階級廢除了，掠奪者底反抗不見了，壓迫底机関自己也消滅了，所留存的不过生産和分配机関。於是我们才進入真正的共産主義的制度。

請看這就是有産階級被推倒了，無産階級專政所要做的。上面所說。我们还是假定法国工国主義的国体到了佔拠政权，不幸俄国革命底成例彷彿直到現在还没有使他们学到什么，他们仍繼續在攻打«任何»專政，他们对有產階級是毫没有危險的. 無政府主義的玄学，毫没有使有產階級生惧怯的地方，裁深怡我的假定(無政府工圄主義者推翻了有產階級，和不得不建設工人国家)永遠成為假定，因為無政府工圄主義者底战略，有好多机会不是引出無產階級底勝利，是引出無產階級底失敗。

———— · ————

[譯者坿註]　此篇譯自«無政府工圄主義者与紅工国国際»論文中底一段，原文載在第二十一期«共產国際»雜誌，一九二二年七月出版. 在作者作蓮篇文章時，法国統一勞動総会雖是革命的工圄，尚未脫無政府工圄主義的思想，尚在圄執不肯加入紅工圄国際；但現在他巴加入了，除少数分子还守着落後的思想，未肯即刻放棄外，大多數都巴將浪漫的無政府工圄主義空想完全打破了.

(石人摘譯)

嚮導週報

前幾期的再版現巴寄到欧洲了，欲補購者請速寫信坿款(每期二十五生丁)，寄与巴里中国書報社，遲恐不及. 書報社通信地址如下：

Mr. Tchen. Boite Postale No 9. Paris 13e.

馬克思主義辨證法底幾個規律

V. Adoratsky.

I

思想是由生存底條
件决定。這就是說，在
介乎人与人之間的真
实的関係中，实在的实
际是一件東西，而這些
関係（即实际）底意識又
是一件東西。這个意
識不是先天的，他是由
真实的社会的構造和
人们一切生存條件决
定的。此後人只在研
究事实之社会的関係，
勿以這些関係与人有
這些関係底观念，与人
们共同表現這些関係
底形式相混。
這地方应該是兩層
不同的事实，已經一步
一步地在麻史上為我
们證明了。我们常在
麻史中看見已成熟的
社会関係，人们还没有
一点意識。人们不能
詳細地尽了觧他们所
做的。社会的関係往
々總是先成熟而後才
成為意識的。
到了一八八〇年，資
本主義在俄国已經是
一个確乎無疑的事实
了；但人还發表很多小
册子，證明俄国有一个
資本主義是錯誤。到
了一八九十年，平民党
人和馬克思主義者还
討論這个問題：有一个
資本主義在俄国么？
資本主義入了他的
發展底最後一段了（帝
国主義）。数年間，民族
互相残殺。人已处在
一个進退維谷之中，除
在無産階級專政之下，

実行社会底全部的政造,决没有别的出路.但还有很多人相信資本主義復生.

工業的資本主義已存在有一百五十年了,而許多經濟学家还不能领会他的本質和他的法則.意識受生存條件决定,有時人可看見承受這个决定非常遲緩.

這个原理底結論是:有可視為根本的重要底地方,不是思想;是生存底條件.所以我们应該拿極大的注意力接觸物質的関係——実在的実际,不讓意象学迷惑了我们的观察力.

像這樣除開一切抽象作用,观察実际,是很不容易的.在俄国革命之初,很少人懂得於今已成的工作:実行無産階級專政.在一九一七年九月,都还難説凡是我们同志都懂得取得政权的時期到了.同樣的,在一九一八年三月,Brest-Litovsky議和底必要,也不發覺於我们全体政治家.但在這些机遇中,列寧都看到了.

在别人,难以看到実际,甚至於看不着,都由於種々意象学底影響.

唯物主義辨證法底第一个規律就是毫不要以流行在社会関係上底观念与這些関係底実际相混;就是看社会的実际是怎樣就是怎樣.

II

唯物主義辨證法底第二个規律,需要在実际底全部中研究実际,除開一切抽象作用,一切意象学.举凡所有都应該取来注意,取来作完全的精密的研究。
人要切記着，实际是構
成一个統一的全体，他
的部分是一个牽連着
一个不可分离的。人
底資材在時間和空間
中都有限制，实际自不
能完全適合地反映到
他的意識中往々総
是那一方面顯現过甚，
別一方面还留在陰隱
中。馬克思主義辨證
法要我们的思想籠罩
複雜矛盾的实际在他
的全部中。雖然這不
是完全可能，但我们应
該要達到這裡。

在政治上，這个規律
要我们不僅注意到一
国的情形。注意到各国
的情形。馬克思主義
者应該在全国中和全
世界底大勢中觀察階
級爭鬥底發展和事变。

Ⅲ

辨證法底方法又咔

我们要全在運動中研
究。研究事变底發生，
發展，消滅。決不要忘
記這个運動，应知道除
關表面的現象，没有什
么是不動的，没有什么
是固定的。应用心追
隨現象底轉变即由
這一程次到那一程次
的經过。应追究反面
勢力底爭鬥，並記着，衝
突決不是出軌的，衝突
正是实际底本身。這
些觀念是在馬克思和
昂格尔著作底基礎上。
凡覺悟的無產者都应
該透徹的。

在現代歷史和政治
中，主要的衝突就是無
產階級和有產階級底
衝突。時刻記着這个
衝突，研究他的發展，以
他作我们政治底基礎，
並為建立具体的工作，
注意到時々变遷的情
境——馬克思主義方法

所需要的就是如此.列甯在這地方從未失敗过. 他亦決不忘記:由階級对抗所發生的問題,從資本主義实際底精確的研究之唯一的解決,就是由無產階級推翻有產階級和從有產階級的社会上堅固一个社会主義的社会.這个重大的工作,只能以長期階級爭鬥底代價来成就.

当一九一四年世界大战開始時,帝国主義底堅强稳固彷彿是無限量的,列甯發出這樣的標語:帝国主義的战爭变為内乱. 這个大胆的革命的肯定,足使那艘向来親近馬克思主義底人都輕視他,譏笑他. 事变已处々將列甯底診断証实了.

在革命当中,列甯对着現今社会根本的衔奚決不会失了見地.緊跟着事变之循环轉移,他指出及時的工作——事变变,工作也变——对着一个不可侵犯的目的走:無產階級底勝利.

当一九一七年,他在蘇維埃当中主持議和時;当同年七月事变發生後,他主張立刻暴動和取得政权時;当一九一八年,他指出方法供給無產階級底麵包時;当一九一八至一九一九冬季,他宣告要組織一个三百万人底軍隊時——這些都是机遇.举凡這些連貫的工作,都是由階級爭鬥底科学的研究得来.

IV

革命的馬克思主義不許理論和实行分離.我们不应只在認々環繞我们的環境:我们应在改变环境. 我们不应

Ⅴ

最後还有一个馬克思辨證法底規律，就是没有抽象的真实，凡真实都是具体的。這个規律是自前几个来的，特别的是第三个。因為若真实是在運動，即没有永不变的真实。

在列寧生平，人發現很多這个規律底应用。例如政治底標語，应該与情境轉移。若是不可变的，他立刻即失了提醒和訓練群众意識的作用，成為一些欺騙和曖昧底方法。智慧的也成了無意義的；好的也成了坯的。

列寧曾說过：馬克思主義要我们用最大的客观性和最可能的精確，注視表現於每个歷史時期上的階級勢力底關係。我们波尔失維克党人，按照我们欧

只觀察爭鬥，思索爭鬥，我们应加入爭鬥中，從爭鬥裡吸取教訓。馬克思曾說过："哲学家只描寫種々不同的世界；殊不知只在要改換他。"没有实行，即没有真实的認識。而且認識是必須於行動的，否則他即是無用的東西。

列寧是決未放鬆革命的辨證法的。他会以工人階級戰士底行動連合於社会現象底科学的精密的研究。地方也是馬克思底大材能之一。

人能從他.自己廢除空想主義，唯心主義和小資產階級思想之最後的遺跡，只有直接參加無產階級底組織的行動，將自己的命運緊緊地附託於無產階級底命運上。

治底科学的基礎,時時
在這裡面努力. 馬克
思和昂格尔常說:"我们
的方略不是一个經典,
是計晝行動底一个總
和". 馬克思和昂格尔
時常識請研究公式和
背誦公式——這些公式
在最好的机遇中可指
出大概的工作;但這工
作又应談在每个麻史
的時代中,隨經濟和政
治的狀況改变的. 馬
克思主義者追隨着生
活和明確的事實,而不
抓住昨天的理論——所
有理論至多不过指出
複雜生活底大概.

(石夫節譯)

壹個無政府党和壹個共產党的談話

Y. K.

(甲) 我真还不明白, 的
你们共產党人的目的
究竟是怎樣? 換言之
説. 是你们願意創造一
个什么社会?

(乙) 我们共產党的
目的是在由無產階級
推翻有產階級, 轉变有
產階級的社会, 即資本
主義的社会, 為共產主
義的社会. 這共產主
義的社会是生產共有
分配共管, 無国, 無家, 無
階級, 無政府的社会.

(甲) 你說錯了. 這
全是"我们無政府党人
所主張的無政府的共
產社会. 你為什么不
說. 生產為国所有, 分配
為国所管; 有国, 有家, 有
階級, 有政府的社会", 而
窃取我们的主張呢? (参

看"工餘"第十号143頁).

(乙)你說話真奇怪,像這樣一種無政府的共產社会的目的,豈是一種什么灵物,由你们無政府党人腦子裡創造出来的,应該為你们的專賣品么? 要知道這樣的目的全是由資本主義社会發展到了矛盾的時候反映出来的,人人不难推測到. 所以無論是空想家或实行家,說到目的上總有些相同点. 因為目的,人人都会抛棄坏的,選擇好的. 殊不知問題不在好的或坏的目的,也不在高談可以達到這个目的;是在我们怎樣去实現這个目的.

(甲) 然則"你们的主義為什么不稱無政府共產主義呢?"(參看"工餘"第十号143頁).

(乙) 你這話更是莫名其妙了,难道共產主義與無政府主義之區別就在原定的名稱這几个字面上么? 無政府主義有《無政府》三字就会達到無政府共產社会；共產主義沒有《無政府》三字冠在頭上,就会達到有政府的共產社会么? 我解釋給你听:你们無政府党人所以鄭重地將《無政府》三字冠在頭上,是因為你们只知道籠統地咒《政府万惡》,政府在你们彷彿是一个偶然下凡来的怪物,所以大嘶大叫地反对任何政府,以為只要那一天我们大家都《齊心齊意》一長矛將這个怪物搗毀:"第一日就实現共產主義(!)". 共產党人不然,共產党人認現代政府是現代經濟制度的產物,是階級壓制的机器. 近代政府之党恶，不是政府本身党恶，是有產階級党恶：完成這架机器，使用這架机器。我们只本努力推翻有產階級，將資本主義的經濟制度轉变為共產主義的經濟制度，則政府即老廢了。

（甲）你莫要強辯，你们“共產党之革命志在奪取国家之权力以壓制群众，我们無政府党之革命志在廢除国家以解放群众”（參看“工餘”十三号190頁）。不信，請看你们共產党人已經在俄国实行的共產主義的模範社会：“俄国革命之第一幕，波尔扎維克党將土地從農人之手奪过来，然後置於国家权力之下；及強迫工人將十月革命所得之工廠而讓於国家”（參看“工餘”十三号189頁。

（乙）像你這樣信口雌黄，实在麻烦人。我且問你：你所說的群众，是指資本家，大地主，小有產階級，及他们的僕人：門失維克，社会革命党，以及無政府党人么！抑是指工人，貧苦、農人和半無產者呢？要知道俄国現在的所謂国家，与從前的已大不相同了。其形象雖相似，其实質已完全改变。即從前的是維持統治权的机關，現在的是革命的机關；從前的是少数壓服多数的，現在的是多数壓服少数的。一句話：俄国現在的国家是勞農的国家，不是有產階級的国家了！国家既是勞農的，所謂將土地置於国家权力之下，將工廠讓於国家，是不是說將土地和工廠都置於勞農統治之下呢？

（甲）　無産階級既推翻了有産階級的国家，為什么还要重新建設他的国家呢？

（乙）　他要国家来施行他的專政。

（甲）　只要他是国家，"無論他是沙皇的或波尔失維克的，都要推翻他，無論什么都不肯讓給他（！）"（参看"工餘"十三号109頁）。

（乙）　你這種説話，真令人笑死。這樣，好也一个夜間的狗子，聞着声息就狂吠，不管這声息是主人的还是客人的。　對不起，我説這話並不是有意侮慢的，我不过要選擇一个恰当的比喻。　不説你们也主張階級争鬥么？

（甲）　是的。　但"階級战争是一件事，勞工專政又是一件事，不能混為一談。　階級战争乃社会進化路上推演出来的一步。　勞工專政本為强权的共産主義派所要造出来的方法（参看"工餘"十一号160頁）。我们也知道現在的社会是分成两个階級的：一是治人階級，政治上治人者是官僚，政客，畢階，經濟上治人者是資本家；一是被治階級，政治上之被治者是平民，經濟上之被治者是工人（作者按：讀者注意，這樣的分别对不对！）　治人階級常藉其政治上經濟上之優越权把被治階級大部分之权利掠奪了。　所以被治階級因為感受痛苦，漸々便覚悟起来，而組織一階級之大團結，便把治人階級推翻了（参看"工餘"八号86頁）。　我们主張階級战争和"勞工武裝"，因為這種武力的組織在革命初期是不可少的，但是不可照現政府的办法，定成一種憲法而成為永久之机關；這不过过渡時期中之一種組織。這種組織最好叫做「革命防衛委員会」（參看"工餘"八号87頁）。"

（乙）難怪人說你们無政府党人只是咀文嚼字：你這"革命防衛委員会"，若以你们反对任何強权之見地看，与工人国家是一樣的，因為他也是革命的集中的單事的組織；不过他是想像的，拿到実地上去应用还不够罷了。

（甲）不然。（1）我這个委員会不是国家，"他的職权只是防衛的，是防止反革命的。若反革命消滅了，沒有防衛之需要的時候就要給他取消了。除了防衛之外，其餘一切生產和分配都由各地方各產業的工会自決"（參看"工餘"八号87頁）。不像"俄国共產党人所実施的完全是国家社会主義，所以他们把工廠土地完全收歸国有"；（2）這个委員会是"廢除政党的組織而為階級的組織"。"數年來俄国之所謂勞工專政者，実際上不过共產党專制。勞工終日只知政党之競爭，而真正之階級戰爭，故無從実現。"所以我们以為"宜組織勞工階級大同盟。"所謂勞工有兩種：有腦力的工，有手力的工，我们只要問他這種勞力是否有益於人類。如是有益於人類的，又不屬於治人的工作（如政治家資本家），我们应該認他同屬於一階級。又我们要希圖世界革命,更要謀全球勞工階級之大團結。我們在該以經濟地位而分階級,不可以思想不同而分派別.因為勞工階級处於利害相同之地位,若以思想不同而起争端,真是勞工階級之催命符”(参看“工餘”九号142頁)。(3)“這个委員会的組織,不絶对服從首領,只是由各地方委派能負責任的可撤回的經理,以担任指導.”“所委派的人不是把革命的全权交給他,他們只是派往各省各城市的一个战鬥員”(参看“工餘”十三号190頁).

(乙)你這三段話全是錯誤.

(甲)你說話何以這樣武断;难道你所說的就全是真理,別人所說的就全是錯誤么?

(乙)你要知道,我們不是自由思想家,說什么真理是無穷無尽的,耶馬克思学說也不过改造社会問題中之一答案.真理,全凭脑子創造的,是無穷無尽的;從事变的真实関係上證明出来的,就有一定的.你這些錯誤,要逐句解剖非常煩難;總之,你没有科学的研究,没有麻史的常識,没有空間時間的观念,因之你即没有社会進化的概念,所有社会的真实的関係你都看不出来.所有流通的事变表现的,在你的眼中都是死的,整個的.在第一段上,你不懂得什么是国家;你“丞認国家是資本家特意創造的(!)”因之你也就不懂得什么是無產階級專政.你以為無產階級專政“本為强权的共產主義派所要造出来的方法"(!)，你何尝知道這是社会進化之客覌的事物的勢力，為馬克思主義所指明出来的。在第二段上，1，你不懂得什么是政党。在你的意識中只是：政党即是官僚，官僚是坯人；共産党也是政党，所以共産党也是坯人（好簡單!)；2，你曾未看过人群的組織，你以為於今全世界上的人只有一些治人階級——官僚資本家——是坯人，其餘的都是平民，都是好人。這些坯人都彷彿是一些海贼偶然打我们地上經过；而其餘的平民都是歸真返樸的：没有因農業国与工業国在生産上而有技術條件之差異；也没有因地域的限制，而有風俗習慣之不同；也没有因城市与鄉村的關係而在勞動上有所調節；也没有一个人因向来生活地位不同，思想上有所偏向；也没有一个人有什么成見。而且這些平民接受無政府主義的宣傳，都好比中了傳染病一樣：無人不中，無人不中到一樣深淺。所以平民很容易一致，不須有什么優秀分子組織一个參謀机關為他指導方向，運用戰略，即將這几个坯人打得一潰而散，永不回頭。"這時候階級也廢止了，戰爭也消滅了"，各盡所能各取所需的時候当天就来了！你知道人群中除開有産階級和他的顧用人外，还有小資産階級；"工人貴族"——他们不是"經濟上治人者"；也不是"政治上治人者"；但他们是反革命者！——農民，穷農，半無産者和無産

者么！ 你在法国常看
过有工會因為有工人
為增加工資縮短時間
罷工，而宣告"La Patrie est
en danger!"么？ 你知道工
錢奴当中有多少是覺
悟的奮鬥的么？ 你听
說德国一千五百万工
錢奴，一百万是社会民
主党么？ 你的最奇特
的佳話，就是："……不可以
思想不同而分派别田意，
為勞工階級（讀者注意，
此地"勞工階級"係应留的
無政府主義者所下的
界說）处於利害相同之
地位，若以思想不同而
起争端，真是……"像這樣，
共產党自然是無用的
了，但还有你一位同志
說："我們跑到各工廠裡
去，用書報演說把我們
主義之完善及方法之
容易告訴工人，使工人
贊成了，我們就帮助他
組織工会"（參看"工餘"八
号85頁）。 我不知道所
演說的是不是演說無
政府主義的思想，"工人
贊成了，"是不是贊成了
無政府主義的思想？但
你這位同志又接着說：
"但勞工團体之組織应為
由勞工之自動，不应田
一政党所操縱，以免就把
一時政見之差異，就"——
勞工階級分裂起来"是發
儀這些混沌思想，全夢
由你們腦子裡做夢不好
現出来的，别人真不思格
解！ 在第三段上，恩成了
尔早就給你指点成了
笑話了。 他說："試拿一
个工場，一个鉄路，一个的，
海船說，這是很明顯的，
若没有相当的服從，田
之也没有相当的权力，
試問這些複雜的技術
的机械，都需用很多的
机器，要很多的人做有
方法的合作，可以行使
么？ 若我以這種論拠

来反对最狂·妄的反強
权者，他们定会答我：哈！
這是不錯，但我们所授
与我们代表的不是一
个权力，不过是一个簡
單的極清楚的委任狀。
這班人想像以為我们
樣一件東西；只須換他
的名称就是 若自治
主義者只顧意說將来
的社会組織会只許权
力在由生產條件嚴格
地規定的範圍中，我们
会相信的。 但事实已
表現有权力的必要時，
他们还盲目的反对着，
他们火烈地反抗文字。
和你们無政府党人
所最關不清楚的，差不
多就是無產階級專政
和共產党。 今天我很
願意再与你談一談。“
凡革命都是一个專
政”；無產階級為尽他厤
史的使命，推翻有產階
級，將資本主義的社会
轉变為共產主義的社
会，將有產階級推倒后，
必須有一个無產階級
專政的時期是当然的。
我们要知道，不是將有
產階級剛推倒，馬上榮
華福利遍地都来了的
大的資本家縱然可服
了；但社会上还有無数
群人，与他未断絕關係，
想乘机恢復舊制度，或
不服從無產階級的紀
律的。 因此階級爭鬥
在這時並未停止 無
產階級為使他的革命
完成，勢必要施行他的
專政，為施行他的專政，
勢必要成立他的国家
這無產階級的国家在
厤史上有重大意義的。
換言之，就是將資本主
義轉变為共產主義之
唯一机能。 他的工作
約有下列十二項：(1)組
織他的防衛，以抵抗内
外敵人；(2)督率所有人

都執行由他所採取的
决定;(3)抵抗所有戰員,
自由戰業的代表,專門
家,以及尚未解脫有產
階級思想的影響的工
人做急工運動;(4)一致
地全盤規劃組織生產,
不計及某一地方的或
某一部分的利益;(5)依
照勞動者的利益,不依
照寄生者的利益,組織
生產品和商品的分配;
(6)强迫游民勞動;(7)從
事公共教育之一个合
宇的組織(要知道多數
在高等,中等或初等教
料的人都是反对社会
革命的);(8)組織水陸交
遇机関;(9)徵收人民中
某一部分財產未充公
的賦税;(10)在公共利益
中占鄰地組織通商;(11)
組織一个工人衛隊或
紅軍(在勞動者是强迫
的,否則一切争鬥為担
負都返遏到先進的分
子身上);(12)最後在凡工
人階級所統轄的地方,
有條理地分配勞力,在
用器具及材料。於此
可見無產階級的国家,
不是空的,是有一些具
体的,重大的工作要做
的。

(四) 但是国家總是一个壓制机関,抵抗反革命縱然是个利器,但工人也一樣不自由受束縛。

(乙) 你曾看过有產階級的国家有妨害於有產階級的么? 為什么無產階級的国家一定回过来反对工人呢?国家是一个階級用来对付别一个階級的壓制机関,他本身並沒有什么罪惡。

(未完)

旅法的中国青年应該觉醒了

——投機，改良与革命——

（一）

越是被壓迫的人，其階級覺悟革命之觀念發達越速，這是一定不易的。但若遇有無產階級之叛徒，甚反動的行為不見於無產階級壁壘森嚴之外，而反發生在群衆的隊伍以内，矯其性情昧其良心，染受小資產階級的思想而變為投机者，改良者，的這又是麻史上常有的事実

我們認為在無產階級的隊伍中，对於這種事実是要隨時隨地能夠加以辨别的；

在旅法的中国青年中，形成為無產階級的隊伍的，自然要标勤工儉学生和華工了。最近有两件事実令我們

證明：一个是在勤工儉学生中宣傳革命所起之反動；一个是華工因教育運動而團結一致。对於前者，我們已可以從事実上指出這些反動者之無意識，可憐，可悲；对於後者，我們可以察着華工在現在情況之下，其階級覺悟之觀念尚未發達，故惟教育運動是重要的工作，而惟有這一種工作，才能完成他們的使命　　固然，不用得說，華工的本身已是一个階級了；至於勤工儉学生，我們亦已認為形成為無產階級中之隊伍的。　在过去的麻史上，現在的情勢下，以及将来的命運之中，勤工儉学生所处

的地位，都是一種被支配的地位，除了瞎子瘋子以外，這是無論何人都不能否認的。 勤工儉学生欲求明瞭這種地位之觀念而且謀所以解脫，便沒有職業上的差别，而正與青年的工人和農人一樣，必須先為自己的生活條件而奮鬥。 在這个生活條件奮鬥的過程之中，勤工儉学生所当覺悟的是在現社会制度之下，沒有妥協可言，沒有正義人道可言。 小資產階級空想家所供給我们的協調的概念，完全是我们現生活中的麻醉藥劑；至於糊塗曖昧專門製造日本帝国明治維新時代之毒惡空氣，而發為言論以向我们宣傳的，那更是要為我们所排斥屏除，不留餘地了。

(二)

我们的同志世炎曾經屢次在勤工儉学生会評議部中說明：我们一般朋友在学生会中之努力是一致的，始終不懈的；我们努力的着眼点是在全体的利益，同時也為我们自己的利益——一个人說作事完全是為人而不為自己，那最自欺且欺人的，我们青年革命主義者的奮鬥，為人，同時亦為自己——我们是共產主義者，同時又正是勤工儉学生；我们以勤工儉学生的資格而来過問勤工儉学本身的事務，這是必然的；我们所過問的事務，处々本共產主義的見地，這又是一定不易的。 這个，在群衆中間当然無所用其奇異；在反動的份子的客觀的事實上，亦犯不着呼俄们神経过敏而致於大驚小怪。因此，我们的態度是始終光明坦然，我们対於反動者之無聊的挙動在其時只有置之不理，听其自生自滅。至於在形勢上成為対敵——実則毫無所謂——的所謂的無政府《党》人之隨便乱説，我们站在共産主義旗幟之下的青年同志，只有在学理上願与無政府主義者辯駁討論，若是出之以嬉笑謾罵的態度，完全不具有主義信仰的青年的精神，則我们絶不至認為有作針对的回報之價值，而但与对待無聊的反動者一樣，雖然是太寛泛了，但其意義本是相等的——暫時只有"置之不理，听其自生自滅"了！　同志世炎，這種説明是相合的——合於我们青年共産主義者的態度的。　然而事実又教訓我们：在無産階級隊伍裡面，這種態度竟不免是懐消極了！　我们还是必須審定我们的積極的工作，而所謂積極的工作之標準，仍不外乎如本誌第三号上所發表的"我们的戦務"一文中裡面所申言的。也正如同志世炎所説，我们的努力是要始終不懈。　我们之所以看見到如此，乃因我们看出在無産階級群眾中，革命之宣傳尚未普及，而反動者竟乘勢而起，以一般毫無所知者竟可自称為改良，投机派，佔拠在一種混沌的群眾観念上而利用其弱点以為其宣傳了。　在另一方面，所謂的無政府主義者，只知高唱自由，忽視了現代社会生活所決定的群眾意識，專門估擬在抽象的觀念上，發些空論，以迷惑群眾。我们見到這種事実，自然不能忽視了我们当前的工作：我们共産主義者的行動，就是要隨時隨地能把問題与事実打落到実際上面。

(三)

為了一个"半万元"的津貼的問題，我们勤工俭学同学曾作一次最後的團结了，然而七八个月的努力，現在怎么樣！我们同学曾經能夠跳出被支配的地位以外么!! 為了一部分的同学被宗教的誘惑，許多人曾經大声疾呼的攻擊了，然而至於今日怎么樣？在"天主"的魔旗下面，反跑去一百多个我们的舊伴侶了!! 為了團結的要求，欲表現勤工俭学之真正声音，同学们踴躍募捐把学生週刊組織成，然而時間不久，為着供給少数人报机改良之把持的犧牲，充分的暴露了一些醜態，至今又几於不能存在!! 一千多勤工俭学的同学们，大家都到那裡去了？這樣清顯的事実，明白·深刻的教訓，大家还不应該覺醒过来么?!!!

(列父)

巴里中國書報社啟事

本社書單上所載關於主義之西文書籍，是按着我们青年朋友研究之需要而預備的，其價目雖与原書店所售相同，但郵費均已扣標在内。来信購書者，但將書目開明，原價附寄，当可能的速度將書寄上。

"少年"

第八號

《馬克思主義辯證法的
標準是以進化歸結於一個
"革命"這個观念為基礎的。"所
有"都改变的，"所有"都轉移的。
沒有什么是固定的。社會、財
產、家庭、法律、道德都一樣永
受這個永久轉移底法則所
有。社會的形成都在他的本
身包含着他的分裂底元素，
他的將來底萌芽和他的轉
移底主持人》——RAPPOPORT說

第 8 号

"少年"第八号目錄

（一九二三年四月一日出版）

革命之火燃了！

Ⅰ.Ⅱ見篇首

Ⅲ見十九二十两頁中間

本誌啟事

本誌自前号起，仍改為月刊；每号定價法幣二十五生丁，半年一方五十生丁，全年三方正；法國境外從同　通信地址為巴里西郊華僑協社轉交（少年襍誌社 % 39, Rue de la pointe la Garenne .Colombes Seine France）凡有信件，隨時皆可收到.

革命之火燃了!

I

民主革命的正軌一革命的政治爭鬥"民權運動"

中國民主革命經過了十一個年頭,到現在中華民國的招牌還沒有掛好.——在中國,民主革命的含義本有三個,即孫文所倡的三民主義——民族,民權,民生——但現時最急需的卻是一個"民權運動". 民權不伸,破了國际帝國主義壓迫的中國民族既無实現民族自決之望,且相因而生的國际經濟壓迫也永不会使民生舒展. 拿歷史來看,辛亥革命因多部分是立足在狹義的排滿觀念上,处处与封建式的軍閥妥協,而不注重民權發展,於是打了十一年,到現在还打不出一個真的"民主共和"來. "五四"學潮多部人的錯誤口号是"止爭外交不涉内政",且更忽略了羣眾運動之後隱藏着偉大的革命作用,終于排日愛國的一場奔走,輕輕的葬送在華府会議和退还膠州的中日協定之中,以至打倒安福部交通系還是純出於後進軍閥吳佩孚之手. 在民生方面,過去一年的罷工潮表面上是似很解决点勞動界的經濟痛苦,其实物價因工資長而愈漲,資本制度下的不易定理,和集会結社出版罷工的自由不得早已限定了受着兩重壓迫的窮苦工農的死命.

如此脆薄的愛国行動,單純的經濟爭鬥,從過去的活動中既已告訴我們,要实現民主政治單出上政治爭鬥的正軌是"民權運動"在去年."民權運動"的呼声已起.但最初比較祇有些靜的組織和請願運動.到現時.一九二三的最先侵入,一方摧残民權的舊勢力愈加猖獗,一方"民權運動"的呼声也因着兩個開花之炮將革命之火燃了.

為做"民权運動"政治爭鬥的革命終于不可避免. 我們非敢凴空預言.我們且叙述這兩個開花之炮作証.

II

"三位一体"的軍閥賬房的北京政府毆打請願学生

第一個開花炮是爆裂在北京城内.這件事变国内寄來的報紙都已記載殆遍,無須我們細述,我們但須將此事的内因和趨向給大家指示出,好明瞭這次運動的正路. 這個"民权運動大同盟"的通電說得最清楚,我們且節錄于下:

同胞們!本月(今年一月)十八日北京學生在眾議院門口前的大流血你們就忘了么? 他們何以有這次大犧牲呢?是不是為的挽留為擁護民權而奮鬥的蔡孑民先生?是不是請願國会不同意"獻媚軍閥而摧残人權的國賊彭允彝"? 同胞們!他們濺在國会門前的熱血,沸騰全国的勇氣,还不能使你們奮起么? 要知道我們的一切權利,早被軍閥政客剝奪殆尽了,萬不能再躊躇不前,应該趕緊團結起來與已起的北京學生,聯合在一条战線上,和軍閥開火,打倒這"武人政治"!

然則蔡先生為何而走呢? 他自己的辞職文中

罪恶,最無耻之行為,無不呈现於国中"。"痛于政
治清明之無望,不忍為同流合污之苟安"。 由此
可知蔡先生之去乃純由"武人政治"逼成的。 但
"武人政治"豈蔡先生一退可以消滅的麼? 我們
殊不信這種"不合作主義"能夠將軍閥打倒。我們
止信唯一的出路是"革命"。 且打倒軍閥的口号
在革命中犹不足用,我們要知道軍閥的靠山是
列強。"民權運動大同盟"在同日電中有云:"同胞們
你們要知道打倒軍閥才能奪回民權,但是軍閥
之後,还有国际帝國主義,如強盗一样的蹂躪民权
尤其是英帝国主義如抗不交还威海衛,縱佑我虎
馬毒打我重慶為爭虎而示威的愛國青年,拘
捕我劳動運動領袖李啟漢殘殺我迫於饑寒而
罷工的唐山工人帮助陳逆烱明打倒真正民主
政府等々不勝枚舉……最可痛的就是最近在汉
口槍殺我親愛的棉花廠工人。 我們連着再補
充幾句:帮助皖派軍閥交通系在内地四出搗乱
勾結張作霖和俄舊党实行呑併滿州的計劃龍
絡新近的中國外交家得到山東名存实亡的实
利壓迫在上海紗廠的工人,這是不是日帝國主
義蹂躪擾乱我們的实証? 運用教会青年会来
侵害中国人的教育思想利用新銀行團来開發
中國实業,驅使由美归國的留學生来作親美的
宣傳員,這是不是英帝國主義蹂躪擾乱我們的
另一種麻醉劑? 同胞們!要免除這些壓迫,我們
能不以"反抗國际帝國主義"為職志麼?"

革命之

III

——中國勞動界空前的犧牲——

第二個開花炮是中國軍閥在京漢全路慘殺工人的事. 此事發生較學潮為晚。野蛮軍閥頗禁此消息外傳.我們最近幸得到國內朋友的報告頗詳,且曾由親與其役的人口中傳出.茲特擇錄如下:

《京漢鉄路工人經了一年多的奔走,全線中共成立十六处工会. 本年二月一日在鄭州成立總工会,事前曾約各機関各團體參与会典. 一日以前各工團各鉄路工会代表已到了三四百人.包住幾家旅館.並帶了許多慶祝的牌扁声勢浩大. 從前組織各分会的時候當局還帶有妥協的態度,這次他們变了.京漢局長趙继賢在事前電告吳佩孚,造了許多聳人听聞的話. 吳即電鄭州軍警:妥為制止.於不得已時許以武力解决. 於是那般無心肝的軍閥走狗,作起威来了. 二月一日幾百工人代表迎着牌扁列着隊伍,由鄭州工人引導向会場前進 途中被軍警截留,将牌扁拋在地上. 鄭州工人非常憤激一個衝鋒将軍警衝散,湧到会場門口.将門撞開蜂[illegible]而入. 主席用幾句話宣布京漢鉄路總工会成立,会众大叫起来.在場警官宣言不承認工会成立工人則大呼成立!警官也無法. 接着開了一点多鐘会方散. 散会後工人的飲食起居都不自由了. 全路代表集議,決議全路罷工,提出承認工会懲辦肇事軍警等五条,將總工会移至漢口江岸. 漢口各工團同時組織慰問隊,慰問罷工工人,当時聚了七千多人舉行群众示威. 武昌軍閥見工人團結堅固乃另出狡猾手段,派軍署參謀長出来調和. 他要求總工会派全權代表,意思是要網羅工人領袖.工人不承認要交通部書,吳西軍閥派全權然後工会才派. 嗣他允派全權代表来会,工人

火 燃 了!

野蠻軍閥槍殺了二百餘人

方面為緩和压迫起見,也承認派代表和他相商,於是約定第二日(二月七日)下午五時在某地会議. 第二天工人代表到了好幾十,到了時候軍隊包圍攏來,向屋子裡開槍,打死三十幾人,斷腳,斷手,傷頭傷身的無計其數. 這是何等無心肝的殘忍手段! 同這一天,鄭州死了七十多工人,長辛店死了的工人也不少,还有一個作勞動的朋友運動的朋友捉到保定去槍斃了! 總計全路工会死了的工人大約有二百多人這是何等的大流血! 还有几件事可紀的: 江岸工會委員長林祥謙被軍警由家中捕去,問答的話是:"你是什么人?""江岸分工会委員長""既是委員長当然可以負責任""可以負完全責任""那末,你於工人開工""非奉總工会命令不能開工"当局連問他開工三次,他都說非奉總工会命令不能開工,於是当場砍頭!(據載他以手槍威嚇交涉員純是謠傳) 信陽州分工会委員長也是被軍警捉去逼他開車,他不肯砍去一手,仍要他開車仍不肯.

工友們不是恨極了,怎會捨掉性命不肯屈服啊! 現在(時是二月十三號的)安大名軍士押着一個工人,用鐵鍊鎖着逼着開車. 漢陽鉄廠,楊子机器廠,武長鉄路,浦口鉄路…都罷工了. 我們的朋友也死了不少!)

慘殺之幕既如此開始了,繼續着的慘劇要層出不窮的演來,我們除掉以"打倒軍閥"為口号来從事革命外还有何法! 革命之火燃了,凡是有自覺性的中国少年工農学生都应該齊集到這個旗幟之下來從事革命活動. 起啊! 起啊! 我們虽在国外也当書急呼,這為声援或竟归作先驅啊! ——記者.

國際共產黨黨綱底草案

(Boukanine)布哈林

I——資本主義的奴隸制

現今差不多全球都落在資本底統治之下.

這個統治是建立在個人的財產和商品底生產(或稱為市場生產)上生產底方法專有,以及這商品分配的方法專有都放在資本階級一羣極少數人手中這種專有為這個階級從數百萬無產者身上鞏固一個無限量的權力;而這般無產者因缺乏生產的方法,逼着不能不賣他們勞動力有產階級用他的政治的統治一即將軍力和其他所有物理的束縛底手段都放在他的絕對統治之下的"國家"的組織(l[illegible])——來鞏固他的經濟的統治,此外因教育都落在資本家之手他更用教育的專有在知智識界中施行他的統治,工人階級在人民中日甚一日地成了多數,是為畧奪他的勞動的有產階級一個取之不盡的利源因為他在經濟上是被侵蝕的,從政治和以知識的見地上 看他又是被壓迫的,所以他遂成了資本 奴隸.

在他跟着剩 値跑的道路中有產階

級不得[illegible]的發展生產力和逐漸擴張他
的資本主義的統治.但是他已不能阻止那
日見可危的.定要引資本主義到死路上去
的根本的毛病發現了.

個人的財產的統治.使生產盲目地.毫
無統系地發展,不是由一個有意識的勢力
規劃.遂產生生產底無政府.這種無政府.的
表現.一方面就是各種營業與各團體底營
業家.都打入猛烈的.爭鬥中.這種競爭的結
果,會浪費很多的材力;另一方面就是定期
的危機.這些危機是關係生產發展底不可
免的結果.都要連帶一個生產力的破坏和
使不可勝數的無產者臨於失工底地位.

在生產底無政府上更加上階級的[illegible]
對抗.資本主義的社會建立在以一個極少
數略奪人民中多數的事實上.他遂分成兩
個對抗的營壘.階級爭鬥充滿了他的歷史.

資本主義為最高權的爭鬥是資本主
義的"國家"(L'ETAT)與"國家"競爭底一個特別
形式;他的最後的表現即是战爭—與經濟的
危機和歇工齊名.也是資本主義重要特性
之一.

因他建設在生產力的發展上,資本主
義經濟的進步結果遂迫令落後的資本家
底經濟勢力.因競爭消滅;一部份農民階級
破產;小工匠漸次消滅.小的或中等的資本
之經濟的失敗殖民地底吞沒或殘酷的吝

奪。這種經過，一面生出資本的堆集和資本集中在几個個數百万豪富手中；另一方面生出一個可怕的無產階級增大——這個無產階級是從資本主義的冷酷的學校中陶冶出來的，所有他的生活條件都成為有產階級和有產階級現狀底死敵。

資本的集中和資本主義制度底擴張，遂漸的並且在一個日見增廣的領域中，顯出資本主義底根本的毛病：小資本家與小資本家競爭代以大資本家與大資本家競爭；靜止，互相喚起百万豪富底奇大團體和他們的各人的政府出來包括几個地方底危机，成了世界的危机，當地的战争代以聯盟底战争或世界的战争；階級爭鬥不止限于一羣一羣的工人底散乱的行動；他成了一個全國的爭鬥，最後更是世界的無產階級底國際的爭鬥以反抗世界的有產階級。

階級間關係之必然的刺激會使每個對待的階級都聚合他的勢力：一方面資本主義的有產階級組織會或聯盟以鞏固他的國家的權力；另一方面，工人階級——也是由資本主義生產底機械關係聯合和凝結起來的——創造一些有力組織，早晚要　無產階級底階級爭鬥底工具,以反抗有產階級和他的大本营:國家"
的權力.

所以資本主義底發展一定要增大他
所有内部的衝突,直到最後,使他的生存不
可能.無產階級是推倒有產階級的生力軍;
在解脱他的十年韁索時,他即廢除資本制
度而組織合理的社會主義的經濟——這合
理的社會主義的基本條件也是由資本主
義本身造成的.使正在要接替資本主義的
新社會底形成是有生機的條件,就是:生產
方法底集中;資本主義的技術非常發展;團
体的勞動(特別化身於無產階級本身上)科
學(資本主義的產兒)底發展;工人組織的擴大
——這些工人的組織是組織新社會的初步
的核心.

資本　主的
人最後
經歷,

最近數十年資本統治底顯著的事實
就是極端加重他的内部的衝突和擾起一
九一四年世界战争底大危機.

心資本多
主以世
的社廣;

資本主義成了世界的;他成了一種經
濟的形式要從全地面上征服一切別的經
濟的形式.

自私不
資本主大性
本有的
資專廣;

無數的私人營業家因競爭互相爭鬥
互相吞没過去了,一般受銀行制度打擊的
工業大王之驚人的聯盟(托圑和托辣斯)顯
出頭角來了.在這個資本的新形式中,銀行
資本和工業資本合并,得銀行之介紹,土地

的大財產占大工業聯起盟來;在這裡面的實在主人只是几個個奇富的分子——半承襲的銀行的少數壟斷(oligarchie)這種資本的新形式帶一個極清楚的專有的性質,代替封建的專有的自由競爭,於今自己成了銀行資本底專有.

c) 新形式和競爭底激發;

這種根本上是專有的資本底組織漸次將坳屬於經濟地位不同的有產階級的小團体聯合起來,使競爭的形式徹底改变.以往時只在低減價格底舊方法漸漸地代以岀猛的勢力——這種岀猛的勢力,在每個地方内面所表現的,就是威逼和其他種種压制;在國際関係中所表現的,就是成立高的保護主義関税率,採用禁止的標準以達到真實的関税战爭,和在兩對敵的國家中使用兵力,極端激發國际的經濟的競爭的,即是兩個最有力的重要事實:大資本主義的國家互相瓜分殖民地和继續不斷地輸出資本,結果勢必要使用武力佔挻資本所灌注的土地

d) 銀行資本底國家主義,帝國主義,軍國主義;

在這這種情形中,"國家"和他的軍力為有產階級佔一個特別重要位置,銀行資本的政策,自始至終即是一個搶撗政策,這種搶撗政策,為達到他的目的,应該借助於奇異地發展軍隊,海艦,飛艇以及所有的破坏方法,所以軍國主義底進步,也就是使國际

的競爭更加厲害的理由之一,他的結就是可怕的屠殺底战爭.

本迎經立殖資產必住家的文中不国地;主的殺的民

資本集中到了世界的程度於是各國資本家底强大的託辣斯形成了,資本主義的銀行資本的几大强也形成了.這几大强,在不可勝數的無產者,半無產者,農民等大眾中看起來,正是压迫,畧奪,搶擄,奴服等底世界的營寨.凡是次等的,向他乞憐以圖存的有產階級的"國家"都直接或間接坿屬於他們.至於具有數万万被略奪的劳動者的殖民地更是成了他們的資本主義"國家"所臣服之一個搶擄場.

資的人,非人公署),反文(工社)(工社黨,的主的民黨族主,本於征馬貴民

反抗着這銀行資本底强太組織的勢力,竪起両個主要的勢力:一方面是資本主義國家底工人;另一方面是屈伏在外國資本枷鎖之下的殖民地.但是,這個根本的革命的傾向一時竟被歐美一重要部份底無產階級受人賄賂的事實所麻痺了.因搶擄殖民地和半殖民地獲得一額外的剩餘價值,帝國主義國家底有產階級遂利用這額外的剩餘價值來加增本國工人底工資,奬勵他們去剥削殖民地,并將他們養成為帝國主義"祖國"効忠的奴僕.這種通行的賄賂,特别的發現於工人貴族中,於工人階級的領袖中,於已經成了有產階級用具的社會民主黨和工團中

(1)对抗的激後和一九一四年底大战——資本主义崩潰总存壞;

資本主義的几大強,為殖民地爭奪的緊張,遂激起了一九一四年底大战.這個战爭在某点上已將資本主義經濟基礎動搖了.他已加重工人階級底境遇,打破無產階級中之帝國主義的虛幻——他已開闢一個新紀元;資本主義經濟組織底破坏.

战争的結果和資本主義崩潰底開始:

在一九一四至一九一八底大战中,生產力底破坏是歷史中從来所未有的;無限量的生產方法和最生產的人工都消去了.此外,因有大部份有用的勞力專為製造毫無消費價值的物品,遂枉費一些精力,喪失好多財富.各國資本家的托辣斯,努力以改組織底勢力(將所有私人的營業家底聯盟坿屬於國家,換句話即是國家底資本主義)来弥補這個浪費,結果只有使"國"与"國"争鬥更加強.

(3)战争的消費和生產力的破坏;

(4)國際交底連系斷絕;

國際的交通和國際分工底体系破坏,私人間或"國"与"國"之間底財政規例混乱,汇兑的底不平均,驚人的國債;举凡這些战争結果都只是使世界資本主義經濟底破坏更加重.

(5)殖民的初步解放;

因為有殖民地来"帝國主義國家"底衰弱的機會獲得一個很大的經濟的獨立,帝國主義的經濟的体系受重大的失更,這就是顛覆了資本家在殖民地發財的基礎,而更加重普遍的危機.

a)國家收入底減少的分配；b)帝國主義的壟斷團体底爭鬥劇烈；c)殖民地與主國的爭鬥加重．d)階級爭鬥底加重；e)資本主義制度極端動搖．

所有從战爭時和战後引證出来的根本的事实，都在一個國家收入的低減裡發現出来．這國家收入的減退，為他的分配．又擾起在各個互相競爭的銀行的壟断(algar-chies financieres)間．殖民地與主國(métropole)間．有產階級和無產階級間，一個劇烈爭鬥．這時社會中更有一部份中間分子，特別感受战爭底痛苦的與無產階聯盟．

在他的總和中．战後資本主義底地位最顯著的就是在一切生活界中無論是經濟的，政治的社會的，以及知識的和文化的，都呈現一個極端的動搖；实在，在普遍危机底底部已發現有產階級底意象學一個根本破裂底最顯著的標記了：回返於宗教，神秘，幻術等，正是明白戀報告有產階級文明破產来得迫切了．

帝國主義前敵破裂和社會革命時期：

當大战時已經開始的階級爭鬥之猛進，竟使帝國主義底統一的前敵從他的最可痛的部份——俄國——破裂了．一九一七年俄國無產階級所發動的革命，幸遇特別順利的情形，已將有產階級的制度推翻，豎起世界革命的基礎了．

a)十一月的革命—世界革命底第一步；b)其他的革命；

接着俄國革命之後，有一些無產階級的暴動，有些經過暫時的勝利．因無產階級失敗遂中止了(芬蘭，匈牙利，巴維爾)，有些因反对革命的共產主義的社會民黨背叛，遂半途停頓了(奥大利,德意志)但這些暴動都帶有共產主義革命底濃厚的勢力,他們是世界革命之進發展中之一些程次,經過這些程次底教訓,無產階級對於有產階級的處罰是消滅了.而且共產主義革命的力量已集中了.

(c)蘇維埃俄羅斯底重要;

所以蘇維埃俄羅斯是全球無產階級運動之創造的中心,他的存在,在地球上有一個格外的重要.他成立一個根本上與資本主義制度相違犯的制度,直不啻在世界的資本主義的体系上砍一個大傷痕,另一方面看,他又是無產階級運動之最堅固的隊伍.因為在俄國工人階級將所有"國家"底方法和資材都放在他的安排之下.

(d)反革命的勢力(社会民主党);

在世界革命底運動中,社會民主党及他領導的工團,都成了反革命的最重要的因子.他不僅々在大战時維持"他的"帝國主義的政府,背叛工人底利益;他已維持強盜的條約(Brest-Litovsk, Versailles),他當無產階級受殘酷的压服時,已給官吏做一個很有力的助手(Noske)他已用武力攻擊第一個無產階級的共和国(俄羅斯)他已賣了已到政權的無產階級(匈牙利)他已入了名為"国際聯盟"底強盜會(Thomas)他已公然與主人打在一傍,反抗殖民地底奴隸了(劳動党)所以社會民主党即是有產階級社會最後的後援隊,最堅固的壁壘.

的共產
黨內國際
共產黨.

工人階級中帝國主義的迷惑消滅使
無產階級免了社會民主党底影響，而為各
國共產党運動開闢一個便利途徑，這些共
產党由爭鬥底經驗聯合成一個革命工人
底大團体：國際共產党，這國際共產党今應該
將人類從混乱中，悲慘中，以及在現今資本
主義解体的時期拥人類所臨入的可怕的
破坏中，解放出來.

他應使人類免了顛狂奇異的新戰爭，
有產階級正準備在這些新戰爭中摧毀人
類所餘的一切文明，他引人類上一個新的
道路，除開這個道路，只有死與殘敗.（未完）

（石人譯）

馬克思主義的道德觀

有一個很流行的反對論攻擊馬克思主義，就是人說馬克思主義否認道德，因之，站在馬克思主義見地的共產党人，主張用武力革命，主張階級爭鬥，主張~~無法~~無產階級專政，遂更被人控告為暴動——為不道德.

有時，縱在覺悟的無產者当中，也不免有未曾脫盡有產階級意象学的迷惑而認馬克思忽略了道德的.一天我在本願(melun)参與一個馬克思主義夜校，有一位同志拿起一本著名的《共產黨宣言》在手中說：這個宣言，我已研究過三四遍，

馬克思所說的確是不錯;但内中找不出有研究道德的地方,可惜馬克思確是忽略了道德問題哈!若說馬克思否認道德,在甚点上說是可以的,因馬克思是一個革命家,他的革命不是自道德觀念出發的.若說馬克思忽略了道德問題,這就是大錯,我們可以大胆~~的胆~~地說:只有馬克思第一次真正完全認識了什么是道德!

我們在歷史中也可以看見,道德是時常变遷的.若從改造社会的見地上去看,道德是不能夠作我們的任何憑藉..因他是精神現象,不是永久常存的自然律.一個社会有一個社会的道德:這個社会底道德移到那個社会去,是不適用的.一個時代有一時代的道德:現在的道德拿到歷史的過去,是不合事物的實際的;因此他亦無資格可以凝結社会的將來

君為臣綱,父為子綱,夫為婦綱,在中國從前是至高無上的道德,現在也崩壞了.崇拜祖先和三年之喪,在中國也是至高的道德;然在歐洲因工業發達,將家庭打破,早已沒有這回事了.奴隷制,人人都知道,這是不道德的,然在某一時期,生産方法不完備時,所有民族都应採用奴隷制;縱人類最大天才之一的亞里斯多得,在他的時代也不由得不相信,自然特別創造一種人專做奴僕.男女平等,現在我們知道是道德的;然在中國,這種道德觀念依然是少數知識階級中人底談論的資料;即在歐美也只盛行於大戰以後;因經過這

一次大战,将妇女更从家庭赶出来了.最講绝对自由的如盧梭,在他的時候,仍不能不承認"女人是供男人娱樂的"

然则道德究竟以什么為歸宿呢?哲学家,宗教家,倫理学家,道德家,誰有這個天才,能創造一種道德底規律,貫通時間和空間,使人類永遠有所依歸呢?

在馬克思主義者或共産主義者,对道德底問題如对一切社会的問題一樣,他們總是時時抱着两個重要的認識

第一個認識就是唯物主義的認識.這就是說道德是以經濟為歸宿的.經濟是所有社会制度底基礎,因經濟的生産而發生社会的關係.由社會的關係而形成道德的观念.所以人說道德是社會的上部結構(superstructure),是經濟生産底反应;他是緊跟着經濟一在下面,一在上面.由這一世紀到那一世紀,平行的轉变.他的經濟的基礎变遷了,他却不能不跟着变遷,所以在歷史上每過新舊交替的時代所有舊的道德观念都如雪山上滾雪球一般一個個地滾下去了.一般道德家眼巴巴地望着莫名其妙,徒嘆"道德淪亡""人心不古".

在一般道德家或唯心論者,他們以為感情或正義,平等底絕對的观念可以支配社会的運動,因此他們处处以道德觀念出發,以為要改革社會,先改革人—先將人人灌以哲學或道德的

教義，他們研究社會問題，不從当時社會問題的真實關係下手，他們從腦子裡去挖取公式。

馬克思主义者不然，要改革人，只要改革他的社會的環境，將社會的环境改革了，一下子即將人的風俗習慣，道德，感情等都改革了，他們研究社會問題，不研究哲学的公式，他們只研究經濟的現象；回溯他們的起源追究他們的發展，觀察他們在家庭和改革政治的形成中作用，然後即毫不遲疑的抽出結論來。

第二個認識是階級的認識，所有人類底歷史直到現在都是階級爭鬥史，因此有史以来的人類社會都是階級組成的，都是支配階級和被支配階級組成的，社会既是直到現在都是支配階級和被支配階級組成的；那麼，支配某一個時代的道德觀念，　然就是這時代底支配階級底觀念，我們若不明白這個見地，而動口說，普遍的道德，無論是有意識的或無意識的，都時時是擁護支配階級底統治權而帮助他压迫被支配階級的。

試举實例来說，"自由"，"平等"在現代社會中為一般学者称道不已，几無人敢否認他們不是道德的，其實，所謂自由，即是自由貿易，自由競爭，是对待封建的專有說的，在中世紀末，有産階級，因經营工商業在自由都市中已佔得重要地位，当然要起来反抗当時從擁有爵位的封建的特權階級，而要求：只要誰有資本，都应該自由营業；不應為任何世襲的優先權或行會(corporation)所束縛，國家不但不應當阻止，並且應加以獎勵或保護。有產階級幸因此而先從經濟上取得重要地位。於今呢？有產階級仍可自由競爭，自由掠奪，自由組織強大的托辣斯，自由做化學的和空氣的戰爭，無產階級呢？他可以自由組織大公司開大工廠麽？[illegible]，他可以自由餓死嗎？[illegible]……[illegible]！

所謂平等，也是有產階級向封建時僧侶貴族要求的，凡是有錢的人都應同樣的受教育，有材能的人都可干預政治，不應因門戶而有所限制，所以發生"天賦人權說"。有產階級以此將僧侶貴族的特權打倒，將他們的財產瓜分，將政權握在自己的手裡。於今呢？有產階級將無產階級的勞力剝奪下來送到市場去賣，無產階級在社會上可以處處與他享同等的待遇麽？無產階級底兒子可以有幸運入中學大學，或其他專門[illegible]麽？這是決莫有的啊！

人人應該勞動，這彷彿是社會上應有的道德。然在現在資本主義的社會中，勞動工具都為一階級所備有，勞動者終日勞動並未為社會增加福利，只是為資本家增加資本。勞動者愈勞動，資本愈堆積，擾起社會的災害愈大。所以"人人應該勞動"這句話，在現社會中只可成為一階級命令一階級的命令語："你要好好地作工，我才收留你，並且多給你几個工錢，否則立時要你站在工廠門外去！"

個人的財產应該人人尊重，這是現代有產階級社會最重要的道德，可以說所有有產階級社會的法律都自這一点出發，当劳動者还是直接的生產者時，這就是說当劳動者自己備有生產方法和工具，自己為自己生產時，這種道德观念还可以用的；因為這時侵犯他人底財產，實是侵犯他人底有的生存。於今個人的財產十之九都被資本鯨吞了，而自己也資本化了，大多數人是沒有個人底財產可以以尊重的，那末所謂尊重個人的財產即是尊重資本家底資本，資本是吞噬劳動者底血汗和压迫殖民地底凶器，資本膨脹，會擾起經濟的危机和战爭的危机。

还有，國家的防衛也是曾經在歷史上成一個很重要的道德，國家防衛底道德观念所以成立本是因鄰國屢次侵犯的刺激，某一地方底民族遂結合民眾底势力以防敵人之侵入，虐待或蹂躪在某時期間，被支配階級也有相当便利的。於今呢？資本主義發展已將世界的經濟關係打成一片，國與國相依為命，不能独存，只因还有有產階級存在，要維持他的私有財產，他的統治權，仍然要從地球上劃分此疆彼界，國際間一切糾分和危机都由是而起。無產階級是資本主義的犧牲品，資本主義發展成了世界的，無產階級也跟着成了世界的；法國的無產階級同德國的，英國的，美國的，以及亞洲的無產階級，都是一樣的，都是一無所有，賣劳力生活的無產階級者，仍受畧奪和他的有產階級底欺騙為防衛祖國去犧牲不独增加国际間的危机直是保護和擴張他的敵人底統治权而增加自己的枷鎖.此外,馬克思主義对於道德还有一個重要的認識,這個認識,是由第二個来的,就是.有史以来的社會是階級組成的,道德的观念就是因有產階級对抗底事實發生的,若共產主義革命以後,因生產力發達的原故,社會的階級廢了.階級對抗的情事沒有了,而道德的观念也不存在了,這個观念乍說出来,一定大為成見所不許,其實仔細研究起来并不奇怪.

比如再拿上面所举的例子来說,"自由"罷,階級爭抗廢除了,即沒有压迫束縛等事,換言之即沒有不自由的事,沒有不自由的事,即沒有要求自由的事;沒有自由的要求,那有自由的道德观念呢?"平等"也是如此,沒有平等的要求,也即沒有平等的道德观念.

再說,"人人应該劳動"罷,在分成階級的社会中,劳動總是一階級強迫別一階級的,才有人不願意劳動,若階級對抗廢除了,劳動藝術化了,無人不勞動,因之勞動也不成為道德底观念了,"比如個人的財產应該尊重","国家的防衛"等,在共產主義革命後,不待說,更是沒有的.

這種事實并且在人類社會上已經找到了例證,有一位英國律師梅納(maine)曾經證明在印度共產村中,關於我們對於正義,權利,責任這這些觀念人毫不懂得，為什麽呢？因為在共產團當中，沒有衝突的利益，換句話就是因為所有惠達到個人即施之於團之全体，又因為利益是公共的，不是像在我們的社會中，利益是衝突的，所以不需要什麽政府的權力或官吏以矯正個人的錯誤。

「以上三個道德底認識，在《共產黨宣言》上也明明說過。宣言上說：

「這豈是需要一個很大的敏銳才能夠懂得人底意識，如見地，意想，概念等是伴着自他的生活條件，他的社會的關係，他的團体的生存中來的變換而變換麽？

「思想史證明什麽？不只是精神的生產隨着物質的生產而轉變的麽？所有支配一個時代的觀念，曾未有不是支配階級底觀念。

「常人說革一個全社會的命底觀念時，人只須發表這個事實：在舊社會底懷中一個新社會底元素已形成了，舊的觀念瓦解，與舊的社会關係底瓦解並行。

「當古代社會到了他的末日時，舊的宗教被基督教戰勝了，當十八世紀，封建的社會與有產階級——這時是革命的——決了最後一戰，時基督教的觀念，遂讓位與哲學的觀念；宗教自由和信仰自由這些都只是在知識領域中宣布自由競爭即位。

「會人有人說：不錯，宗教道德哲學，政治判等的思想,是在歷史發展的路程中改变的,但宗教道德,哲学,政治,法律經過這些轉变,他們的本身總還時時保存在的。

«有很多永久的真理,如自由,正義等,是共通於一切社會的條件的,乃共產主義廢除永久的真理,他不給宗教道德一個新的形式,而給他們廢除,這是違反所有以工歷史的發展。

«這個攻擊应該用什么来压服他呢?所有社会底歷史直到現在可概括在階級對抗中,——在各個時代而被有各個不同的形式的對抗中,

«但是无論這些對抗所被的形式是怎樣,社會底一部分暴奪別一部份,這是有史以来的一個共通的事实,所以歷代底社會的意識,雖然極分歧極不同都在某一些共通的形式上变換其皮毛,這是毫無疑義的,這些意識底共通的形式,只會與階級对抗完全消滅而完全消滅的。

«共產主義的革命是與舊有的財產關係最激底的决裂;若他在他的發展底途徑中,與舊有遺傳的觀念有最激進的决裂,也是毫無疑義的»

(石夫)

一個無政府黨人和一個共產黨人的談話

續前第七号

(甲),我們無政府主義者反對任何有形式而具强力的國家,這就是說:反對資本主義的國家,

軍國主義的國家，有產階級的國家，和"勞工專政"的國家，因為既稱為"國"，就要强迫人順從他的國的範圍，何况更加上用專政的手腕以[illegible][illegible]人呢？因此無政府主義者不能不反对"勞工專政"的國家（見《工餘》十四号二頁）。

（乙）我首先要問你的就是，"資本主義的國家"、"軍國主義的國家"、"有產階級的國家"——這三個國家有什么分别？這一点在别人或許是小節，在你們無政府党人就関係重大。因為你們处处鬧笑話都[illegible]這裡起：有些事物其形象雖[illegible]彷彿，其实[illegible][illegible][illegible][illegible]，有些[illegible]動，其手續雖類似，其目的已大不[illegible][illegible][illegible]之[illegible][illegible]，失之千里。而你們都不管；你們只是挖頭挖腦說你們的，虽同名為國家，有的其名称虽不同，其東西是一個；有的就大有分别，你們也都不管，只因高德夫、蒲魯東、司梯奈、巴枯寧、克魯泡特金、都[illegible]兒、托尔斯泰這幾位老祖都[illegible]曾經反对國家，所以你們也要"反对國家"——逢着國家就要反对。

我首先即問過你們是否也贊成階級爭鬥，你說贊成，為什么要主張階級爭鬥呢？因現社会分成兩大階級：有產階級和無產階級，無產階級為什么要和有產階級爭鬥呢？因為受他的压制。他用什么压制呢？國家！因為有了國家，有產階級可以將社会上所有事物都放在他的安排之下，所有势力（物質的和精神的）都集中在他的手中。因為有了國家，可以保持他的私有財產制，維持他的統治權，因為有了國家，他可以奴服無產階級，不讓他爬起來而他站在平等地位爭鬥！無產階級要想將有產階級打倒，那末，首先就要將有產階級離開這架压制的機器——國家，又因為這架機器是由歷史發展來的社會底最高權力，可以將一切事物，一切勢力都放在他底之下，可以把持或創立一種社會制度，可以压制一階級

無產階級要完成他的使命繼續他的爭鬥（不能放鬆，还要繼續）勢不能不抢起這架組織完備，应用灵敏的機器，以廢除私有財產，根本上剷除有產階級底統治權.

所以，所謂階級爭鬥，並不是抽象的一個無踪無影的自然力，你説"既称為國就要迫人順從他的國的範圍"這是不錯的，但是，倘你主張無產階底革命，主張無產階級底階級爭鬥反对有產階級強迫無產階級順從他的國的範圍是对的；若亦反对無產階級強迫有產階級順從他的國的範圍，是不是反对無產階級有權做社会革命呢？

関於國家之發生，國家之社会勢力，國家所有革命中的作用，国家之死——列寧在他的《國家與革命》説得甚清楚，不知你看过没有？為使你徹底了解無產階級專政起見，特擇要引出几段來給你看看.

國家决不是一種勢力自外引入社会裡來的，他更不是像黑格尔所認定的，是一個道德觀念

底實際或理性底產物，他是社會發展到了某一個程度上的產物，有了國家，彷彿即是昭示這個社會已經落在一個不可解的內部對抗中，成為他自身無法解脫，不可調和的衝突，為使這個對抗，換言之就是為使這個由相反的經濟利益所劃分的階級，不在一個無益的爭鬥中，互相吞噬，人即覺得有一個特別的勢力支配這個社會的必要，這個勢力，即可折衷爭執，維持這個爭執放在"秩序"底範圍裡的一個勢力，他是出自社會的，但他是高出社會以上并且漸漸由社會離遠的。

《一個公共的權》(pouvoir public)之建設，不是用民众自動的武裝匯合起來的這種特別的公共權力是不可免的，因為自社會劃分為階級以來，民眾"自動的組織"已經不可能了。這個公共權力，不止包有軍人，并包有物質的要素——如監獄及其他種種压制的組織，這些要素，在部落的社會裡人都不知道的。

"我們所以說一個持別的權力，因為每個國家底持有的公共權力都不是直接由武裝民眾和他的"自動的組織"同時滙合起來的。

"國家是一個"压制底專門的勢力"，這個由有產階級压制無產階級的專門的勢力——或称由極少數富人压制數百萬勞動者的專門的勢力應該代以無產階級压制有產階級的專門的勢力——無產階級專政，所謂以國家廢除國家就在這裡，以社會底的名義備有生產底方法的事，也就在這裡.

"無產階級利用他的政治的統治權漸漸從有產階級身上拔出所有資本,所有生產底方法放在國家——組織為支配階級底無產階級——手裡以最可能的速度增加生產力底総和.

"國家是一個势力的專門的組織,這個势力之組織是在压制某一階級的,然則無產階級应該要压制的是那一個階級呢?一定是個掠奪者階級,即有產階級.勞動者需要國家,只是為打倒有產階級底反抗的并且只有無產階級能打倒他.而得到[illegible][illegible]的[illegible][illegible][illegible]為只有無產階級是一個唯一的徹底的革命的[illegible]人能聯合勞動者及其他所有被压迫者在反抗有產階級的爭鬥中,以便[illegible]剷除有產階級.

掠奪階級所需要的就是政治的統治權以把持他的掠奪——[illegible]一個極少數個人主義的利益[illegible]反抗大多數[illegible][illegible]被掠奪階級所需要的也就是政治的統治權以便廢除所有統治——在大多數[illegible]民利益中反對極少數近代的奴隸底主人地主和資本家.

無產階級絕對应該備有國家的势力——势力集中底組織強暴势力底組織——以压服掠奪者底反抗以便將農民階級,小有產階級等無產階級——這些人民大隊軟化於社會主義的經濟制度組織中.

"國家不是時時存在的,并且有許多社會免

了他.并且連國家和政府權力底意義人都不懂……於今我們大踏步向着這樣一個生產底發展道上走:就是到了這時.這些階級底存在不独不是必須.并且成了一切生產底障礙物.階級底消滅和他的搆成一樣.是不可免的.到階級消滅時.國家亦即消滅了.社會又重新在生產者自由平等的結合底原則上組織生產.而将政府這架機器送在一個相当的位置:放在古代博物館裡与紡紗車和燧石斧列在一傍.

(國家是全社會底官樣的代表.他是集中在一個特别的團体裡.但他無論如何.總不出這個標準:就是他總是為一個在当時單独代表全社會的階級底國家——在古代.奴隸底主人底國家;在中世紀.封建貴族底國家;在現在.有產階級底國家当國家真成了全社會代表時.他即成了廢物到了沒有社會的階級应該要放在統治之下的時候;自階級爭鬥底衝突和混乱及階級底統治.及為個人生存爭鬥(是由現今生產底無政府所致)都消滅了的時候;到了沒有什麽压服和沒有需要一個專門制裁底势力的時候.即不需要國家了.

"一日.大多數民眾自己压服了他的压迫者,即沒有一個"压制底專門的势力"之必要.這就是在這種方向中.國家漸漸老死,不須一個特權的少數(特權的官吏和軍隊底長官)之專門的組織大多數民眾自己會直接成就這些事業.民眾愈自担当國家權力的作用.這權力底必要愈覺沒有了".

請看.這完全是階級爭鬥底科學底歷史的研究.

我現在總括起來告訴你幾句:革命即是階級爭鬥;階級爭鬥即是一個"專政 Dictature";國家即是被一階級使用施行這個"專政"的;反对無產階級底國家即是反對.無產階級底專政;反對無產階級底專政即是反對無產階級底階級爭鬥或無產階級革命——所以你說階級爭鬥是一件事,[illegible]又是一件事"這句.話是不[illegible]的.

國家是階級對抗中的產物.他是為一階級所佔拠的社會的最高權力.無產階級强奪這個國家.佔拠這個國家.利用這個國家.這正是無產階級爭鬥底具体的實行的表現.這就是說.這正是無產階級真正在社會上握得了最高權.由被支配階級一变而為支配階級的地位.完成他的階級爭鬥.

國家是由階級對抗發生的.階級對抗是由生產方法未完備的事實產生的.於今倚賴資本主義的發展創造奇大的生產力;有火車,有電線,有無線電.有海底電線,有輪船,有幾百,幾千,幾萬人可以共同作工的大工廠,有可以普及到極偏的地方的新聞紙,因此鄉村与城市的隔閡打破了,技術可以与科學聯合,教育可以不是一個特別的組織,往往為一部份所專有,而 普遍的東西了,最最後殖民地或半殖民地都被資本主義的文明化了，更加上資本集中底事實社會的階級簡單了只剩了两個階級有產階級，無產階級因此無產階級是有史以来階級對抗中的最後一個階級；他将他自己從掠奪他的有產階級解放出來，同時却是将余社會從階級底對抗和階級底掠奪中解放出来因此經过無產階級的革命以後共產主義的社會成立生產力更加倍發展，階級對抗的發現成為不可能了，階級對抗廢除了，由階級對抗發生的國家即不須廢除而老死了。

你還有什么可說呢？　　（未完）

（Y. K）

法比佔拠魯兒的面面觀

(一)

近来歐洲有两大事件,引起全世界人注意的,即是洛桑(Lousanne)會議与魯兒(Ruhr)底佔拠,洛桑會議是新興的土耳其战勝了希腊,協約國為維持其權利和其爪牙——希腊——計,乃開此会以確定達耳打納(Dardanelles)的主權和摩蘇(Mossoul)煤油屬誰底問題,在此會議中,英、法都想把土耳其的咽喉握住,好逞其資本主義的貪慾,無奈法國在那裡的势力小於英國,於是就生了相反的意見,法國在近東既未得着同等於英的利益,乃轉而在歐西来大肆其刼掠,以取償於欲得而甘心底德人,望英國讓他一個《自由手》(les mains libres)在魯兒,以作交换条件,這個《自由手》就是隨意放在他人荷包裏取東西底意思,那末,佔拠魯兒底背影就不可言而喻了,其与洛桑會議的関係也就明白了。

法國為欲压迫德國於不可救藥底地位設想,必要实行凡尔賽條約,向德國催討巨数的賠款,但德國已瀕於破産不能負担了。今年一月初,協約國為此事開會於巴黎,英法两國所提出的辦法,全不一致,會議遂形破裂,就意、比两國表同情於法總理保恩加勒(Poincaré)底辦法,遂議定由賠償委員會宣布德國背約,好实行進兵,当時國际共産党与法、德等國的無産階級都知道战禍迫於眉睫，急開埃桑(Essen)會議以籌对付方法，法．比两政府大逞其兇暴，一面逮捕党人，压迫反動力；一面仍向德國進兵，逐漸地把魯兒河流域佔據了；法比軍到後，大行擄掠和殘殺，凡压迫德國有產階級與無產階級的手段，皆無不備至，從此魯兒的無產階級竟飽受了兩層压迫，如同中國無產階級一樣！

法國為什么佔據魯兒呢？因為：一）法國以歐战的勝利，奪回亞尔薩斯．罗蘭，鉄的產額加了一倍多，而煤還不足，須從魯兒運来，因此這添了鉄的慾望，引起了添煤的必要，若以亞．罗的鉄和魯兒的煤聯合起来，則工業十分發達，法國的資本主義便可称雄於世界了．二）要弱小德國保障法蘭西的安全，惟一的方法使德國來因河流域独立，成為緩衝國，隸屬於他的保護之下，以防衛法國資本主義的治安和發展而永遠压迫德意志．三）為破坏德國工業計，必須奪其工業工底重要要素——煤鉄．在收轉亞．罗西省時，已使德國兵掉了80%的鉄．如再奪其產煤中心——魯兒，則德國工業破產，可以陷於萬劫難復的地位！四）為防止德國再躋於富強之列，必須按年榨取其巨款，不使他的資本儲蓄．而法國收得了他所分得超過賠償總額半數以上的巨款，亦可以作新的掠奪工具——資本．至於比國之與法國取一致行動者，不外是：比國為工業國，人口稠密，很想乘机取利以圖發展，加之比國處於德法兩大之間，既無單独抵抗德國的能力，又如何可在結仇於德之後再開罪於法，不結納他以自固呢？又，其所得賠款虽少於法，然对他的財政，為補甚大。因此，遂与法國結成堅固的同盟了。

(二)

法比既佔拠魯兒後，有產階級的國势如何呢？此問題詳言之，大費篇幅，茲撮述其大要如後：

意大利國内的農業未充分發展，工業素不及英、法；战後甚形残破，動兵是不可能的，而且賠款上所得又少；与德亦無一解之仇，若去助法，即不啻在地中海上，自貽伊戚地樹立一個不可与抗衡的強敵，但他亦不願与法决裂，而其移民来法者又不下百五十万人，因此種種关係，他便一面与法同謀；一面又勸法，不為已甚，而表同情於經濟的掠取，所以他也派技師等到魯兒去。以米索里利(mussolini)這個有產階級的功狗，帶着与保恩加勒類似的強盗性，加以法西斯蒂(Fascisti)之勝利，而不得不採取模棱两可底態度者，經濟情形实使之如斯的啊！

英吉利的政、商、报各界，都不滿意於法之行動，其批評極為深刻周至，但是首相邦那羅(Bonar-Law)卻决定緩撤萊因之駐軍，不重視德之請求；而純然待靜观態度者，因為英之对德賠償辦法原非有愛於德；不過他不願使煤鉄俱備於一国；而在近的將来看，法国对英的危險，較為可能；魯兒之佔拠，即是表明法蘭西已踏上新的霸權底舞台了.而英之不遽然反对者.实近東問題未十分告竣,須讓法一手;而國内有失業工人百五十万;殖民地如印度等又常謀獨立;他一面还要顧及英.美对立之局势這樣便只有坐观成敗靜待机会了,

亞美利堅距德甚遠,既無掠奪的基礎;亦不願用武力他的經濟充足,就用投資的方式也可把德國殖民地化,因為德國非他的借債不能維持歐洲經濟秩序非他不能恢復,而他的資本漲溢甚望歐洲和平,才好借出那新的資本,因此種種,美政府决然撤去萊因駐軍,美國人亦大攻擊法國施行暴戾的[illegible]武主義,破坏凡尔賽條約,擾亂歐美的經濟状况其实他对歐对德的用心,也是与对中國和土耳其一樣!

波蘭与法國關係極深,法國因攻擊赤.俄压迫德國之故　須聯絡波蘭分割上西勒西之事曾結好於他,如果波蘭侵德之東.掠奪其上西勒西一帶底工業區城則德國經濟基礎,完全破坏,然歐战亦同時重開了,但不能見諸事實者,因他是新恢復的國家;又另得着些土地,亟于内部的整頓.不願即時参战,此外赤俄的監督.也很可使他"不敢越雷池一步"!

荷蘭,瑞士等中立國,因魯兒佔拠後,現成的原料,為法比所瓜分;未取出的又停滯住了,於是瑞.荷都起了原料的恐慌.荷蘭則自二月以来,失工者日多,亞姆斯特坦(Amsterdam)的工業,萊因

的航運，大受影響，此外小小的盧森堡已有個鎔鮮爐没燃料供給了。

德意志受凡賽條約束縛，軍備被解除了，資財被吸收了。此次法比進兵，總理矩議(Cuno)反对甚烈，國家党，人民党，社會民主党，相率附和，提出種種方法，並四出求救，但因没有实力，結果不过集了許多會議，發了許多言論，作了許多示威運動而已！國内生產凋敝，金融恐慌，生活昂貴；失業者多；而工人困苦尤甚！國家主義者乘時煽動；藉法、比暴行来統一前綫，中產階級見着國家主義猛進，便鼓舞起来作復古運動，共党却要相機復辟，新淪落的小有產者階級不慣作無產階級，又不能成有產階級，於是法西斯蒂運動，遂經意大利而發展起来，這就是德國的現象。

法，比進兵以後，对手的德國，中立的瑞典等都大受其害，則獲利者豈不是德，法比么？实际却大大不然！比國金融恐慌，銀行增加回扣由百分之四十五到百分之五十五，生活程度亦加了百分之二十，因為用費浩大，所得不償所失啊！說到法國虧損尤多，譬如在佔拠魯兒前，由一月一日至九日共得煤61.266噸，佔拠後，由一月十日至十五日，只得煤[illegible]噸，一月中德國遂不繼續交付，因此一月之損失達11.494.000佛郎，雖是搶了些煤，然而入不敷出，并且还要向外去買燃料，此其一。一月一日，在墨特(Meurthe)尚燃起了45個鎔鮮爐，在摩色納(Moselle)亦42個，佔拠魯兒後日見減少，因此生產率遂比一月一日減少%。此其二，用兵以來，佛郎跌价，在一月内由六十方可買一英鎊的，現在必須八十方了，此其三，保恩加勒原說佔據之後，德國要賠軍費，法國不再下動員令，也不運送兵士和路工，然而現在法國倒要每月支出幾乎百万佛郎，而万多路工送去了，援兵又要開拔，這全与他在1914年所說動員令不是打战的話，一樣欺人！此其四，法國狼狽的狀況大率如此。

（三）

無產階級的国际形勢，自然和有產階級的國际形勢不同，前者是以本階級利益為宗旨的，後者則不過以各個國内有產階級利益為宗旨。又前者之運動是在反对战爭和帝國主義，後者却是促成战爭，利用帝國主義以攻擊別人帝國主義發展自己的帝國主義，並且國別的有產階級是聯合起来剝奪國际的無產階級的，不過不能平均分配擄掠品，有似強盜一般的、角逐，換一句話，就是他們共同剝奪而不共同享受。國际的無產階級，則是建設在一個絕相反对的原則——共同生產，共同消費上面来與他那群強盜实行階級的爭鬥的。明乎此，然后進而研究無產階級的國际形勢。

赤色俄羅斯是國际無產階級的大本營，对於法比佔據魯尔事，反对得异常激烈，國内的工人，學生，教育界，均一致蜂起，另外特別注意波蘭的態度，用輿論及实力去監督，以防止其助桀為虐。

而爆發新的歐战。

莫斯科的國际共產党是世界無產階級的中心，如近西歐战雲密布，即召集埃桑會議，復喚起全世界工人，聯合抗法，未幾又提出總同盟罷工辦法，此事若实現，則各國經濟，俱受影響，勢必出而干涉法比，無如黄色領袖作梗，致成幻泡，及三月中对于佛郎克福(Francfort)会議，則通告所属團体到會，并延請第二，二半两國际，以全力促其成功。

埃桑會議開於今岁一月初間，這是与有產階級的巴里会議遥相对照的，因為帝國主義战爭，迫在眉睫，為着要統一行動，籌有效方法，使國际的無產階級都建設在一個親密的聯合战線上，不再蹈1914年的覆轍，所以必須召集埃桑會議。当時法，德，比，英，意，俄，捷克等的無產階級代表出席，這是無產階級第一次的國际聯合。從此法德等國的無產階級实行合作，組織行動委員会，互派代表参加，於是彼此都明瞭了他們的敵人，約定不再為有產階級的迷魂湯——國家所惑溺，去為資本主義爭鬥，保護資本家的祖國，並且從此以後，各国之反对战爭和帝國主義者乃愈有方法，愈加激昂！

佛蘭克福会議是德国列那尼(Rhenanie)和威士法利(Westphalie)底工廠議事會所召集的，期間在巴黎共產自治府(La commune de paris)五十二週年紀念日——三月十八，地点初定在哥洛尼(Cologne)

及期乃改在佛蘭克福,於是1871年法德战争終止,德國奪亞尔薩斯,羅蘭的簽字處,遂变成國际無產階級互相連絡和親善的交点了.此次國际共產党少年團,赤工團及法,意,英,俄,荷,比,與瑞士挪威,巨哥,捷克,布[illegible]利,印度等國的共產党,工團都派代表列席.此外的代表有表同情的美國劳働党,德國列德布党,和其一部份的社会民主党独立社会党等,計共有代表二百四十三人,這真是無產階級的國际大聯合!此会是一個國际的階級争鬥底会議.故其所議决繁多而周至(為省篇幅計,只得從畧)總括一句都是實际工作,作成方策在使各地[illegible]一致尽力於反对帝國主義,並要完成統一前敵於階級争鬥的基礎上.

德,法的共產党因此次事变,他們的關係重大.所以出力甚多,德国的共產党尽力反对法,比的帝國主義,同時不忘反对德國的有產階級,他們謹守(工人莫有國家)底教訓,所以不與国家主義者協作,又知道(無產階級的解放是無產階級自身的事業),所以不與有產階級協作,只是努力聯絡國内外無產階級共企圖勞農政府之实現,他們過極苦的生活,作很大的運動,其奮鬥精神真是令人欽佩!法国的共產党亦領導無產階級作了在堅杜昂([illegible])地的大示威運動,開了在格蘭朵柏(Grange-aux-Belles)街的大國际会議,他們愈当困難之際,運動愈烈!初不因强盗政府底逮捕監禁而怯懦頹喪!!

安斯特坦、黄工團和第二國际之忽視佔拠魯兒，亦猶其在1914年一樣，所以始則不贊成総同盟罷工底提議，継則不应佛蘭克福会議之名請，他們对于魯兒事件，不过望着國际聯盟嘆息罷了，因為第二国际領袖快到有產階級的隊壘中去了，黄工團的領袖，亦將完全变成資本家的朋友了，假使歐洲無產階級跟着他們走，則歐洲不將被以万數計底新的首着么？幸好一般無產階級都覺悟了，一齊向着国际共產党前進

(四)

由上面所述那些事实中與我們的指示是什么？與我們的教訓是什么？與我們的証明又是什么？其在有產階與無產階級方面的関係又是什么？此段即説明這些問題以来作本篇的結論。

在有產階級方面給我們指示出来的是説一）凡尔賽条約是發生战爭的萌帝國主義的身符現在德國不能担負賠款，法比進兵魯兒，經是把他破坏了，二）經久之協約國，現在法比合成一組，英國自成一組，意大利亦游离其間，拠英人"協約國已死"，英國对法的感情消滅"看，協約國已破裂了，三）法國快孤立了，因為此次事变，失掉許多同情，播散無數的惡感的種了，将来恐不过法，比相依為命了，四）和平條約不能禁止法比之用武，這是指出有產階級已建設之和平不可靠，法與德和解，法国必須提出保障法國安寧的

条件，這是他們自己承認了將成立之和平亦不可靠，並自行供出他們無求和平底誠意，建設和平底能力。五)愛斯葵斯(asquith)說法国的政治，不能救其完全，不过走在一条流血之路上，美國報紙倶說保恩加勒失敗了，法国压迫德國幾閲三月，而其成績竟如此，他方面招惹英，美等国之仇視，失掉全世界人底同情，這不是法蘭西資本主義帝國主義之失敗的事实么?

無產階級受了有產階級战爭和剥奪之苦，自然享尽了悲惨的生活，但是此次所得的教訓却很有价值約計凡數種：一)每件事变，都是使群眾張開眼睛的，這一次無產階級可以看得出有產階級始終不能維持現社会，和平在現狀之下也得不着，惟一的出路，就是打倒有產階級实行無產階級專政，我們看魯兒的　勞動者有85%反对資本主義，可以証明此次事变，促進了無產階級的覺悟。二)國际的無產階級，虽本來莫有畛域，然因於有產階的成見無直接聯絡的事实，他們得了這次機会都相互了解親热，把國別的羣眾变成國际的羣眾，实际聯合來打倒共同的仇人——有產階級所以喀陕(Cachin)万岁的声音，不但普及了全法的無產階級，並普及了德國無產階級和保恩加勒調在魯兒的法國兵士，而且直達了莫斯科!三)國际的工人，尤其是法德的工人都明白魯兒佔拠之事，不是兩國的衝突，乃是兩國帝國主義者的衝突，法德任何方面資本家的勝利，都與他們無干，僅僅增加了剝奪勞工的強力，以後工人們決不願再為資本家做自己人相互殘殺的事。四）欺於成見中的無產階級受改良派欺瞞的勞工，都被魯兒之役喚起了他們的回想解釋了他們的誤会，向"進步"路上走。德國社会民主党之一部份已棄其與資本家底妥協而参加法蘭克福会議，即其例証。五）這次事变改良派的領袖若贊成共產党則必由來協作，可以完成統一前敵底計劃，並且使他們脫離資本家的關係，否則跟着他們走的勞動者必看出他們的曖昧態度和與資本家的勾結。現在琴表（Fimmen）去喚醒國際運輸工團，列德辛（Ledebour）到維也納去了，其他的首領多與資本家統一前敵，這是極明確的試驗。六）這次佔據，还有一種刺激和興奮的作用，使無產階級的革命精神更加奮發；共產党的戰鬥能力，得着訓練的機会，而且不放鬆地整頓內部，去掉猶豫分子，完成一堅实的無產階級革命的戰鬥機關。

全世界的無產階級經过了這次的事变和奮鬥，都會明白了：一）在世界上任何社会主義的党派中，只有共產党才是為無產階級謀利益的，才是他們的战士。二）在世界上任何党派中只有共產党才算是而才能反对帝國主義和資本主義的，因為：這次法比的強暴，只有共產党才超脫了空間時間的努力反抗；而且他們並不空談，完全能实施出来。雖受極大之犧牲而不稍息，如法國喀欽孟讓索(Mimmoissenu)等二十人，比國亞凡斯特拉克旦(av-erstraeten)等四十人，意大利波帝嗒(Bordiga)等五千餘人(被逮七千二人，有80%是共產党)之被下獄，即其明証。這種慘烈的奮鬥和犧牲，從不在社會民主党或無政府党中找出来过，因為這些党派，不是怯懦，即無方法，或則去同皇帝共飯，或則去与資本家攜手，或則去經營總長了。於此我就不得不讚嘆共產党的革命精神，更不得不欽佩馬克思的先見。他在七十六年前就大声疾呼地說道：(共產党和别的工人階級政党不同的地方只是：

一、在各國無產階級於其國内爭鬥的当中，共產党先脫出國家的畛域替無產階級指明他們全体共同的利害。

二、無產階級与有產階級在不同的爭鬥狀態中，共產党隨時隨地都代表無產階級全部的運動底利益)

至于赤俄在洛桑会議帮助土耳其，反对英國，此次却又帮助德意志，反对法國，使我們必須承認他是全世界無產階級的祖國，那末閉着眼睛，咬着牙巴說俄国革命失敗变成資本主義去了的人們，对此等事將如何解答呢？我看除了資本家的朋友及其走狗，決不会来反对俄國，反对共產党！

此外這次事变還給我們証明了：一)國际的情势和各國的行動完全決定于經濟，二)各國的經濟起了連帶的関係幾于打成一片.三)經濟的的政治簡直是不可分離的另外还可注意的有两点,即一,有產階級國際会議是自由的他們既無須護照亦無人能禁止,無產階級則不然,既要護照(政府還不給)又遭禁止.並且不待代表回國就拘禁起來說代表無產階級的利益的会議是陰謀,任意誣陷.這樣所謂自由在誰手裡呢!平等还有在么.二)有產階級的國際会議是敷衍一時的,甚至開不[illegible][illegible]無產階級的國際会議則開[illegible]十分親熱而且[illegible][illegible][illegible][illegible]這是因為一個以共同剝奪[illegible]不平均分配為原則,一個是以共同生產而必平均分配為原則的於此,我們可以大声說現在的社会資本主義已被宣告无刑.有產階級[illegible]不能維持下去,而無產階級很有資格来.代替他了.

末了要把洛桑会議与魯兒佔拟比較的观察一下洛桑会議是英國帝國主義[illegible]制土耳其而莫有成功.可以証明英國帝國主義的失败,魯兒佔拟是法國帝國主義[illegible]制德意志.[illegible][illegible][illegible]事己,呈出不可能的現象.這是確定法國帝國主義亦步了英國的後塵.又洛桑会議是在結算白凡.尔賽条約所推出来的色夫([illegible])条約賬底途程中的一個步次指明了一牽資本主義國家所凡尔設的永久和平是暫時的.魯兒佔拟是結算凡尔賽[illegible]条約的賬的步次,並且是結算產生這条約社会的賬他告訴我們是战爭結果所造成國际新[illegible]底無[illegible]力，綜合起来，都是証明歐洲和平之不安定，战勝國國际情势之不進展，世界資本主義之崩潰，在相反一方面来説，洛桑会議的意義是被压迫民族覺醒了，活動了反抗運動退[illegible]了世界的主人魯兒佔拟的背影是國别的無產階級聯合起来了，統一起来了，革命運動達到八九分的高度，我寫到此处，不得不大声祝道：世界無產階級革命万岁！（卓宣）

“留歐同學的共產運動與中國前途”

[illegible]所辦的星期報二十四号[illegible]一篇文字題為“留歐同學的共產運動與中國前途”[illegible]這個題目我們实看不出来所謂“共產運動”是何所[illegible]，但[illegible]其内面所説的話，彷彿是反对在中國做民族独立[illegible]的共產主義的運動。這篇文字尽是東扯西拉，句讀都難令人看得清楚，[illegible]淺的錯誤更不知有幾多，若是拿出逐句加以批評，不特太無意味，徒麻煩讀者，而且亦為“少年”篇幅所不許。兹為眼見欺徒横行無忌，居然敢在我們青年界[illegible]播愚民政策，不能不本我們的責任，根据我們的見地，向讀者説明下列两点：（一）共產主義是資本主義發展必然的結果，於今資本主義已發展到了世界的，於是在反資本主義的運動即共產主義的運動這才面竖起两個主要的势力：資本主義國家的

工人和屈伏於外国資本體系之下的殖民地和半殖民地的民眾，前者汲汲要推翻有產階級的專政，代以無產階級的專政；後者是要糾合所有革命的民眾，打倒当地依附国际帝國主義的統治階級，脱離外国資本的羈絆。這兩個主要勢力以方夾攻，都是以致世界資本主義於死命的。中國是半殖民地，所以中国的反資本主義運動即共產主義的運動，第一步就是[illegible]合所有革命分子——感受軍閥摧殘和受国际帝国主義侵畧的分子——"打倒軍閥的統治"和"推翻國際帝國主[illegible]侵畧"，以成立独立的民主共和國。這種獨立民主共和國与过去的有產階級的民[illegible]他是以民眾的勢力取得的，是[illegible]的他[illegible]地或半殖民的經濟政治的狀況[illegible]主義的運動同歸於共[illegible]主義的[illegible]須有的經過。"星期報"的作者不懂得共產主義是什么，冒昧的揣度着說："与世界各種主義一樣，共產党也有他一定的道理…………与世界各種主義一樣，共產党有他一定的短處。"所說共產主義的運動，他只懂得"共產"兩個字，所以他問："共產党有什么特别高妙方法可以整理我們這個没有產業可共的中國"？這種無意識的乱罵，实是可憐又可嫌。（二）帝國主義侵畧殖民地，大概用三種方法：第一種是武力的征服；第二種是勾結当地的統治階級——軍閥，官僚，假他們的手來施行侵略；第三種就是因前兩種都足以引起殖民地民

家的暴動騷擾,遂差遣教徒到殖民地去宣傳上
帝,拖民衆以麻毒劑,以緩和他們的反抗,這種事
实并不是揣想的,我們試看看一般資本主義的
國家当着手侵略中國時,首先即派遣傳道師到
中國去宣傳印刷許多不要錢的白話册子,在中
國内部各城鎮買地建築教堂,——為的是什么?為
的是普渡衆生嗎?最近更在法,比兩國大收買中
國的青年不惜拿八百方一個月,四百方一個月
二百方一個月豢養中國學生,更不惜在中國
青年中組織青年会印刷星期报,為中國學生
介紹學校——人為的是什么?這些宣傳費和收買
是從那裡来的?出這宗大款的是什么用意?——
這些都值得人們警惕的.特別的是中國被压迫
民族的青年學生!星期報作者——中國青年(?)——
若真不懂得,則是無意識;若懂得,只因為要受教
会的豢養,遂忍心害理拿起奴隸的教義来說:"一
方面挍自以為將来必不可免的政治手腕去聯
絡容易說動的學生同本来对于政治便不清楚
的工人因他們暫時的困苦我們便倡導痛恨論,因他
們眼前的艱難我們便鼓吹革命說(是的!暫時的!
眼前的!眼前暫時肉体的困苦算什么!几千年後
灵魂升了天堂就好了)因他們一時的隨從,我們
便叫着人數漸多風起雲湧号称一世(是的!应該
惑大多數讓他們俯伏於資本容奪之下,待上
印来提拐他!)大多數的感情易動,大多數的治理
很難(大多數只配 奴隸!)——明眼之下难逃罪

名中國云乎哉！　　（寬）

書報介紹

《共産主義與經濟進化》

此書在巴里中國書報社，可以買出，法文名爲《Communisme et l'évolution économique》是拉發格（Lafargue）於1892年在巴里地理學会的講演，拉氏爲法國有名的馬克思主義者，其著作之价值，自不待本誌的讚許，不过此書于共産主義和經濟進化的关係和事实說浔十分明白曉暢，很合于研究共産主義者之需要，文字又甚簡明易讀，故特向讀者介紹。

《工人生活》

《工人生活》是一種週報，法文名爲《La Vie ouvrière》每星期五出版一次，定價每年十方，每半年五方，此報材料充足，内容完善，凡关于勞働運動情形，莫不爲有条理的紀載，即國际政治經濟狀況和共産主義學說亦常備載，实爲《人道報 l'Humanité》而外的一個頂好教本，凡研究共産主義的朋友們都应各訂一份，他的地址是：144，Rue Pelleport，Paris（XXe）

本號正誤表

頁數	行數	字數	正　　誤
7	13	6后	，誤
8	20	12后	；誤
15	2	4后	尺誤
27	1	5后	繫誤擊
31	14	13后	少"来解釋或 [illegible] 一字 [illegible] 十二字
35	12	3后	己誤此
40	9	15后	覲誤侵
41	25	9后	入誤加
42	8	8后	也誤已
44	6	15后	gelsenkirchen誤 gelnkirchen

少年

第九號

繼之共產黨人應在各地援助所有反抗社會和政治現狀底革命運動在所有這些運動中，他們總以財產問題當先為運動底根本問題他們更應努力做各地民主黨底聯合和同盟他們不苟且地隱藏他們的意見和計劃他們明白地宣告他們的目的只有猛烈地推翻所有遺傳的社會秩序才能達到只有支配階級恐怖一個共產主義革命底思想無產者在這裡所失的不過是鎖鏈；所得的就是一個世界——見《共產黨宣言》

"少年"第九號目錄

（一九二三年五月一日出版）

本誌啟事

本誌自第十号起改為不定期刊．凡訂报諸君，俱仍按号計算，每号十五生丁．每五号一方廿五生丁每十号二方五十生丁．法國境外亦同，通信地址為華僑協社《少年》雜誌社．39, rue de la Pointe La Garenne Colombes (Seine, France)

本号關於一个無政府党人和一个共產党人底談話，工人与政治，什么是無政府党人的道德．這些文字都因篇幅已滿，未得登出，須留待下次揭載，又勵生君來函．本誌很贊成這種意見，但因篇幅無多，不及錄出，代郵一層亦難照辦，特此向勵生君道歉．

我們的呼聲

——敬告中國的工友和學生——

春光融化令人奮發的五月，曾給我們帶来不少
足資紀念和興感的日子。
“五一”不用説是全世界的劳動節了。他當初用的
“工作八小時，教育八小時，休息八小時”的呼声自
從工業先進國工人獲得八時工制仍無法受教
育後，已多分失其意義。然而在我們每月做十一
二小時以至十四五小時工作的中国，却還有呼
嚷的價值。中國的工友呀！你們切須記着“五一”運
動的至少涵義，減少工時，增薪，集會結社，出版罷
工等自由的劳動立法運動，實遠有做的必要咧！
接着“五一”便是“五四”，他的範圍要算狭而小了。然
而在中國在現時國际資本帝國主義勾結的政
党依附的軍閥政治下的中國，却還有擴大其運
動做法的必要。中國的學生呀！你們“五四”的奮鬥
精神何往？民族独立的關鍵全繫在你們之手呀！
但僅如此便是了広？北京國會門前的喋血，京漢
路上的残殺，不已經詔示我們徒恃呼號之不足
了広？不顧流血也流血，如此的情勢終須使我們
走向革命途中。最後我們要以誕生在“五五滿了
百零五年紀念的馬克思所創立的共產主義學
説更徹底地告訴大家了。工人解放須要工人自
身起来做；而共產主義者在被压迫的民族中更
是处处要与民主革命派合力協作的。中國的工
友學生呀！我們向你們的呼声是：革命！革命！為我
們自由而战！為民族独立而战呀！

馬克思——共產主義創造者

馬克思是共產主義的創造者．我們研究和實行共產主義的人，對於他的學說應與以非常之寶貴，敬重．至他的生日——一八一八年五月五日——和死日——一八八三年三月十四日——我們應當紀念而且也值得紀念．又本誌對於他的學說尚不曾為全部的叙述，現在趁此機會將《人道報》(l'Humanité) 紀念他的這篇文字譯其大畧，以表敬意；并使讀者對于他的學說得知一斑．雖然這篇文字過於簡畧，但他的學說原来書卷浩繁，道理深邃，可供我們永遠的研究，絕不是一篇大章一本襍誌所能發表得出．故我們在此止不過介紹一個大概罷了——記者

少年時代

馬克思於一八一八年五月五日生在普魯士脱列發斯(Trèves)地方的猶太人家庭中．他幼時學法律於波恩(Bonn)繼又轉學於栢林，兼治哲學，尤喜好黑格爾(Hegel)主義．到二十三岁得法學博士．他鄙視德國大學教授，而辦萊因新聞未幾，即遷居巴黎，在他與他已有七年婚約的真尼(Jenny de Westphalen)結婚以後．

一九四三年，馬克思在巴黎認識了蒲魯東(Pradhon)巴枯寧(Bakounine)恩格斯(Engels)諸人．於時他和他的朋友，發行《德法年報》，其次又合辦《前進》襍誌．在此期間，他努力於社會主義的研究

他不独热心於空想的社會制度而尤注意於社會主義的實际。因此他發現了許多很重要的學理。

唯物史觀

一八四四年，馬克思和恩格斯著了一本《神聖的家族》反對黑格尔哲學，創立唯物史觀(Le matérialisme historique或 La conception matérialiste de l'histoire 前者亦可譯為歷史的唯物史主義，後者亦可譯為歷史的唯物观念)就在這個時候。為說明人類的世界永久变遷的社會唯物史观不是注重在純理所發出的意象方面，乃是在實力在物質的勢力，即是各種階級方面，而且集重心於各時代所實现的生產制度的周圍。這個唯物观念解釋歷史的進化，不用哲學、道德，和法律，而用政治的經濟 另外的哲學、道德、法律等等反成為不可劃分地接合着牠。

一八四五年馬克思為法政府所驅逐，往比京不律塞住。他既與德国那般不承認經濟的實在，慣於作精粹底空想者辯難過後，復來，與在法国研究經濟學於哲學的思想或道德的思想中的蒲魯東論战。他著了一本《哲學底貧困》去答復蒲魯東的《貧困底哲學》。馬克思這書是一八四七年著的，人称為科學的社會主義底第一本著作。一切馬克思的重大原理如唯物史观，階級爭鬥，價值論，剩餘價值論，都萌芽在這本書裏

共產党宣言

唯物史观是不主張把行動與理論分開的
馬克思若只是一個純粹的思想家,他就不會成
一個適當的唯物論者　他在比京與在法京一
樣,都與那些左派人聯絡,并參加那改良派和革
命派激烈的小有產階級和共產主義的無產階
級互相衝突的民主党秘密會.　但他是絕對的
共產党人,絕對地与感情的和意象的共產党人
分離,因為他們以為將来共產主義中無上的完
成是屬於正義或者要在工人中間傳播一種新
基督教的神秘説　他攻擊他們逐漸战勝了他
們而且使他們都来歸依於他,以致一八四七年
由舊的"正義同盟变成"共產主義者同盟"来委託
他和恩格只斯起草宣言和党綱.《共產党宣言》
(Le manifeste communiste)于是誕生.　在他全部的
著作中,牠雖只有五十小頁,但馬克思仍一樣地
獲着全世界工人階級那不磨滅的追念
宣言出版後幾礼拜,一八四八年的法国革
命暴發了,馬克思被逐於比,復入於法,最乃回德
國　於時《萊因新聞》又出版,他因主張拒絕租税
被控訴　結果雖被釋放.但德國已不能立足了
乃逃往倫敦,從事于政治的經濟底創造来解決
社會上這一部份人富,那一部份人貧,多數的羣
眾為少數所掠奪底問題.

資本論

馬克思一面著資本論(Le capital)一面為美
國的報紙作關于一八四八年法國革命的文章

這些文章，就是活用唯物史观的榜樣。而他所作的《資本論》又是一部偉大的强有力的著作，要撮述其大概，是很不可能的，此处就不必去尝試。

當馬克思著這部大書時，他自身已經是位於舊派經濟學者底領袖（亞丹斯密利加圖等等）底相同的地位上。在這裡他們都相信自然的法則，因之是永久不变的。馬克思却竭力指明只有歷史的法則，所以是变化的。無所謂自然法制，但有些条例因着于一個已现出的經濟制度之上，即資本制度，商品底生產者。

馬克思在闡明這資本主義的秘密：怎么樣一階級——有產階級——能生活於損害他一階級——無產階級——的利益上？怎么樣一階級能剝奪他一階級？

價值論

在探求的途程中，他專注意於經濟法則，他先由價值底定義上出發：一個生產品的價值不是别的，就是人的劳働所給予於牠（生產品）的數量：勞働是價值的本体；社會所需要的勞働時間是價值的尺度。當一個生產品與他一個生產品交換時牠（交換）的本身，不會使交換者的两方，都更加發財。每個人僅僅以給予在各種相異的生產品中指同的工作時間的数量来賣與别的一個人。這樣，一個生產品的佔有者如何賣牠就可以獲利呢？

商品底生產，需要工人。工人是怎么呢？他

不是只具有勞力,為生存起見,强迫賣身於具
有生產方法(工廠、机械、金錢等一言以蔽之就資
本)者一些人罷了. 所以勞力(在資本制度?
一種商品與勞的商品同樣地在市場上(以一泿
代價(錢)依據同的法則而交易. 這就是說一物(勞
力)相交易為的是牠的真價值.也如一切商品一
樣,是以為生產牠所需要的工作時間的數目來
決定的;或者更明白說來,便是以為使每個工人
能夠保存他的勞力他的腦筋和筋肉底活動力
所需要的生存方法底價值來決定的

剩餘勞動和剩餘價值

工人將他的勞力,以真價值賣給資本家,這
個真價值譬如四小時的工作算作十佛郎. 但
是工人日作十小時,便是二十五佛郎了. 所以
勞力這種商品,除牠自身的消費外,能在售價值
上添新價值,於是就生出來了餘剩額(excedent)這
個餘剩額屬於誰呢?是屬于資本家——勞力的買主.

這個餘剩額名為剩餘價值(plus-value). 工人在
工廠所經過的時間,不是為賺東西來生活,只是
為他的"猴兒"發財這種勞動時間,名為剩餘勞動(sur-
travail). 每日的時間愈延長,"猴兒"便愈裝滿了剩
餘價值

在一階級手裡資本屯集底根底上,在資本
家的建築底基礎上,有許多千百許多百万沒有
給過工銀的勞動時間. 這些勞動時間,就是由
若干可憐的勞動者身上强奪來的. 有產階級

底財富，自來就是很簡單地由無產階級底窮困
造成的。

資本家生產的秘密從此就被揭開了，買
工人底價值是四小時底勞動或十佛郎，一個工
人的氣力，使牠作十小時然后才賣其生產品，這
個價值是十小時底勞動也就是二十五佛郎！大
家明白了么？

現在有產階級社會裡，分為兩個对抗階級，
其中一個疲於剩餘勞動，他個則充滿了剩餘價
值。馬克思給我們講述怎么樣有產階級社會
關始於中世紀之末。他一步一步地一世紀一
世紀地追究這社會在牠那狂熱地對於剩餘價
值的追逐中，在牠那進步的致富中。這種進步
的致富，是建設於一種被資本家所掠奪并常常工
逐加以致成羣地向無產階級深淵裏墮落的工
人逐漸擴張征服上面的。

資本底盛衰和死滅

在資本底由來上，馬克思說最先有（直接生
產者底資財没收，立基於所有者個人勞動上的
財產權底鮮散）換言之，就是有獨立的小生產者
（工匠，農人）和自治的小有產者這一階級底破壞
和没收。社會的和技術的發展到了某種程度
時，舊制度遂自相矛盾起來；牠起初是在牠自身
的內部使各種不可抵抗的勢力活動；這種勢力
最後就把舊制度置諸死地。個人的生產方法
生出集中的生產方法，而從許多小有產者裏奕

然出来了一些大資本家。

小資本征服了個人生產，大資本又征服了小資本。資本底生產逐漸集中，資本底霸主逐漸減少。但是貧困，墮落，奴隸，却于此時增加了工人階級的反抗力不停止地擴大，并且逐漸地為資本家生產的機械主義所訓練，所統一，所組織。勞動的社會化和物質機關底集中，到了他們不再能維持在他們的資本主義的發展中之那一点上来了。財產没收者到了在資本家被没收的輪了上来了。這是有產階級在歷史上使命成了過去，而無產階級在歷史上底使命却表現出来。

第一国际

馬克思不僅是《資本論》的著作者，還是"第一國际"(即"國际工人協會"由一八六四至一八七三年)的創造人。當他和恩格斯在一八四七年年底寫出《全世界的無產階級團結起来啊!》之後，才過十五年，無產階級就答應了這個呼声。他被"協會"委託，起草章程，亦是用不可忘記的辞句作就的。其中有一句千誦不輟的箴言就是《勞動者底解放，應是勞動者自身底事業!》

"巴黎共產自治府"(*Li communi de Paris*)促成"國际"的末日，加之内部分裂，"國际"就破壞了。他底存在，不過九年，但如恩格斯説的，全世界無產階級永久的同盟不止息地隨他之後而成立，各國的社會党就要来継承他恢復他。

馬克思與列寧

一八八三年三月十四日，馬克思死於倫敦，與他的夫人合葬于高門（High gate）。馬克思死了，亦如未死，他留下了無數的苗裔。在世界各国中，他被尊崇為無產階級革命底理論家和先驅，共產主義底報知人。

当他死的時候，那小小的烏拉地弥尔烏里諾夫（Vladimir Oulianov 為列寧的本名注）——将来的列寧——恰恰才十三岁。馬克思底真實継承者就是他。馬克思把社會主義從空想方面渡过到科學方面；列寧（Lenine）把社會主義從科學方面渡过到行動方面，或者更確切地說到革命方面。他曾經把無產階級專政底馬克思主義的神秘拿来作了一個实驗的事体。所以想到俄國大革命於是就要令人三復老恩格斯在一八九〇年擧行國际的"五一"紀念那天説的話："為什么要使馬克思不復在我們的身边来看這個大事件呢？！"

杜諾民（Zinoviev）著——赤君摘譯

請注意換了處所的

中國書報社通信处

Mr E L. Tchaw

Boite Postale Nº9 Paris (13e)

國际共産黨黨綱底草案

(Bcukarine)布哈林

（續第八号）

II—勞動底解放和共産主義的制度

國际共產党所抱的最後的目的.就是以共產共義的制度代替資本主義的制度. 共產生義的制度,由全部經濟進化準備成的,是為人類唯一的出路;因為只有他是剷除那引人類到死路的資本主義制度之根本的毛病.

a)私有財產生產底無政府,競争戰争等底廢除;

在廢除生產方法底私有,共產主義的制度即以他的合理的有系統的組織代替自由競争底散乱的自然的勞力和社會生產底無統系的發展. 在消滅經濟的無政府和競争時,他同時即消滅了戰争. 生產力底不可思議的浪費和社會底暴乱的發展代以有方法地使用一切資材;和和平地,循序漸進地發展經濟

b)社会的無政府,階級,階級争鬥等底廢除;

區.;,共產主義亦廢除社會底階級底區分,這就是說在廢除經濟的無政府時.他即廢除了社會的無政府. 一個反抗一個的階級代以勞動者大團体. 在分成階級的社会中,人與人争鬥所引起的無限的不生產的耗費這些事情消滅了.由

此解放出的精力是用以開拓自然和發
展人類的能力了.

c)界限,国家統治,束縛等底廢除;

廢除個人的財產和階級,即廢除了
所有人与人之間的界限. 勞動從此不
是為别人幸苦的;没有了窮人,也没有了
富人. 同時階級統治底机關和站在第
一位上的"國家"都廢除了."國家"是一個階
級底化身,階級漸漸消滅,"国家"亦跟着消
滅了. 并且這種消滅會達到所有束縛
都逐漸消滅.

d)普遍的教育:

因階級廢除教育專有也廢除了.一
切學問,縱然是高等的學問,都可接近于
人人. 在這種情形中,所有這一羣人統
治那一羣人的事都成為不可能. 人類
成為在一切文明底領域中陶养技士和
英才底一個大养成所.

e)生產力底增加;

生產力底增加,不再為任何社会的
阻礙所妨害. 個人的財產,商標,發明底
特許証,利益的計算,保持民衆的不開化,
絕大的不生產的浪費;舉凡這些,没有一
個存在共產主義的社會中.

f)經濟和科學底組織;

技術与科學底聯合,生產底科學的
組織,一個建設在統計上的公共的簿記,
利用所有的經濟的可能性(適合于土壤
的栽培,集中,自然力底最大量的應用),都
為勞動保證最高度的生產量,并由此留

出一個很大的部份的精力来發展科學.

g)福利增
和和文明底進
步;

生產力底發展将為人類在新社會
中.放開一個廣大的可能性以增加他的
福利.并因此可以達到一個文明底程度

h)共產主義和
文明底性質和
人類底聯合.

為歷史從来所未有. 在這文明底新紀
元內,所有的國界既已廢除.人類畢竟第
一次統一起来了. 這個文明底新紀元
是建設在人与人底鮮明和實在的關係
上. 他将使神秘,宗教,成見,迷信等都烟
消雲散,而給一個強有力的衝動.於理性
的材能底發展,使人得以战勝自然.

III——有產階級底傾覆和為共產主義的爭鬥

1°过渡時代
底普遍的性質;

在共產主義的制度到資本主義的
制度之間須經过一個長時期. 在這長
時期中充滿了無產階級底争鬥.得勝和
失敗. 這是一個資本主義崩頹底時代.
內圖战争底時代.殖民地暴動底時代,資
本主.義的國家或用武力或用"和平的"手
段与新生的社會主義的國家競争底時
代;這是一個需要在相反的經濟制度中
有一.些暫時的調和和決最後死战的時
代. 最後,無產階級完全勝利了,從争鬥
和艱難困苦中所得到的世界的權力鞏
固了,建設底時期即着而起. 革命經
过底情形不同,形成新關係底式樣不一

致,是在這長的过渡時期中不可抗識地特别的事實. 這只是当他已成就了他的歷史的使命這过渡底社會才開始轉移為共產主義的社會.

2°無產階級專政為共產主義争鬥之不可免的條件.

所以轉移資本主義的社會為共產主義的社會之必不可免的條件,人類後来進步所倚賴的出發点.就是以革命傾覆有產階級的國家和由工人階級取得權力:這後者第一任務就在破碎他的敵人和鞏固新制度 所謂無產階級專政就是社會進步底根本的樞纽.

a)無產階級專政底必須;

由無產階級取得權力不是别的.就是以無產階級争鬥底機關破壞有產階級的"國家的器械"和由無產階級組織無產階級的新權力.

b)無產階級争鬥底机關破壞有產階級的國家

c)蘇維埃構成無產階級底國家

按照普通的法則.無產階級的國家最合理的形式,如俄的革命(這兩個革命已經大擴 La commune de Pari) 的經驗)已經証實了,是蘇維埃的形式. 這是直接由羣眾運動中產生的蘇維埃組織 保持這些羣眾底最大的行動 遂保持最後勝利底極多的機遇.

d)有產階級的德莫克拉西和專政,

蘇維埃的國家是與有產階級的德莫克拉子極端相反的. 這有產階級的德莫克拉西時時總是有產階級專政底一個假面具的形式. 在有產階級專政

之下，工人头衆底組織在最好的情形中只是寛起的，在無產階級的德莫克拉西[illegible]中他們处处是主要的倚仗并且是無產階級國家底各部机関.

与有產階級的德莫克拉西不同，蘇維埃的國家站在人民中大多數人底利益上，明白地承認他的階級底性質，和明白宣告压服畧奪者

有產階級的德莫克拉西祖護資本階級在生產方法和所有几個重要地方底富源上專有，遂將工人底權利縮小至于無；至于蘇維埃国家，第一就在要從物質條件上羣國工人階級底自由和工人組織運用底最大量以实現這些權利底條件.

無產階級的德莫克拉西，第一次產生于世界实現所有人民底平等；無男女，種族，宗教，民族等區别　這個平等不存于任何資本主義的國家中的.

要從勞動者底社会中实現最廣大的德莫克拉西，所以無產階级的德莫克拉西和他的各部机関極与羣衆相密接，務求勞動者可以參加國家底行政。有法令代表服從改選和撤换他們的權，执法和立法權聯合，選舉的方法不是立在地域的單位上，是立在經濟的單位上（工廠，

製作場……):舉凡這些即是有產階級…議院的
共和和無產階級底專政之一個根本的
不同点.

工人階級——是其他勞動大眾(第一
是農民.階級)底嚮導和前驅在最初几時
期內一定要用他自己所賦与他自己的
一些特權來鞏固他的指揮. 這些特權是
應与其餘的勞動者和跟隨着的別的人
民都漸漸轉移到新社会關係底基礎上,
而漸漸消滅的.

2)廢除有產階級底軍器底專有和將軍器集中于無產階底手中;

由工人階級取得權力之重要部份
即是破壞有產階級对于軍器的專有和
將這些軍器集中於無產階級手中. 有
產階級底解除武裝和無產階級底武裝
應該是無產階級反对他的敵人的爭鬥
底堅固的基礎.

1)軍力底組織;

同樣的,軍力底組織——建設在一個
嚴重的革命的紀律上的組織——應該施
行在共通于所有構成無產階級專政的
階級的原則上;為工業的無產階級保持支
配的作用

3)沒收應充公的人們底財產和廢除有產階級生產方法底專有.

勝利的無產階級利用他所取得的
權力一方面以压服他的敵人底反抗和
抹殺有產階級底攻擊鞏固工人階級底
統治;另一方面,他以這個活的工具來做
充公底事業,這就是說來以革命的手段

先改造經濟的關係，後改造一切別的社
会的關係　這種充公是取没收底形式，
将生產底办法讓与國家．

在這種情境中，國际共產党首先即
救置以下的根本的標準：

1° 将工業的大營業，交通机關，傳達
机關(郵電，電話)，電氣机關，等充公；

2° 将大的財產收為無產階級的國
家所有，這些大財產應該是交与無產階
級專政底各机關，移交一部份土地与農
民，特别是佃户和半作者這般農民所耕
種的土地　這種交一部土地与農民階
級在經濟的見地上看，是一個合理的方
法，他亦是由于農民階級之社會和政治
的重要，必須要使他中立来的；

3° 将銀行收為無產階級的國家所
有．　将所有儲金，股本，存款，等……都移歸
無產階級的國家．　保証小存欵者底利
益．　将銀行集中，以所有大銀行都附屬
於“共和國中央銀行”；

4° 将大的商業收為國有或縣有；

5° 廢除國債；

6° 對外貿易專有；

7° 最重要的印刷局和报紙都為無
產階級所專有；

在應用這些標準中一定要注意以下的

原則：

收為国有.臨審通的規例,不應該闆.到小的和中等的財產.第一因為無產階級——權力底主人——在他的專政底初期將不能有這個組織的力量,可以將小的和中等的生產單位底關係都組織好,第二因為無產階級不應該使社會上几部份中間分子背離,勝利的無產階級應該分別;有几派人是安于集中的和有規則的指揮的;有幾派人,只有用充力压服才可調度他們.這後几派人應該放在特別的待遇上

資本主義到社会主義的經过不是一舉手就可成就的,所以在最初几時期內,如獎勵個人勞動.論工給值,優待制付工錢,照資本主義的形式籌劃和計算等——這些表面上資本主義的形式及資本主義的管理和組織底方法不独是可以的并且有時是不得不然的.

無產階級对于城市与鄉村的关係這個問題應特別地注意清楚;切莫挑起農民個人行動底動机.

4° 無產階級專政下各階級

充公者為充公爭鬥.我們應很明瞭地計算到這爭鬥底所有的分子.

a)有產階級和大地主;

大的有產階級和大地主以及次等和高等的官吏都是工人階級的不可

b)他們使用的

組織勢力的可能性;

減輕的敵人:工人階級應該以一個不可調和的争鬥攻擊他們. 讓社会上這股人可以使用組織底势力,只在無産階級專政鞏固了和暴棄者底陰謀和暴動都压服了以後.

c)有技能的知識分子;

有專門技能的知識分子也是無産階級革命中一個最重大問題. 堅決地压制所有出自這般知識分子的反革命的行動,但同時要注意到利用這些專門家底材能是絶对的必須,所以無産階級應小心避免所有妨害知識分子——特别是已經很感受战争痛苦的——底經濟的利益.

d)使農民階級守中立;

对于農民階級,共産党底任務就在獲得一大部份農民在他的利益上. 從各部份的農民中立起一個嚴格的區别,并計算到這些小團体每個的重要点.勝利的無産階級應該用種種的方法維持農民階級中窮苦的和半無産的分子,將地主底土地分一部份与他們,保護他們反对重利的資本等. 無産階級應該緩和站在中等地位的人,將他們的土地,牲畜,栽培底工具都讓給他們為個人的財産,嚴格地拒絶所有与大地主打在一起的富農底起事. 在這種争鬥中,若是在農業的工錢劳動者有狠大的數目的地

e)農民底組織;

方,無階級應依靠在由農業無產階級所
主持的貧農底團体上.

f) 城市的小有產階級;

城市的小有產階級時時徘徊於最
惡劣的反動和無產階級之間,亦應該在可
能底方法中使他中立. 人、一定要將他
的所有讓給他,給他經濟的自由,帮助他
反抗重利的債項等.

g) 無產階級的組織和無產階級的國家.

在所有這些範圍内,無產階級底各
種組織(合作社.工團……等和党)都應該切
实地為無產階級權力底机關. 這一定
是在這些組織完全把住他們的權力和
賦有一個階級底統一的意志 這一定
是在無產階級有党主持,然後無產階級
才能在人類歷史最複襍的時代成全所
有社会底創造的功用.

5° 廢除有產階級底教育專有.

在從資本階級奪取生產方法底專
有時,工人階級又應從有產階級奪取教

a) 奪去有產階級底教育專有;

育底專有;這就是説佔拠所有教育,連高
等教育都在内.

b) 準備無產階級的人材;

無產階級底一個最重要的工作就
是在工業中(如工程師.技士.製造家.計算
人.等),在科學中,在軍學中……預備自己工人
階級中提拔起来的專門人材. 這是繼
續不斷地從他的本身抽出一輩新人材
出来,無產階級才真正算創造新社会的
勢力.

c)昇高無產階級底文化底程度

此外,國际共產党應該担当升高無
產階級大眾文化的責任;他應該給他們政
治的教育升高他們的學術的程度,使他
們學習于来同的勞動,在他們当中攻擊
所有尚有有產階級成見的人,等.

d)反宗教的爭鬥;

攻擊有產階級的成見和迷信的事.
一定牽及到一個反宗教的傳播;這反宗
教的傳播應該要相机行動.特别是在宗
教毒已種到根深勞動者当中.

e)廢除帝國主義的壓制和組織無產階級國家底自由的聯合;

幾個奇大帝國主義的國家底主要
的依靠就是勉强從殖民地和半殖民地,
帝國主義主國的國家和屬國的國家中
成立一些人為的關係.所以在資本主
義制度破壞如社會主義制度底建設
中是一樣,殖民地和民族的問題操一個
最重要的作用.

在這裡也同在别的地才一樣,國际
共產党根拠一個与有產階級和社会民
主党極端相反的政策主持下到根本的
主旨:

a)民族自決權;

1°民族自決權,竟使這些民族有完
全可以与他們已加入多年的國家分离
權.這個原則在有產階級的國家中是
用作反对帝國主義的工具,他是强迫的,
應該作為要求底根拠在無產階級專政
制度之下,他是当作戰勝前數世紀有產

階級制度生下来的民族的不信任一個方法；

b)殖民地底解放；

2° 殖民地底解放和維持殖民地反抗資本主義的運動．若一個無產階級的國家備有前制度遺留下来的殖民地，這些殖民地有權可以与他分離；

c)苏維埃共和國底聯合；

3° 多數蘇維埃共和國底聯合首先是採用聯邦底形式．

d)与資本家政党的争鬥和締結條約底可能；

若由無產階級取得政權不是在各地方或几個重要地方同時实現，一些無產階級的國家对着一些有產階級的國家存在；在無產階級國家底外交上，人應該許可并且有時應認為必然的就是与有產階級的國家締結條約(对外貿易，借貸，特讓，参与普通会議以及其他協定底形式——包括軍事協定在内)．

e)和平主義与紅軍國主義，

這種政策，層次由必須適應的事實指示出来，但与根本上和平主義毫不相同．而且國际共產党完全承認無產階級的共和國有權来帮助被畧奪者和被压迫者的．

f)祖國底保護．

保護祖國底問題決不能与大戰初，即尚未成立一個無產階級的國家時，保護祖國底公式来領會．第一各地無產階級應該保護這無產階級的國家，并設擴大這個國家以擴大世界革命底基礎. 次之,如無產階級的國家與几個有產階級的國家結成軍事聯盟以攻擊別的有產階級的國家在原則上是完全許可的,則对着战争应守的態度問題関係当時各個特别情形礼应按照適应情势原則来决定　至于普通争鬥底战略,他应該是由國际共產党修成.

Ⅳ—到無產階級專政之路

(1)党和党底作用.

一個為無產階級專政争鬥底有效的條件,就是要有一個根基穩固,習于作战,有紀律的,集權的共產党. 為達到無產階級專政,第一件事要做的就是用一切方法鞏固共產党　這共產党应該处处指揮無產階級大眾底争鬥利用所有的可能性使工人大眾受他的影響并擴充這個影響於農民階級底劳苦羣眾和城市的小有產階級

(2)争取工團 注意少年工人和女工人)

在争取羣眾中最重要的工作就是獲得工團,使工團免了社會民主党底意象學的影響. 若人未取得大多數工團分子,想實現無產階級專政是不可能的. 对于少年工人和女工人也应該加以特别注意——無論是在争奪這個專政的期間或在這個專政底初期,很多的地方関係女工人底行動.

(b)反对單國主義和帝國主義；

聚合羣眾在共產主義旗幟之下，應就对
該借着所有重要問題来實現，第一位就
是反对帝國主義和單國主義中，在反对
新争國主義戰争底危機中等

c)反对戰後經濟危机底經濟的結果；

共產党已應該在反对戰争時和戰
争後所表現的危機底經濟的結果(生活
昂貴，失工，延長作工時間增高賦税，等)——
這種争鬥中聯合無產階級。

d)擁護蘇維埃俄羅斯的組織機關；

組織專為擁護蘇維埃俄羅斯的机
關這個機關就是在保護這蘇維埃俄羅斯
和聯合羣眾環繞這反資本主義的組織
底中心 這個机關是世界工人階級手
中一個組織底堅强的工具。

e)共產主義的國際的紀律。

為分配這些行動最有秩序地指揮
這些行動國際的無產階級需要一個團
際的紀律——這個紀律在共產党底行伍
中第一要遵守的。 這個國際的共產主
義的紀律之施行，應該是以運動底一部
份的利益附屬于共通的和永久的利益
并嚴格地施行所有國際共產党指揮机
關底決議。 (完)

(石人譯)

無產教化

無產階級可用種種不同的方法去推翻有產者和達到他的目的——國际共產主義. 勞動運動本以同業運動和協作運動為起基,而今已能在政治領域中佔了廣大的勢力了.

但有產階級压廹無產者不單在政治,經濟二方面,他又能以那建設於"私產神聖"和"掠奪無產"諸意義上的教化(Culture)把全無產階級纏繫在奴隸道德裏頭. 因此一個問題遂有提出于全世界無產階級之前的必要. 即:無產階級除得政權及以共產主義的經濟制度代替有產者無政府的個人主義的經濟制度之外 应該还要破除奴隸道德、換言之即有產階級的教化. 這種教化的勢力影響極大,我們于這次帝國主義战爭便可看出. 而且縱然經过社會革命,他的勢力还會影響至于使無產階級去和有產者社會民主党妥協;此種情況,尤以在革命初期表現的為顯明.

革命的馬克思主義者若早知道馬克思主義(marxisme). 并不僅应用于政治.經濟的爭鬥;他在思想革命上也是個强有力的原動力;且思想革命運動更是政治,經濟科學發達的先導. 話雖如此但既往的政党無論那個,都不能充分做到無產階級在精神方面的工作. 因為.認真說.他們未能提出甚么問題.也未曾解剖过那些關于學理上,和組織上的重要問題.

既往由政党或工會或其他教育團体所經營的教育工作,総括起来,并不曾有系統地含有無產教化°(prolikulture)元素,他不过是普通的教化罷了. 行動上所表現的没有批評精神,不能充分適合無產階級目的;且工人們生活又仍適用舊時形式,思想的方式,感情的啟發,社會的関係處處都可表現有產階級的精神.

有產階級用他的方法,原理,和成見,把無產者全部生命羈絆住,到現在,無產者的感覺和推理都未能從有產者心理的勢力底下解放出來到現在工人們的生活还是適用有產者的方式而這種精神上压迫害是以阻碍新生活的進行,那工人們亦因之不能自由地充分地發展他°們創造未来生活的革命之毅力.

由此,無產階級自身去創造新的教化是很應該的. 這新的教化到共產社會完全实現時,到一切階級盡數消滅時,自然是全人類普遍的教化了.

無產教化的元素,不外是同力合作的思想和感覺之擴大. 我們的努力是在創設,也可說是在整理,無產教化. 他的目的是使無產者能用新知識自衛,能用新藝術訓練自身的感官,能用新精神處理社會的関係. 這知識,藝術,精神等当然是真正的無產化,換言之的適合于同力協作的共同生活.

我們革命的知識階級，我們的運動有一層意義：

一）．交付無產者以揀選舊社會遺留下的文化之方法：無產者因受政治經濟條件的束縛，至今尚未上文化的軌道；而舊社会所遺留下的文化当中，都有些足為建築新社会的材料，但無產者应付這種佔有品，不該如富有服從性的學生，是要用批評精神的．

二）創造新文化，換言之即用無產階級協作的原則，改造科學與藝術（如詩歌，繪畫，雕刻，音樂，戲劇之類）．但現在無產階級的精神，不免含有產者的成分太多，我們应該注意变換的．

無產教化的工作既是馬克思開其端倪，我們应負有継續和把他擴大到一切知的和藝的範圍内之責任，且不宜借助於其他階級．

總而言之一句話，無產教化的學者，詩人，批評家，新聞記者，藝術家等等都要是純粹的無產者；他們都应創出新式的社会关係，和那發生于共同奮鬥，共同勞作的無產階級德育．

政治，經濟，知識是無產階級運動的三方面無產教化是知識方面的組織如共產党屬于政治者，工会屬于經濟者，我們的運動不用說是國际的而非國别的．我們希望無產階級專政不限于政治，經濟範圍，而將及于知識範圍．

波浪斯基（Polansky）著　　絲連譯．

片山潛底演說

片山潛是日本的老社會主義者，是遠東共產革命運動的領袖。最近“第三國际”派他參与“德國共產党”大会，于前日回到莫斯科，不久又將赴海參威，担任指導遠東無產階級革命運動的工作。此間“旅俄中國共產主義青年團”特邀請他出席演說，以下便是片山同志的說話。

························

我能有這機會与同志們談話，是很高興的。我在一兩日內，即將赴海參威，担任遠東革命工作，此去、非常忙碌，只能就遠東情形，關係於同志們責任者，畧為說說。

資本主義把工人分出國界造成相互的嫌惡，以便施其掠奪技俩，在中國，高麗，坎拿大，美國的勞動和日本勞動者間彼此常懷着偏狭的國界的敵意。今年以前，這些地方——中國，高麗，坎拿大，美國所有反抗日本帝國主義的運動，有時不免為謬誤的國界的偏見所蔽。我們應該知道現代的經濟是國际的，勞動者的痛苦是一致的，無產階級是沒有國家的，同時代表無產階級的政党——共產党也是沒有國界的。我們不單聯合以反抗日本的帝國主義，并反对所有世界各國的帝國主義。中國現在已有了共產党，努力在做反抗帝國主義与本國資本家的工作。從最近中國所發生的工學界潮，處々均証明中国的資本家和軍閥結合各帝國主義國家,以压迫中國學生和工人。

中國人近来在政治上,在經濟上,均有覺悟均有努力求解放的表示。惟我們对于這種解放運動,應把民族運動与劳動運動两種不同之点,分辨清楚。舉例説,如美國在三十年前即通过限制華工入境的法令,美國对于華工,是非常虐待的,但另一方面,对于資産階級的子弟——学生,又非常優遇,非常歡迎。所謂民族間不平的痛苦,仍只存在于劳動階級。其实劳動階級之痛苦,亦不因國家之强弱而有不同。我們共産主義者不应注重為全無産階級的利益奮鬥,而不僅是一民族問題。我們反对日本,是反对日本的資産階級,而不是反对日本民族。俄羅斯的共産党已融合了五百五十幾個民族于蘇維埃組織之下。我們遠東的同志,亦当努力使日,支劳動者聯成一片,以反抗帝国主義的压迫。

中国的國際地位是很卑下。中國的民族是極受践踏。中國雖號称民主國,僅有其名;各省則軍閥割據,領事裁判權不能收回,關税塩税均外人代管,財政握於外人手中。一切收入,均以抵付外債,早已失[illegible]國家資格。七十年前的日本,亦与中國現在情势相同,其後民族的解放運動,雖脱離了各國的压迫,但只成就了資本家的政治;劳苦的群衆,現在還是荷着很重枷鎖;所以中國以後的革命,应該注意這些經驗。資産階級反对帝國主義的運動勝利後,又将轉而压迫工人. 在現在他們—本國資本家与外國帝國主義者,又有互相結合的趋勢 英,美各國对于学生的優待"青年會"在中國成就的势力,教会學校之眾多,都只是替上層階級增加助力. 中國共產党应指導無產階級的羣眾,去打倒他們

同志們!你們快要回到中國為共產党作工了 "中國共產党"現時不能公開活動,只能秘密工作,一切進行,自然萬分困難. 又資本主義的進攻改換新的方法,如日本政府是变更武力侵略政策而為和平的經濟掠奪,我們应当如何去使勞苦羣眾了解!同志們!你們在俄羅斯無產階級專政之下的社会中,应該學得.應該永不忘記的教訓,就是:"俄羅斯共產党"在"沙"的虐待之下,是如何困苦奮門,以成就今日的功績. 今年"蘇俄共產党"二十五週年紀念,把他过去所經过的奮門歷史,都寫印出来,你們能将這些經驗带回去应用,你們一定可以得着無產階級的最後勝利!

片山氏演說完後,到会者又提出很多的問題,徵他的意見,並擇其要者畧記如下:

問1) 日美戰爭能否实現?

答) 在近的將来,是不大可能的;因為日本軍閥深知美國軍備之可畏;日本近来对于移民問題,虽極憤慨,然决不易爆發. 日本欲与美開[illegible],必拉英國在一塊,華盛頓会議已将英日關係拆開了.

但現在英法為近東問題，賠款問題，已發生極大衝突，勢將蘊釀成世界第二次大戰；日本当在這次大戰中擇一方加入，日本是不敢單獨作戰的。　倘若戰爭既開，一定是日本先發生革命；因為日本近年的產業已非常發達都市勞動者和農民，均已有相当的覺悟和組織.

問2)　片山同志曾說日本的政党一派主張武力侵略；一派主張和平的經濟掠奪；現在何派最占勢力?.

答)　"政友会"即現在執政的"政府党"，主張和平的經濟掠奪[illegible]即"[illegible]政党".

問3)　日本勞動運動情形?

答)　政府压迫虽嚴，共產党在工人農人中均極活動.　在勞動組織中，以"友愛会"最占勢力，"工会"力量甚弱.　農民運動近得西伯利亞退伍兵士之援助，成績甚好.

雷音寄自莫斯科.

在中國的共產主義運動

《怎樣將共產主義搬到中國去應用?》——這純粹是中國共產主義者一個重大的很難解決的問題　所以一般猜忌的嫉妒的，莫明其妙的痛恨共產主義者的動軌拿這個問題做最後的攻擊；以為提出這個問題就是以紙完

全祗塞了你們共產主義者底口

根据他們对于共產主義的推測或傳聞,認定共產主義就是像他們腦中所想像的,他們遂熱烈地攻擊共產主義;其实還是他們自己弄錯了。為解答這問題,此地只能畧述几个重要点.

1)共產主義不是一个老公式,人即拿這個公式去迫令事實符合,他的理論的方法是從經濟發展底實际上辯證出来的,不是成立于某一个改革家所創造的理論上的。所以共產主義者底主張决不是偏僻奇異的或高尚純潔的永久不變的真理;他不过是看得清楚說得不錯要綜合所有的革命的势力向正確的最後的目的去進行就是了.

2)共產主義是資本主義底反面. 于今資本主義已發展成了國际的,于是反資本主義的運動也成了國际的. 這就是說于今資本主義已發展到了一個程序:各種壟斷和銀行資本底統治成立了,輸出資本佔一个格外的重要了.一些國际的託辣斯互相瓜分世界開始了.一些最重要的資本主義的國家瓜分全球底地面告終了;于是凡大資本主義的國家不独以資本統治了他們本國工人,并統治了殖民地底民衆,因之在反資本主義方面豎起两大势力:資本主義國家底工人和隸束在外國資本之下的殖民地底民家.

3)共產主義的運動就是世界無產者底解

放運動. 資本主義既將全世界都拉入他的牢籠,遂從各地方底人民中造成最大多數專賣劳力生活的無產者 資本主義生来就是压迫和掠奪的;及变為帝國主義他更是搶掳的. 舉凡所有國际的,各國的種々危机窮困,变乱……,歸根結底都是出自這些压迫,掠奪和搶掳. 共產主義認定:由資本主義發展底結果,人類的將来是屬于無產階級. 要想根本上剷除這些压迫掠奪搶掳等制度只有各地無產者相继組織起来,取得世界的權力. 各地無產者底犧牲是为有產階級的制度同時廢除的 各地無產者一日不解放,即人類和平一日不能實現

4)帝國主義掠奪殖民地即以他的机器的生產力为殖民地手工業的生產力競争,足以致殖民地于枯死而有餘 乃他更限制関税,奪佔拠重要的商埠,压迫賠款,乘机借債礦山開採權鉄路建築權以及其他種々專利底搶掳政策殖民地除少數特權階級外,大多數民衆都不知不覺地枯乾了. 因為殖民地底財富是這樣被外國帝國主義剝削去的,殖民地底工業也不能發展,大多數民衆变成了無產者,但还是散乱的,不能有嚴格意義的無產階級. 因此民衆底知識是很幼稚的,革命的思想首先只顯現于少數受过教育的中等分子.

5)帝國主義為保持殖民地永久供他略奪和搶掳,第一重要的事就是阻止民衆勢力底發展,盡可能的方法維持殖民地底特權階級(軍

和其他腐敗官吏),向通他們假他們的手施行掠奪——在這裡應該加上几句,就是在這種情形中半殖民地(即假点独立的虛名只任各個帝國主義底掠奪和搶擄,未為某一帝國主義所統治的國家如中國,土耳其)比殖民地更苦。因為真正的殖民地不过為某一帝國主義所統治,任一帝國主義所操縱,虽是痛苦,倒還安静些。半殖民地門户是開放的,今天這個帝國主義勾結這個軍閥,明天那個帝國主義又贊助(軍事的和借款的贊助)那個軍閥,結果釀成不斷的内乱。——所以殖民地或半殖民地底革命運動在推翻國際帝國主義時首先即应将民衆底势力組織起来,打倒当地的特權階級。

6.)殖民地底無產階級在組織的势力上説既很幼稚,他的現時有力的敵人又不完全是当地的有產階級,殖民地底革命分子也不單独是無產階級——因感受軍閥摧殘和帝國主義掠奪不独是無產階級——所以殖民地底革命運動当初不是純粹的無產階級的運動;無產階級底党派应綜合所有革命的势力,聯路所有革命分子来做向無產階級革命底第一步底工作:打倒当地的統治階級,推翻國際帝國主義。

7)一九一四年至一九一八年底大战,是世界資本主義崩壞底爆發;一九一七年底十月革命,是世界共產主義成立底開始。從此蘇維埃俄羅斯成為世界無產階級底祖國,即世界無產階級爭鬥底大本營。 俄羅斯的無產階級在責任上說他已先世界的無產階級自行解放出來了，他有責任应該帮助其餘尚在資本制度統治之下的無產階級；在他本身上說，無產階級是世界的，他必俟各國無產階級都相継解放了，他才能算是真正的完全的解放；在他的能力上說，他已將國家的權力握在自己手裡，所有國底資財和方法都放在他的安排之下。 只須他的能力能夠，他竟可以毫無顧忌地拿出來帮助所有被压迫者和被掠奪者來攻打世界的反革命——所以蘇維埃俄羅斯底成立，在世界上佔一個格外重要的位置。 他来世界未解放的無產階級一個堅固的依靠尤其是近東和遠東底被压迫民族。

依拠上列几個理由，所以中國共産党在——即一群对于上列七点有明瞭認識和有統一意志的人——現時約有以下的主要的工作：

(a) 組織工人和農人；

(B) 教育青年學生；

(C) 增高工農人底社會的地位(民權運動，要求增加工資和縮短工作時間改良待遇……)

(d) 指示民衆底革命的方向：打倒軍閥，推翻國际帝國主義；

(e) 蘇甦革命的勢力(如指示革命党和其他較有意識的軍閥底責任，個人加入國民党

去工作……);

(8) 聯絡所有革命分子——感受軍閥跡躪外國帝國主義压迫和掠奪的分子——同上一樣的軌道;

(9) 謀東亞被压迫和被畧奪者底通力合作;

(10) 引導民衆依附世界無產階級底祖國:蘇維埃俄羅斯.

請看以上就是共產主義者要搬到中國去
的共產主義 這全不是像一般反对者腦子裡所
想到的

Y.K.

充滿各國底階級爭鬥聲與國際情勢

自從馬克思把階級爭鬥發明後,各國底階
級爭鬥声浪,日益沸騰現在便充滿了各國內面
而影響到國際情勢上來. 這種爭鬥,可徑分為
兩種形式:一是無產階級对有產階級的;一是被
压迫民族对压迫民族的. 真实還是一個荻運
動不过隨各地政治經濟情形而決定其爭鬥方
式;國際情形,則以政治經濟為轉移,而与這些爭
鬥發生很密切的關係.

世界各國中如英,法,美,日等,政治已上軌道
(有產階級的),經濟已形充足,于是資本主義特别
發達帝國主義亦極其伸張;但是無產階級亦隨

其經濟進化而團結一致，訓練成熟；因之這些國家的階級争鬥，而頗為激烈。

法國底罷工声浪無時止息，如三月內摩色尔(Moselle)底二万五千鑛工，四月的巴黎底八千織工，北方(Nord)底一万五千紡織工，（俱是與有產階級争鬥底著例；又因為法國佔超魯兒，惹起）共產党不断的猛烈的反对來阻止其帝國主義底貪慾，争鬥更為厲害。

但是有產階級底压迫亦頗能與此種反抗力相应；既压服鑛工罷工，復逮捕工人二百，開退工人三千，既監共產党人喀陝等十三人，復陸續控訴其拘留柏利(Peri)等十八人。

可是這些無產階級底努力，毫不為所動，組織鉄工工廠委員會底討論，都有六百代表底大会議；這種争鬥情形是很可使法國有產階級不能暢利地伸張其帝國主義的

英國戰後底經濟，虽不似戰前那樣發達；但其工人是很有組織的。所以在加尔(Galles)底万七千鑛工，罗福克(Kalfolk)底二万農工和其他海員建築工等底大罷工，無時止息过。

虽是改良派勢力很大，把工人領錯了路，然而共產党運動，逐漸發展；我們看自由的英国会議中有禁止星期日共產主義講演底提議，便可知道了。

美國獲着大戰底利益，經濟最為充足，為伸展其帝國主義故用高压手段压迫共產党人福斯特(Forster)等七十名。其最復古的加利福尔尼(California)邦，还有反对犯罪的工團主義法律。

日本原是一个半封建的國家，階級還有四個，只因大战之賜產業特

别發達对于驟然形成的無產階級主了撲滅危險思潮底法律,他如搜索共產党人;没收新出版書報,根據諸压迫不遺餘力,最近有三個海軍軍官,因藏有共產主義書報被捕了. 國内工人对此種"沙"的專制,反对甚力,給日本帝國主義一個腹心之患. 比利時因進兵魯[illegible]之事,共產党人争鬥亦烈,不[illegible]遊行示威底工人有五万之多,[illegible]同与法國保恩加萊一樣的手段以陰謀罪捕了查格查博([illegible])等四十名下獄.[illegible]

此外,在普通的國家中,資本主義虽不如英法那樣發展,但階級争鬥底声浪,依然很高. 西班牙因摩洛哥(maroc)之战引起了[illegible]的帝國主義無產階級便作反对軍閥運動,共產党被捕者以百計,非判死刑即罰苦工. 今年三月,工会領袖[illegible]([illegible])被暗殺,最近[illegible]三又下敕令箝制革命的工会運動,"白的"恐怖,充滿了西班牙. 羅馬尼亞經濟困難,与中國一樣鬧出政府底農部人員因欠薪罷工底笑話. [illegible]以"白的"恐怖,維持其有產階級底存在. 对于"赤的"共產党人,拘禁殺戮,無所不至. 除布益尔(Bougoc)等久下獄中,近又捕十一人,鞭之流血,並且蹂躪工会,抄没書店,鄉威底議院亦已通过反对工人利益底法律. 這些國家,為什么也這樣地压迫共產党人呢?

在歐洲一般昔富强而今貧弱或强而不富

底國家受战争之惨，以致産業凋敝，金融恐慌，把政治形式変更了。自一九二〇年以来在這種混乱無力的資本主義國家政治經濟底特別情形之中造成了"法西斯蒂"(Fascisti)運動。"法西斯蒂"起自<u>米索里利</u>，是國家的，暴乱的，非階級的，反对無産者的，総之是有産階級復古和非法行動底形式。最初只有四千人，現在便有了三十万；且米氏近還有武装法西斯蒂之說。這種運動原産生于意國，惟因中歐如奧匈，德，波蘭，巨哥，捷克等非处于被压迫地位，即遭大戰的摧殘，經濟基礎破坏，比意國更甚；因之"法西斯蒂"亦蔓延得很厲害，差不多統治了中歐。所以人說"法西斯蒂"是資本主義底經濟破坏和有産階級底國家解体底一種表示。因此，這些國家底階級爭鬥情形，又為之一変。

意大利本是戰前底富强國家，可是經濟基礎原薄弱，所以至今还未復原。無産階級自"佔拠工廠"失敗以後，法西斯蒂日盛，那時剛産生共産党除与有産階級和"社会民主党"爭鬥外，就遇着法西斯蒂。因而共産党在四面包圍之中戰士被監禁殺戮者太多，以致法西斯蒂政府成立；既压迫共産党，復減輕有産階級的稅項，加重無産階級的負担。因此種々工人運動自不能如從前一樣。可是共産党的报紙，今天封了，明天又出來，他們又在与社会党謀合併；若果此事成功，則与法西斯蒂底爭鬥，必可獲最後之勝利。

德國因歐战失敗,為協約國所征服;此時法國帝國主義对牠更是[illegible]極端压迫。國債增到四万個万万馬克,貨幣日見低落,無產階級負担極重,工銀税徵收8%,國内總税90%為工人所出。因此組織有素的無產階級和很堅实很統一的共產党遂一同起来和内外的有產階級爭鬥,勢力甚大。雖然法西斯蒂蜂起,把巴威尔(Baviere)造成了牠的中心,他党亦紛々相鬥,共產党被捕了許多,工人被殺了許多,然在這種混战一團底状態之下,共產党仍不屈不撓地組織百人組,以抵制法西斯蒂,作示威運動以反对法德有產階級阻止帝國主義战爭,又与独立社会党等工人團体偏作,以謀工人政府底实現。使共產党底人數和力量,反日見擴張,薩克遜(Saxon)底工人政府快成立了,這是何等可敬的爭鬥精神!

奥地利外債繁重,生活艱窘。我們看這國内一基罗米值一万枯諾納(Couronne),一基罗糖則售價一万八千,便可知道。如此情形,所以政權虽為社會民主党所把持,实际則完全受法西斯蒂的命令,把意,匈,德的復古運動連成一氣。但無產階級反对法西斯蒂組織工人政府底声浪亦高。匈牙利在四年前底現在,曾成立过蘇維埃共和國,現為法西斯蒂所統治,政府亦模倣保恩加勒故技,以妨害國家安寧底陰謀興了陝介尔(Singer)等六十七共產党人底大獄。捷克政府,因社会民主党底贊成而通过罪惡的法律,共產党名集中歐國际會議反对之，工人亦響应起来，[illegible]亦同樣地利用法律，加之復古運動獲勝，封閉报館，禁止集会，大捕共產党人；[illegible]内各地選舉共產党仍獲勝利.

被压迫民族即殖民地和半殖民地這些地方，本是封建或半封建社会；但因变成資本主義國家底殖民地，所已也把他們資本主義化了，因為一面外國的有產階級感覺着有開發實業，就[illegible]剝取底必要；一面[illegible]有產階級亦[illegible]發達；于是小有產階級逐漸有变成有產階級底趨勢，他們的利益逐漸与外國有產階級發生衝突，所以他們主張排外，這是独立運動亦即國民運動之所由来。但這种运动是包含着本地無產階級的（小有產階級底独立運動只是一些）是因他們的力量不足，必喚醒未覺悟的無產階級来幫助，無產階級尚未明白此中情形，只得幫他們，然他們不能澈底改革，是以保護其利益，即行協妥，如埃及底"[illegible]党"，中國底"國民党"（常与舊勢力聯絡，企圖統一）皆是。因此被压迫民族底政治革命与社会革命，有聯連帶的關係。我們再看埃及，土耳其，印度，中國的國民党和共產党國家独立運動和工人解放運動那種相繼產生的情勢，便可明白。這種階級爭鬥事實昰覺複襍；然我們可以断言：被压迫民族底解放，是以國民運動，國家独立運動開其端；以工人運動，工人解放運動結其後的.

印度自大战以来，軍事上和租税上底压迫

極重，在國民運動爆發後，英政府監禁其工人三千，復于今年三月，判决百七十二人底死刑：運動的中心人物已被捕。但那新起的革命分子——共產党，正領着無產階級向内外的資本家進攻。埃及為英國帝國主義底頂益，都已震動了一次。雖現時呈出倖頓現象，可是自一九二一年以來，工会日多，共產党人亦多，新的無產階級解放運動又開始了。極受英、法、意、美等底压迫而為其競爭之場底土耳其，竟戰勝了希臘，嚇退了英國帝國主義，在近東開了一個新局面。同土耳其一樣的中國，國民運動還未成功，新興的共產党卻又已引導一般無產階級到前敵上去。今年二月，血淋淋的大罷工，給我們証明出中國民族有鮮紅底要求，中國無產階級有革命底能力。在遠東的帝國主義如日如美等難道不感着"紅的"恐怖，節節逼人么?

全世界無產階級和被压迫民族也得着解放運動底基礎和先鋒了。這個基礎和先鋒当然就是俄國。俄國在革命後，桔据于万難之中，至今日，而益見鞏固。近來実行新經濟政策，這個政策即是基于工農聯合為用之上底。國家資本主義制度，是振興实業底唯一途徑，施行未久在電氣工業和煤炭煤油工業上，俱得良好成績。農業漸次恢復，播種地面[illegible]增加[illegible]%估計其收獲当得三十五万丁[illegible]([illegible])。飛行路綫，由莫斯科可通至德國，由德國可直達倫敦。对外貿易一九二一年夏上月，輸出為輸入之二%今年一月輸出為輸入之[illegible]%，而年前輸入多為食品，今則多為生產底機器。 其，德英三國與俄貿易，極盛，最反動的法國亦急之與謀通商。 國內社会革命党和少數派都完全解体，其覺悟分子則入共產党。 就外交說，在熱諾(Genoa)海牙，洛桑都與資本主義國家爭鬥；对于世界各被压迫民族，非常親近。 四月，俄共產党開第十二次大会決定種々新計劃，杜洛茨基指出俄國此後底進行，在發展地方生產力和領導此力在共產主義內這兩点上。 各國有產階級忌妬俄國，常常造謠，不是說列寧已病死，即是說杜洛茨基得胃癌，但是英國開思渥芝(Kenworthy)曾說过俄國是鞏固了即使列寧死，杜洛茨基死其他領袖人物亦死，而蘇維埃政府仍继續存在！ 然而俄國不僅鞏固了且進而扶助，引導全世界無產階級和被压迫民族底革命，看其援助土耳其等底事实，便可知道，只是那自以為“十分了解俄事”底三泊君却偏要說«工農之所以怠弛，由于產業國有»«勞工政府要受資本主義政府所支配»等話来断定俄國革命真是失敗，我實不懂解其故。 «人道报»有句話說得好：«如果說俄國变成了資本主義的國家，請他去問邦那罗，保恩加勒，看他們怎樣回答»

資本主義变成了國际的，所以有產階級是一致地剝奪無產階級，压服無產階級。 德國捕逮法國的共產党人，法國亦監禁德國的共產党

人、　並且他們合成了國际的包圍一齊用罪惡
的法律來压迫共產党人.禁止工人運動.　但最
無產階級底爭鬥,亦是國际的.　他們巽地協作,
如英國共產党俄國工人表同情于法共產党之
被監禁者,德國工廠議事会委員会之援助上西
勒西、矩元西([illegible])共產党之反对土耳其压迫其
共產党人,英,德工人之援助意國工人反对法西
斯蒂,俄國工人之救濟魯兆和中國工人.　在戌
塞上.隨時勢之需要,已集國际会議決定共同方針
对于統一前敵事.各國都竭力实行,其不顧聯合
底改良派首領,要將第二和二半兩国际合併,以
便占有產階級統一前敵.　"政策在佛郎克福
会議之把"德國独立社会党"和退伍軍人國际協
会等々都聯合了.　其他之表同情于"國际共產
党"和"國际赤工会而作加入運動等.所在皆是.四
月初.荷蘭有五万工人議去加入国际赤工会,捷
克各種工人聯合会亦然.　這是何故呢?　英國
独立劳動党開会時,蘇大尔([illegible])說过:"只有共
產党才做了点事,其餘不过空說而已!"

從上列事实和情势看来,可以証明帝國主
義底基礎日見動搖,資本主義底社会日見崩潰.
而有產階級当這種不能維持其存在時,用反手
進化的復古運動以自保.　無產階級声勢日盛,
不屈不撓的地爭鬥,又現出他們既有解放之要
求;亦有革命底能力.　廿世紀底世界,是無產階
級底世界,凡是生存于此時代底人,不可不明白這

種潮流和趨勢.

此外还可証明共產党確是無產階級底先鋒.簡直少不了;因為只有他才是代表無產階級利益為其忠実而能犧牲的政党. 那些憑臆子創造革命說和意象學底人,既不了解階級爭鬥(虽然他仍是採用的),亦不懂得政党底作用,並且不管現在事实,还在那裡說:"甲可以組織政党,乙可以組織政党,以爭奪政權,這只可說是政党爭鬥"又說"馬克思主義是軍閥底護身符"未免笑話!至于有產階級共和乃是对其本階級而言的,对于無產階級則為有產階專政;這個理由,也從上述事实中指示得清々楚々的.無產階級專政也是一樣地对其本階級言,則為勞農共和;对于有產階級言則為無產階級專政. 一般迷信有產階級共和而反对無產階級專政底人亦可覺悟了罷!

卓宣　四月廿八日

書報介紹

《無產階級專政》

《無產階級專政》這本書,是法国工会總書記去謨(［illegible］)著的;与本誌第一号所介紹甸伽(［illegible］)底無產階專政不同. 那書是敘述專政時期底实際問題的;這書則敘述專政底各項理論. 書中只分十几章,言簡意賅,明白易讀. 凡只听过"專政"二字的人,应当買来讀一讀;凡是研究共產主義的人,更不能不把牠讀一下. 此書價格才值三十生丁,在巴黎中國書社可以買出.

(記者)

少年

第十號

《國家和與國家并行的政治的权力將隨着將來的社会革命消滅所有社會党人對於這点都是同意的；這樣是說明公共的事務在鄉騎釋失去其政治的性質，成了檢查社会利益的簡單的料理着事務、但是一般反對权力着要求政治的國家一下就廢除并且在創造這個國家的社会的條件未廢除以前。他們以為社会革命第一件事就是消滅权力。這些先生們豈曾來看過一個革命麼》

恩格斯

本號正誤表

頁數	行數	字數	正　誤
7	13	6后	，誤．
8	20	12后	；誤：
15	2	4后	足誤是
27	7	5后	繫誤擊
31	14	13后	少來解釋或者簡單便利一点. Politi十二字
35	12	3后	己誤此
40	9	15后	親誤侵
41	25	9后	入誤加
42	8	8后	也誤已
44	6	15后	gelsenkisschen誤gehenkischen.

為國際共管中國鐵路事告旅歐華人

（一九二三年七月五日）

少年雜誌社印布

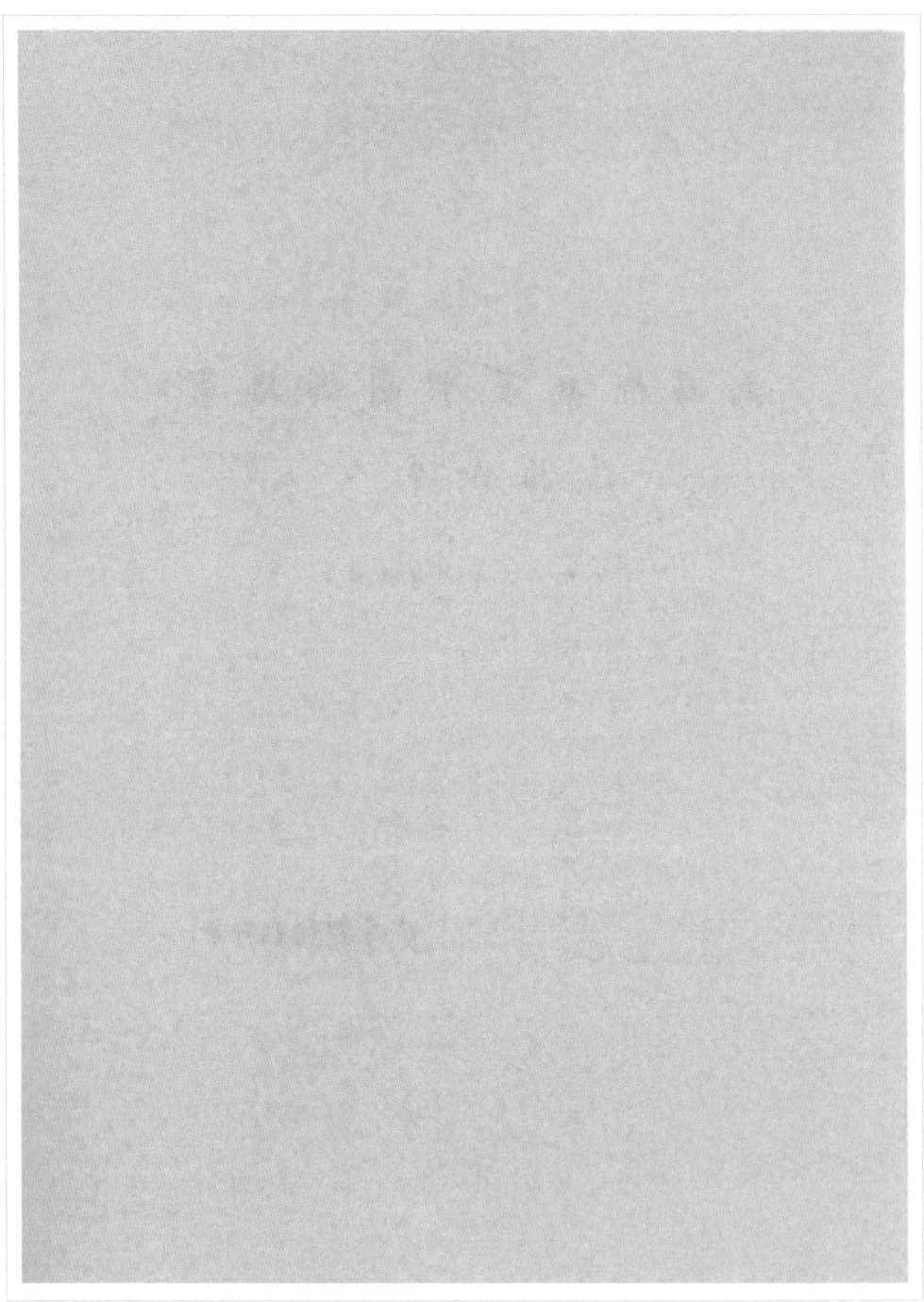

為國際共管中國鐵路事

告旅歐華人

——中國軍閥的反動政治下的必然現象——國際資本帝國主義的一致進攻——食了華盛頓会議之賜——被压迫的中國民族宜急起自圖——各階級中的革命分子亟宜統一前敵——实現國民革命,实行民族自决,建立國民政府——

在已形成了列強屬下的半殖民地的中國,"國际共管"的呼声確已數見不鮮,而且在实际上海関鹽税早已做实了共管的形势,惟是事实逼人之甚者,則莫过於最近傳出的"鐵路共管"事項。擬本月二日巴黎時報所載,去大多數列强政府已同意决定於全中國鐵路上設置國際警備隊以便保護外國商旅的生命安全。他們的藉口是以五月臨城土匪搶劫火車中外國旅客及各地土匪劫掠教士事件為由而責備中國政府無能,來圖代行管理中國的交通機關。時勢逼得這樣緊了,我們苟不是喪心病狂甘為萬劫难復的奴隸民族,則我們終应有下列的數項的根本認識:

1. 這次英美日法意諸國政府所藉口是中國土匪猖獗政府無能,然而我們应要知道土匪的來源不外兩途:一方是傾餉不着的裁兵,一方是農業状况变動下的無業游民。裁兵的直接養成所是中國軍閥,間接使之漲大的便是勾結中國軍閥使之為亂的列強。游民也正是因國際資本主义的侵入使全中國人都成為外國生產國家的消費者而造成的,而且土匪的活動又在在有外援作祟,山東東三省的土匪馬賊時時脫不了日本的干係,這又是極不可否認的事實。至中國政府無能,則因北京政府久已成了各軍閥互爭雄長的外府,早失其統治中國的能力;列強為要勾結軍閥,自难免此,而且也惟有如此腐敗的政府才能听命於北京東交民巷太上政府之指揮。

2. 中國的土匪猖獗與政府無能,既是列強政府自造之,而他們却又利用其禍害以圖侵畧。這正是國際資本帝國主义於競爭和協作的法則中交相為用的毒計啊! 過去的德佔膠州,日佔旅大,英佔威海衛,法佔廣州灣,是立足於競爭法則上的利益均霑,海関共管,鹽稅共管,郵政代管,便是立足於協作法則上的利益均霑了。巴黎和会因為遠東利益分得不均,引起了很深的日美猜忌,及至華盛頓会議却由中國的代表口

P. 2.

中為調解英日美法在遠東的利害衝突而自行承認了"門户開放""利益均霑"諸原則。新銀行團是根據於此協作的原則以圖大利均霑了，然在此大利未得之先，各國却又以零星的墊款來誘惟利是圖的北京政府，助長中國軍閥的私鬥，增加土匪的数目，好造成萬劫難復的中國乱象。

3. 種種的陳設布好了，於是這幾個相因而生的必然現象乃層至疊出，"鐵路共管"遂成為資本帝國主义的列强在中國实行共同協定的当前要着。交通機關本是發達産業的命脈，中國的航权多一半已落在英美日法諸强之手，鐵路管理权現在已大部分為外人操縱，然北京交通部除為軍閥常"把持"諸路外，尚能坐收指揮之效，這樣一來軍閥把持鐵路正做了列强欲擒故縱的藉口之資，全中國的鐵路和其附近地域全将成為国际帝國主义的宰割場了。從此后，産業的自由振興尚何可望？

從上述這三層的根本意义看来，我們当知"鐵路共管"的造因收果的当事犯是列强——英美日法意諸國——政府内奸便是現為列强勾结的一干軍閥——特别是北洋派的軍閥及其附屬的政客官僚。外患内憂的要点既明，我們——被压迫的民族——决没有什么和平之道可以希冀了。

如今，我們真不要做什麽"只爭外交不涉内政"的迷夢了，我們須知内賊不清外患将永無已時啊！

如今，我們再不要希冀甚麽北京政府國会能杜绝列强這個共管要求了，我們須知処在北京東交民巷太上政府治下，軍閥挾持下的政府國会是永不能代表真正民意的。

如今，我們再不要希望什麽列强的讓步了，我們須知國际資本帝國主义協治下的共管政策正是拜華府会議之賜，我們还有什麽友邦親善可期？

如今，我們并不要存什麽不問政治不作政爭的念頭了，我們須知有國民自覺性的分子不来問政，那処今中國的大权还不安穩穩地永把持在外盗内奸之手麽？

如今，我們再不应遲疑了，我們当前之道止有革命，我們决没有什麽和平妥協屈就可期！

如今，我們更須知為要打倒軍閥，推翻国际資本帝国主义，依中國政治經濟的現象，依歷史進化的過程，决不是一時暴動，幾下手鎗炸彈便足以解此纠纷的。因為那止是農業社会英雄豪傑的侠义行為，而不是現時所需的國民革命行動。辛亥革命的成功决不是徐錫麟、温生才、彭家珍的手鎗炸彈所能造出来的，而其失敗則確由於革命党人放棄民众的革命意識不顧急與北洋派的軍閥妥協所造成。

P. 3.

如今，我們應当認清了辛亥民主革命的工作至今犹未完成，而且日積月累地因着軍閥横行，國际帝国主义的猖獗其意义日益擴大了；因此，我們現時所需要的革命乃是有組織的有訓練的有紀律的有统一精神的能持久的民众革命。我們消極的口號乃是打倒軍閥推翻國际資本帝國主义，積極的主張乃是集合起革命民衆——亦即是集合起工農商學界的革命分子——來建立國民政府，实行民族自决，以解决一切外交上的糾紛——到了那時，"鉄路共管"不期解决而自解决了。

旅歐的中國人啊！当着這個国民革命已经成熟的時期，我們再不應有什麽顧忌怀疑而不敢前進了！且這個國民革命在現時中國决不是一階级一部分民衆所能包办的，而是要聯絡各派的革命分子齊來努力奮鬥的。我們共產主义者固無論在國内國外都是一致作如此主張而首尾能相应的，我們且也誠恳而热烈地期待旅歐各派不論其為民主派社会主义派甚而至於無政府主义派以及無所属的分子都应順着這個時勢的要求，齊来建立這個國民革命運動的聯合战線。我們虽然是身在歐洲，但我們的革命呼声却可傳諸國内與國内的國民革命運動以一種精神上的鼓舞，策畧上的筹划，实质上的供给和國民外交上的援助；因為這種鼓舞，筹畫，供给和援助，也正是國民革命活動中所必不可少的条件啊！親爱的旅歐華人啊！我們謹在此嚷出國民聯合革命的呼声來了，急待你們響應起來！

少年雜誌社

一九二三年七月五日，於巴黎

《少年》第十號目錄

（一九二三年七月一日出版）

——本誌啟事——

本誌為不定期刊，凡訂報諸君，俱按號計算，每號廿五生丁，法國境外亦同。通信處為華僑協社（《少年》雜誌社，39, Rue de la pointe, la garenne-colombes. (Seine) France）

本號關於甚麼是無政府党人底道德一文，因為篇幅所限，仍須待一次才能登出。

廖蜀屏君兩次來函所主張者，本誌均極表贊同，祇因篇幅無多，未設讀者通信一欄，莫由載出，甚為抱歉！至捐助本誌法幣二十方，亦已收到，特此鳴謝。

歷史要走到無產階級專政....

至於我.我并沒有功勞在近代社會中發明階級底存在和這些階級底爭鬥。在我前好久,一些有產階級的歷史家即叙述這個階級爭鬥底歷史的發展;一些經濟學家即叙這些階級底經濟的分析。我所新加的.就是證明:

1)階級底存在是關係於生產發展底某一定的歷史的條件;
2)階級爭鬥必須走到無產階級底專政;
3)這專政(Dictature)本身不是別的東西.就是到廢除一切階級和成立一個無產階級的社會之一個過渡期間.

(按此段文字譯自《國際通信》係從《法蘭西內亂》摘下來的如欲題其全豹.請讀原書.茲仍照《國際通信》譯此一小段)

馬克思　　石人譯

離開政治的性質

工人階級不應該組織一個政黨；無論如何藉口，他不應採用政治的行動。 因為以爭鬥去反抗國家，便是承認了國家，這是違反永久的原理！勞動者絕不應該罷工；因為以爭鬥去取得工資底增加或反對掠奪，便承認了工錢制，這是與工人階級解放底永久原理衝突了。

若勞動者聯合在他們反對有產階級的國家的爭鬥中為獲得一些讓與，他們遂簽定一些和約，這又與永久的原理衝突起來！ 如英美的一般勞動者有不好的習慣所做的，人應拋棄所有政治的運動。 勞動者不應該費他們的精力為爭得一個工作時間底合法的限制，因為這會要與業主簽一個和約，決定業主只剝削工人十時或十二時，不像往日十四時或十六時。 同樣的，他們也不應該努力爭求禁止十歲以下的女子在工廠中操作；因為用這個方法，十歲以下的男孩子底掠奪不能一下廢除，這又做了一個新的妥協而又侵犯了永久原理底純潔。

勞動者更要少要求國家(他的預算是安排在工人階級底掠奪上的)担保工人子弟底初步教育；因為初步的教育不是完全的教育。 寧可使男女工人不知道讀，寫，計算，而不在國家底學校中接受一個先生底教授。 寧可使無知和每天十六時工作麻痺了工人階級；但這些永久的原理還是應該要保全的。

若工人階級底政治的爭鬥，帶一個革命的形式，若勞動者成立他們的革命的專政(Dictature)代替有產階級底專政，他們即犯了違反原理的一個大罪；因為，為滿足日常生活底需要——艱難的不神聖的需要——為破碎有產階級底反抗，他們不放棄武器和廢除國家，而給國家一個暫時的革命的形式。工人不應該組織工團，因為這將使分工永久存在，如他存在有產階級社會中一樣。這種分工使工人分散，不正是奴隸制底基礎麼？

一句話，工人應該抱起兩個膊子，莫耗費時間來做政治和經濟的運動。在一般實在的宗教的人們，他們輕視日常生活底需要，用一個深沉的信念呼號："不怕我們的階級受苦，不怕我們的種族滅亡，只要永久的原理仍然純潔，脫除一切凡塵！"如篤信的基督教徒，他們應該信奉牧師底言詞，輕視這世界上的福利，專尋找天堂。只要在天堂上宣讀社會的總清賬——這個總清賬是有一天在這世界某一點上要實現的，但無人知道誰來施行，怎樣施行——這一曲戲就算唱了。

在等待這絕妙的社會的總清賬中，工人階級應該規規矩矩地保守着如一群飼養得好的肥羊一般；他應讓政府安靜，應該懼怯警察，應該尊重法律，應該毫無顧惜地將他自己交付出來作抵當炮子的肉.

在每日的生活中,勞動者應該長此為國家最乖馴的奴僕;但是在他們的良心上,他們應該用最后的精力反對他們的現狀,若讀過幾本研究廢除國家的小冊子,他們一定証實這理論的非常的可厭;他們應該用別的反抗來對付這資本主義的設施,不空空地誇揚將來的社會,說將來的社會中,這可惡的設施會消滅.

無人能够否認,若一般宣傳謝絕政治的人明明白白地表現出他們的思想,工人階級一定馬上將他們拒絕在千里之外:他眼見是一般愚蠢的或聰明的有產階級的學者和墮落的公子們在這些宣言中下一些攻擊和凌辱,使他們拒絕所有战鬥底實在的方法,因為在現今社会中是必須借助於這些战鬥底方法的,又因為這爭鬥底必然的條件不幸與一般意象學者底梦毫不相同——這些梦即是我們的社會科學博士以自由,自治,無政府等名義頌揚不已的. 工人階級底運動於今竟這樣強有力,竟使一般讀博愛的先生們不敢再誦讀他們在政治上所宣布的大真理作經濟的爭鬥. 拿這些真理應用到罷工上,結社上,組織工團上,婦女和兒童底勞動法上,工作時間底限制上等,他們即無能為力了.

現在我們看在什麼步度上,他們求助一些舊的沿襲的思想:榮幸,公平,永久原理.

初期的社会主義者(傅立葉,與溫,聖西門等)

——社會主義在這時還沒有發展到使工人階級可組成政黨——自然只在描寫將來的社會和一定要拒絕工人有改良他們的境遇的設想——如罷工，聯盟，政治行動。但是，雖然我們無權否認這些社會主義底始祖，猶之乎現今的化學家視往日的煉金術者(alchimistes)為他們的前輩和先祖，我們應謹慎不要再蹈他所已犯的錯誤，這些錯誤在我們這方面是不可原諒的了。

其後到一八三九年，當工人階級底政治和經濟的爭鬥在英國已經帶有一個很強大的性質的時候，Bray(白銳)——一個奧溫底學生即是一般在proudhon(普魯東)前好久發現了互助論者之一——發行一本書：《勞動者的錯誤與其救濟(Labours wrongs and labour's Remedy.)

在一章論所有人可用在當時爭鬥中的解放底方法都無效中，他把英國工人階級底所有的政治和經濟的爭鬥，都做一個利害的批評，他責罵政治的運動，罷工，工作時間底限制，婦女和兒童底工廠底工作底規定，因為舉凡這些在他看不特不是與社會底現狀斷絕關係，正是將工人與這社會底現狀密接起來，使他進了更解不開的羅網。

現在我們要談到我們社會科學的博士底領袖普魯東了。雖然這位老師常明明白白地發表反對所有經濟運動(罷工，結社等)的言論——因這些運動與他的互助論底自由的理論相抵觸——但由他的文字上和他個人的做事上很鼓動工人階級底政治的爭鬥.而他的門徒也不敢公然反對這種運動. 在一八四七年時,當這位老師底大著:《貧困底哲學》(La philosophie de la misère 或名之為 Le système des contradictions économiques) 出世時.我已得了機會駁論一切反對工人運動的妙論. 但是到一八六四年. Ollivier 法律已經給法國勞動者底結社權(不過範圍還是很狹隘的)時.普魯東在一個名叫《工人階級底政治能力》(de la capacité politique des classes ouvrières)底著作中.(這個著作是在他死后幾日出版的)還是沒變主張.

這位老師底攻擊,備受有產階級底歡迎.當一八六六年倫敦裁縫工人底大罷工時,竟使時報捧出普魯東來,用普魯東本人底言論來責罵罷工者. 我們將去舉出他的推論底幾個榜樣出來.

Rive-de gier 底鑛工人罷工,兵士們跑去要他們聽講理由.

《命令(autorité)鎗斃了鑛工人是很不幸的,但他亦如老白呂矩斯(Brutus)一樣. 當老白呂矩斯處在父底感情與總督底責任之間時,他應、犧牲他的兒子以救濟共和. 白呂矩斯這樣地毫不遲疑,後世人并不敢責備他》

決沒有一個勞動者相信曾經看見過有一個有產階級的人會遲疑犧牲他的工人以保護他的利益. 請看像白呂矩斯這般有產階級中

人罷!

《沒有一個結社底存在,只有一個聚斂權,强盜權剝削權和一個奸淫權存在》

人應該承認一定有愚陋權存在.

但是這位老師所根據以發生他的咒罵的永久原理是什麽呢?

第一個永久原理:《工資底重心決定商品底價格》

縱然是毫無政治經濟常識而又不知有產階級經濟學者李嘉圖(Ricardo)在他的《政治經濟底原理》(Principes d'économie politique 一八一七年出版)上已 用一個很清楚的方式辯駁這種沿襲的錯誤的人們 我以為舉凡在英國工業中所經過的也不會看不見的:英國賣他的製造品比任何別的國家底價格都要低些.然而工資在英國差不多比歐洲任何地方都要高些.

第二個永久的原理:《允許結社的法律是完全不對的.反經濟的.是與任何秩序和社會相抵觸的》 一句話:《他是違反自由競爭底經濟的權利的》 若這位老師不完全陷在狹隘的國家主義裡,他應自問問如何在四十年前英國即頒布一個相類似的分明與自由競爭底經濟相衝突的法,為甚麽工業漸漸發展和自由競爭也跟着發展這個破壞任何秩序和社會的法律迫令所有有產階級的國家都要施行,好似一個不可免的必須. 他或者即會發現這個"权利"僅存在

於基督教徒(frères ignorantins)所抄的有產階級的
經濟學底稿本中,這稿本所包含的內容就是:"財
產是勞動底結果……"他們忘記在勞動前頭加上
兩個字別人.
第三個永久原理:"權口增高工人階級底卑
下的地位,人將完全挑動全体的有產階級"工頭,
業主廠主等. 人將煽動手工的勞動者底德"莫
克拉西,人將要求他對於這般中等階級底可怕爭
的謀叛者生仇恨和厭惡 寧可在工商業中
門人不願立法的限制;寧可階級爭門人不願國
家底防衛."
為封閉工人階級所有解放底方法這位老
師責罵結社,因為這結社會將工人階級當着廠
主業主,工商業家這般人之前豎起成對敵的階
級. 為避免擾廠這可怕的階級(廠主業主工商
業家……)老好的普魯東竟至以自由和競爭喝咐
工人等待互助的社會成立. 在他,這自由和競
爭雖有大防·碍,然而是我們的唯一的保証
這位老師傳播離開經濟底範圍以保持自
由和競爭——我們的最低的保証:他的門徒又傳
播離開政治的本質,以保持有產階級的自由——
他們的最低的保証. 如初期的基督教徒一樣
他們亦傳播不管政治但他們假借一個帝王底
手來使他們自己由被殘殺者變為殘殺者近代
宣傳不管政治先生們不相信他們永久的原理
也迫令他們拋棄現世底幸福和有產階級社會

底暫時的權利. 無論怎樣,我們應該說他們用一個宗教的盡忠底禁慾主義忍耐這十四或十六時的工作,因為這十四或十六時的工作是加在工廠底工人身上.

馬克思 一八七三年在倫敦 抱分譯

最近的國際青年運動

在最近國際青年運動當中有三個極重要的問題:一.是反對軍國主義的侵畧;二.是無產少年的聯合战線;三.是我們如何走八群衆當中去工作?

第一問題.無論東方與西方皆表現極嚴重的形勢 英法美對於土耳其之分割,法比聯軍之占據魯爾處處均足証明資產階級之貪暴.魯爾事件不過德法資本家利害衝突的結果,而兩國的勞苦群衆在這事件當中.一方并不因此而於本身利益有所增進;他一方則境遇愈加困迫. 我們無產階級的少年,本是没有國界的.我們當聯合起來.去一致反對這種帝國主義的侵畧. 我們少年運動的任務固然還有文化經濟等問題;但在這帝國主義披猖形勢之下.我們尤不可鬆懈這奮鬥機會. 我們的努力在各帝國主義國家.均有相當的成績.尤其是在魯爾軍隊中的宣傳.

法國帝國主義的政府.鑒於他國內勞動者

與兵士覺悟的程度日高所以派赴魯爾的軍隊多係殖民地人. 他們缺乏知識.非常的橫暴不易宣傳. 但我們決不灰心. 德國法國的青年團聯合在一塊共同組織一個委員會, 1)努力宣傳無產階級沒有國家; 2)宣傳這種運動也是為法國無產階級的利益; 3)秘密從事軍隊中的組織

魯爾的占領畢後來也漸漸向我們表起同情來了. 於是法國資本階級的政府便拘捕了許多共產主義青年團的重要分子;并對於各地少年運動和青年團機關.加以嚴重的壓迫和監視.

德國資本階級政府對於共產主義青年團的壓迫亦不減於法國:或拘捕領袖,或阻止開會,令我們不能活動. 不過我們的進行,并不因此而停阻,只是變成秘密的工作.

第二問題目前最重要的工作便是二半國際和第二國際訂於本月二十三號在漢堡召集青年國際大會. 第二國際旗幟之下的青年團員有十二萬人(德國占十萬.其餘各國占二萬)二半國際亦有青年團員五萬人(奧大利約二萬五千.捷克約一萬其餘各國約一萬五千). 我們根據聯合战線的原則,對於他們這次召集的大會當然要去參加;我們不單是派代表就完事.我們更要在他裏面去努力宣傳吸引內中的革命分子促進他們的革命行動.

第三問題尤為我們少年運動的生死問題. 因為以前各地的組織都同工廠很少聯絡與

群眾隔離 各國青年團員與共產黨員之比較,除俄國為一比一外,德國則為六與一之比;此外,捷克有黨員十五萬青年團員只二萬五千,意大利有黨員五萬青年團員只三千可見青年團的運動沒有與群眾接觸.我們以后當深入群眾當中去組織、 我們能注意及此一定有偉大的效果,如德國沙西爾地方社會民主黨下的少年組織,因此努力已轉移到我們旗幟之下來了.

~~~~~~~~

現在我們再將各國的少年運動分析說說:

一.德國青年團方開過第十七次大會 他的組織要算西歐最好的模範 他們很明白他們的工作.很能實行青年國際第三次大會的決議案.

二.法國青年團現處於及動政府嚴重監視和壓迫之下他們已失了公開的活動;一切進行都是秘密的. 他們將名集一次大會就目前的形勢看,這個大會或許也要成為秘密的開會.

三.捷克的情狀是很奇怪的.共產黨可以公開而青年團反要秘密. 這完全由於傳統思想的影響.不承認少年運動的独立恐懼少年人的革命性.所以現在捷克少年運動最急要的一件事.就是求得到公開運動. 他們擬出三個方法去進行:1)組織工會握到工會的权力.籍此進到青
~~~~~~~~

年團的獨立公開;2)在黨中組織支部.藉這個支部的機關活動;但這不是很好的方法.因為青年團仍須獨立;3)是先在工廠中去作小組織,逐漸做到大聯合,這是最能與群衆親密接觸的最好方法.

四.意大利的少年組織,分社會主義與共產主義二派. 社會主義青年團在本年三月八日的大會.贊成青年國际議決案者.百分之八十反對者只百分之二十. 自從法西斯蒂(fascista)黨人掌握政权后,對於這種少年組織竭力壓迫;甚至於任意作法外的戕害,暗殺事件,層見疊出.而被捕入獄者亦有六百餘人之多.故青年團員之逃往外國者極衆.

五.挪威的共產黨分左右兩派.右派曾反對第三國际第四次大會議決案.拉兑克常往說明. 挪威的共產主義青年團不單贊成第三國際決議案.而且能努力去宣傳.

六.美國的產業雖極發達而少年的組織運動則甚幼稚.他們現在只有三千團員.

七.英國亦只有青年團員千人. 他們的工作還很努力如反對壓迫殖民地問題等

八.西班牙.葡萄牙的政府對於少年運動均壓迫甚力;尤其是西班牙因有法西斯蒂的擾亂團員常被暗殺.

九. 俄國在六月以前. 已有團員二十餘萬人. 現時增至四十二萬人. 他們主要的工作: 1)共產主義的教育與訓練; 2)養成實際的應用人材 3)經濟工作. 此項又分為少年失業工人的救濟和少年工人教育經費兩項 俄羅斯共產主義青年團除了這些工作外, 他還有特別的任務, 就是國際的活動. 這種活動含有三個重大的意義. 即: 1)無產階級少年國际性的發展; 2)國际消息的靈通; 3)經驗知識的交換.

十 日本現已成立了少年共產主義的組織在那裏努力工作 這個團体是很秘密的 我們應該了解日本的特殊情形: 其政府對於無產階級少年運動既非常壓迫警察的組織又非常完密所以我們的活動十分困難. 在日本資產階級的少年運動已有"帝國少年同盟"他包有二百五十萬的少年(多數為農民)和很久的歷史. 我們新的組織當設法加入這舊的組織裏面去活動. 走進工廠裏去活動. 共產主義現在日本的勢力雖不甚大但惟其如此所以日本青年團之成立. 對於遠東各國共產主義革命實含有絕大意義

十一 高麗目前最要的問題. 是要聯合各個革命的團体(無論是民主派. 社會主義派宗

教團體等),合開一個聯合大會.共同去做民族獨立運動的工作.　這個大會雖在本年三月二十日召集,但終於被日本軍警解散了.　從資本家報紙登出的消息說:"這次大會要求的口號是民族解放,言論自由等.　他們的分子有民主派,有無政府派,有社會主義派,有共產黨　他們都是受了俄國多數派的煽動而起暴動."我們僅就敵人的言論,已可推想這次"高麗各派大會"問題之重大.　這次進行固然失敗了,但此後仍當繼續奮鬥.

十二.蒙古的少年運動很有意義.　他們現有團員一千五百人.　在蒙古尚無其他政黨所以青年團要算蒙古唯一有組織的團体　他們現有兩人在政府中任要職:政府對於他們雖少有反動之意但他們極有勢力.　他們目前正準備召集第二次大會,討論青年團的教育及工作問題

十三.中國的少年運動是極有希望的.　在這種經濟落後的國家,帝國主義的侵畧,軍閥的壓迫,大多数青年都自然傾向革命.去冬以來的學生運動,已放棄從前請願罷課的消極反抗,而努力向民衆高呼澄清政治,打倒軍閥.　最近我們得到中國電報云:"五月七日的國恥紀念,北京有二萬餘人的游街示威,軍人亦多参加;全國

各城市學校戲院商店,一律關門;銀紙亦停版。更是徵中國革命潮流之高漲.

中國青年的境遇為最痛苦的;學生約四十五萬人不能安定讀書;學徒每天做十七八点鐘的工作;野心軍閥利用青年人之忠實勇敢,尽力收拾他去當兵(張福來一師有小兒兵之稱),統計不下二十五萬人;青年農民的境遇也是極艱苦的. 中國青年除了實際生活的壓迫外,思想方面還有基督教青年會的活動,在一部份學生中占有極大勢力. 中國共產主義青年團(即社會主義青年團)的責任就是要努力組織這些青年,代表他們利益去奮鬥,引導他們打倒軍閥,推翻帝國主義. 一年以來中國的共產主義青年團在工人和學生當中的運動,都有很好的成績. 他們現在團員三千餘人. 本年的大會就在五月內舉行.

上面我們已將世界各國的共產主義少年運動,大畧說過了. 遠東方面少年運動的歷史雖不很久,而成績很好,已有了穩固的基礎. 西歐方面則適當反動潮流正厲害之時,如法國軍國主義之發展,意大利法西斯蒂之當权,使我們的活動不能不暫取秘密的進行.

在第二國际之下有青年團員十二萬人;二半國际有青年團員五萬人;而第三國际有青年團員八十萬人. 從數量上觀察,第三國际的數目己如此其偉大；更就質量上來分析，第二國際的十之萬人，德國便占了十萬人，二半國際的五萬人，奧國也占了一大半，這已不配稱國際組織了。

白特諾魏肯講　　列門澤夫記

五月十三日寄自莫斯科

按白特諾魏肯(Petrovekn)為"國際共產主義青年團"東方部主任，此篇係他於五月十日在莫斯科"旅俄中國共產主義青年團"底講演。　記者附識。

工人與政治

這篇文字既已脫稿，又見到《工餘》十六期裡列悲君對於工人與政治的商榷底意見。列悲君主張"根本的推翻政治"，實較P. P.君對於政治只是一個消極的否認者，又別具一番見解。我對於列悲君"根本的推翻政治"底主張，是完全同意的，只是問題之呈於前者，不在政治是否應當"根本推翻"，而在使用什麽方法才可以把政治"根本推翻"？馬克思主義者認定政治不是由一個消極的否認便可以根本推翻，也不是由幾處手鎗炸彈的使用便可以把政治"根本推翻"。政权是存在於階級對抗之上，在階級對抗存在的社會裡則一階級用以壓迫別一階級的权力——政权的使用是必不可免的.政治只能隨階級對抗的消滅而消滅(到那時候,事物的進行,已經把階級的對抗消滅,到那時候,生產的全体,已經集中在結合的個人之手,則一個公共权力將失掉了他的政治性質》——馬克思). 所以要《根本的推翻政治!第一,必須消滅那引領到階級對抗的生產條件;第二,必須消滅階級的本身. 無產階級專政,就為完成這兩項使命的(理由詳后),所以馬克思主義者認定無產階級專政,是到無政治惟一的必經的途徑. 列悲君在一方既已主張"由下層階級,聯合起來'根本的推翻政治',是已承認工人階級政治"鬥爭之必要;而在他方於人家對工人階級政治爭鬥的主張,卻又使勁的加以否認,豈乃自相矛盾! 此外,列悲君的意見較P.P.君所說的為概括,可以附在本文內解釋,不另作答.

作者

我曾在《工人周報》上作過工人與政治一篇文字,意在予工友對於政治爭鬥一個簡明的概念,只能說到表層未曾說到裡面,只能說到大要,未能說到詳盡. 不圖"工餘社"的P.P.君便於此以辭害義,妄測無端的加以駁義,以致弄得滿天飛跑,卻又未能中到要害. 我既感覺到我前文說的過於概括,加上P.P.君這番穿鑿,益滋讀者以誤解,便不得不再來解釋一下.
但在回答P. P.君以前,有幾点須得申言:
第一.工人階級的政治爭鬥,不是任何人人:
可以煽惑得起來,也便不是任何人可以否認認
得下去;這種必然的趨勢,完全是由他們的生活條
件來決定的. 在資本制度的懷裡孕育出來的
工人階級,已和中世紀的傭工學徒農奴的生活
條件不同了. 資本制度的生產法,他把工人集
中到都市,已將社會的和私人的生活革了命.
在資本制度之前森立的各大都市實為訓育無
產者對於政治上感覺力和組織力的良好學校;
各種集會,大飯店,消費合作社,互助會等適適是
使他們互相了解互相承認一個利益之公適的
工具. 他們已成為意識的行動的一個階級.
他們已明白他們的支配階級怎樣的運用政权
以來奴服他們;現實的政象怎樣影響到他們的
經濟地位,影響到他們的日常生活. 他們已明
白政权在階級對抗中的作用,他們必然的起而
為政治的爭鬥 故在十八紀末的法蘭西大革
命與產階級便與有產階級同時并起以奪政权;
一八七一年巴黎的工人階級已曾嘗試的去破
碎有產階級那架統治的機器——政府 一九一七
年俄羅斯的無產者佔據政权已經過五個年頭
了. 在中歐匈牙利的工人階級,也曾嘗試的奪
取政权德意志的工人政府早晚就要登基了.
中國在半世紀以前西方的資本帝國主義即已

侵入．帝國主義經濟侵畧的結果．破碎了中國舊有的經濟關係．把在這舊經濟關係下生活的無產者．從鄉村裡驅逐出來．集中到都市．　現在中國各廣漠城市中的手工生產者和資本主義化的機械生產工人以及交通工人．運輸工人．他們的生活條件．完全改變了．　他們為求他們在現社會的生活發展起見．對於政治上相當的权力和日光空氣有同樣的需要．　我們試看現在國內工人階級壯烈而且方在擴大的政治運動．就可以知道這種澎湃的趨勢了．

第二．生產手段（即一切生活本源）的壟斷者．屈伏勞動者於經濟隸屬地位之下．是勞動者生活貧困．智力低弱．人格墮落．政治倚賴的總因．工人階級的解放．是求經濟的解放．這是誰也不能否認的．　但是私利的階級他怎樣才能壟斷生產手段？怎樣才能屈伏勞動者於隸屬地位？他是使用什麼方法以維持這種壟斷，維續這種屈伏？不用說．是因為他把持了統治的最高权力在他的手裡．　所以工人階級的解放．是求經濟的解放．為求經濟的解放而爭鬥．是政治的爭鬥；因為經濟权關連於政治权．有產階級是憑藉政权以鞏固他的經濟的掠奪制度．

第三．階級爭鬥便是政爭．　因為到山窮水盡的時候．總是為着权力罷工呢；當他蔓延及於全國的時候是搖動有產階級的國家基礎的．這樣．也得了政治的意味了．　要想推翻有產階級要想打破國家，便是進行政治的爭鬥；要想創造我們自己階級底機關去駕御藉制那般反抗的有產者不論是何等樣一種機關，那便是拿到了政权。因為我們給"政治鬥爭"所下的義鮮，便是被支配階級努力去破碎支配階級的政治权力的爭鬥。我們給"政权"兩字所下的義解，便是一階級用以反抗別一階級的組織权力。

明此三義，然后再來進到工人與政治一問題，便不難迎及而解了。

P.P.君說«階級鬥爭不能離開政治，當從政治下手由政治完成，其理由安在？倘若不能把理由說出來，便妄以為"不能"或"當從"，未免太宗教式了……»

其實我那篇文字雖粗淺，然并沒有忽視了這個"不能"和"當從"，只可惜P.P.君斷章取義，對於我所解釋這個"不能"和"當從"的地方，乃竟熟視而反若無覩。現為免除P.P.君再以我為"宗教式"的"妄斷"起見，只得不憚煩的再把前文抄兩段給P.P.君一看。

«就最淺近最初步的說，工人階級他要準備作戰，他必得建築一個作戰的本營，這就是說必須團結起來。結合的自由是極其須要的；工人階級一步一步的集中到都市，他要於廣漠的同伴中，互相認識，互通声氣，出版集會的自由，尤其須要到緊。工人階級在現社會是未有地位的，他既不能一口氣用手鎗炸彈把現社会轟掉，他要在現社會之下生活發展,試問這些生活發展必具的條件,非用作战的形式取得,他會從天而下麼?”

這一段就是說明階級鬥爭,為甚麼要從政治下手.

“我們終究要從我們的敵人手裡,搶到一切的政权,由我們使用,使用以來壓倒我們的敵人,使他無產階級化,使他與我們為同一階級,那末從此便無階級的對抗,即政治本身也就失掉他的作用了.”

這一段便是說明階級鬥爭為什麼要由政治完成

本來階級鬥爭為什麼當從政治下手:由政治完成一問題,是個再大沒有的問題,不是這簡單的幾句話所能說的詳盡. P.P.君既已集矢於這点,我也感覺得這点是工人與政治一問題的重要關鍵,我們現在就不妨來討論一番

因為政府是最高統治权(souveraineté)所寄.而國家又是代表這種最高統治权的,所以我們現在討論到階級鬥爭為什麼當從政治下手,由政治究成一問題,首先便得於國家有個明確的認識但是我們要研究國家的本性,便不是從拉魯時(Larousse)字典上把他對於這個名詞所下義解照抄,便可以敷衍得過去的,我們要站在階級鬥爭的立場來研究國家的由來和作用

國家的產生,不是如上古希腊政治思想所

認定的:國家是自然而生的,不是如中古政治思想所認定的:國家是神造的,更不是如民約論者所認定的:國家是民意結合的產物,他——國家——的作用,既不如國家的謳歌派——黑格兒以為國家是"理想的實現""理性的肖像"那查爾以為國家是"實施人類文明偉大進步"的工具(見他的《工人綱領》中)——所詮釋的那樣神聖;也不如國家的咀咒派——無政府黨人以為國家是人道就地正法的刑場"(見《工餘》十四期)——所詮釋的那樣頹很.

國家是社會的產物,因為社會發展到了一個程次,由生產條件引領出來在相反的經濟利益中的階級對抗,社會自身無力解除一個超乎社會以上的勢力來支配社會,來解除這個對抗——就是由一個階級使用這種勢力壓服其他的階級使之就範,不能起而與他爭鬥——是必然的.這個勢力,是社會的出路——就是國家.(語本恩格爾思見《家庭,私產和國家的由來》)故國家本身在任何時代,任何地方,初無作用.他的作用是歷史的社會的由階級的作用來決定的. 國家即是一個一定的階級的政權之把持者;在中世紀,國家的本身便是封建的諸侯,在有產階級的社會,國家的本身,便是資本家——第三階級.他,除了維持階級利益以外,并無其他的社會作用. 老賓說:"政治即是一階級壓迫別一階級的組織权力"(見《共產黨宣言》)是由一個時代的支配階級,操用以來維持他自己的特权地位以壓制那個時代的被支配階級的。現實的政权.(俄羅斯除外)是把持在有產階級手裡.他的唯一作用.即在彈壓工人階級的反抗.破壞工人階級的團結.箝制工人階級的自由阻止工人階級的發展剝削工人階級精神上物質上一切的利益.總括一句:就是奴服工人階級於資本統治的鐵鞭之下供他的宰割掠奪. 所以工人階級放棄政治上的爭鬥便是甘於永遠為奴! 所以我們在消極方面阻止工人階級的政治爭鬥.無異在積極方面擁護有產階級的統治权!

既往的歷史昭示我們:一個階級的解放.是原政治的解放而解放的. 有產階級孕育在封建制度的懷裡.他因為在經濟上有了地位便在政治上一步逼緊一步的進取. 所以在中世紀的市民因為封君要抽取他們的賦稅.他們便要求政治权力以為償他們於以踏上封建制度的政治舞台所謂代議政治——至今已成為有產階級專政的形式——即發源於此. 他們因為在政治上的地位反映到他們的經濟發展上.使他們在經濟地位的勢力日益擴大.因經濟地位的擴大.更促進他們在政治上地位的伸張 他們終於從他們的支配階級手裡奪取一切的政权而建設起資本的統治.

無產階級.他要求自身的解放.歷史的.事物的實际指示他.只有望着國家即有產階級的最高統治权力出發.一步逼緊一步的進取.把有產

階級這架統治的機器一部分一部分的佔據或一部分一部分的取來搗碎. 工人階級把有產階級那架統治機器佔據一部分他便在現社會裡得着一部分的权力;他把他搗碎一部分,有產階級便有一部分使用不靈,工人階級便脫出一部分的羈絆,得着一部分的解放.(全部佔據或全部搗碎,一時是做不到的) 工人階級他非把有產階級那架統治機器佔據一部,或搗碎一部,他便不能發達他的經濟組織以上經濟的战場,他非把那架機器全部佔據,取來搗碎,而建築起自已使用的新的統治機器,他便不能化生產的手段為全民所有.

工人階級他要爬上支配階級的地位,建築起他的新的統治機器,這便是說:實行無產階級專政.

專政在革命中,是一種革命勢力的使用(L'emploi de la force révolutionnaire)是所以區別和平革命和激劇革命的(參看列寧的無產階級革命P.23) 革命是使用應有儘有的強权的行動,——因為惟有力乃能制服力,勢力是新社會的接生婆——從勝利中出來的革命黨,有藉恐怖方法以强權威服其反動黨,以維持其統治权的必要.因為一個時代的支配階級和與他為緣的舊社會秩序,是經过長期的培养而成熟,已經根深蒂固,牢不可破,断非由一個單純的暴動,便可以一口氣給這些尽量的推翻. 革命階級當了這種嚴重關頭，如果不能使用革命勢力，把住政权，他便不能壓服反動，把打敗的歷史中墮落階級，壓將下去，把舊有的社會秩序徹底的掃蕩；他便不能運用新機，使勝利的歷史中新興階級，發榮滋長，把新的社會建築起來；這就是甘心把在革命中已經取得的地位捧給敵人，這便是革命機能的自殺！

工人階級他要暫時自身僭居支配階級的地位，不是為爭奪階級的特权和階級的專制，他是要操縱了這架統治的機器，才可以從他的敵人手裡，奪取一切生產工具，猛烈地用這些生產條件消滅舊有生產條件，消滅那引領到階級對抗的生產條件，消滅階級本身的存在，(無產階級是人類的最大多數，他又是歷史中最落后的一個階級，他把他的敵人降服以后，便無階級的存在了。)撤去他固有的階級最高权(階級消滅，則一階級用以壓服別一階級的最高权無所用)並撤去最高权的性質。掃蕩有產者的舊社會與其階級和階級的對抗，用一個"自由結合"來替代之。在這個"自由結合"中，各人自由的發展，會是全体自由發展的條件(語本馬克思，見Rappoport《歷史哲學》中政治理想的進化章)。這便是共產主義的實現。

國家即統治的最高权力，原來不是聖灵的產物，所以不会由我們一個空洞的否認，便有什麼神秘的力量，把他灰化，我們要廢除國家，則當攷究他的來源,找到他的去路,使用必然的手段把他送尽坟墓裡面去。　所以惟有馬克思主義者乃真實的能消滅國家。　所以"我們不願意治人",我們也不願意為人所治。(此地所謂的"我們"不知是否是指工人階級,如這個"我們"是工人階級的,"我們"則"我們"雖不願意"治人",人卻不客氣的願意"治"我們","我們"雖"不願意為人所治",人卻硬要"我們""願意"為他"所治",將怎樣办呢?)我們認定治人是一種罪惡,所以人家若問我們對於政治的主張,我們很簡單的回答主張無政治。(未免太簡單了!恐怕事實不會容許P.P君這般簡單的回答罷!)換句話說就是無政府,因為政府是政治的製造廠。這類不着边際的空話,是絲毫不能影響到政治本身的實際存在的!　(未完)

行候

一個無政府黨人和一個共產黨人的談話

(續第八號)

(甲)今天你有時間,我們再談"社會革命問題"麼?

(乙)很好。　不過我們定要抓住這個"社會革命底問題",然後我們才有談話底根據地。　因為倘我們都有革命底要求,於是我們才要求對於革命底實際問題有一個明確的認識。　否則我批評你們的無政府主義,說你們無政府不能實現不能維擊我們革命底要求而你們心目中并沒有打算要實現無政府主義,徒說一些去學的混沌鬼想,如"徹底清源的去尋求人類生活真正的道路","自然界底事和人類真正生活底實際","當徹底的了解人與人類底自然現象與正當的意義"。(見《工餘》十六號28, 29, 32) 甚至你們對於社會革命毫不負責任,專拿一些"野心家","权利慾","官僚","魔王","拍馬屁"……毫無意義的,只須不顧一切可以加之於任何人的謾罵名詞來與反革命合作。

(甲)好。 現在我們就專討論社會革命問題. 不過你上次所說的我还有懷疑.我總覺得革命是消滅階級不是保持階級的;他是廢除國家的,不是使國家底权力更加強大.你們既號有此能力搶到一切权力為什麼不盡你們的力量推翻一切的权力呢?(見《工餘》十六號,34)推翻的工作都不要政府專制都做成功了.推翻之后偏才要個專政將眾人分功活動的一切集在一個地方聽少数人揮使!(見《工餘》第十七期,7)

(乙)你一說話就讓人笑. 革命就是階級爭鬥無產階級專政就是階級爭鬥底羅輯的結果,無產階級專政底形式就是無產階級底國家;這無產階級底國家與有產階級底國家不同亦猶之有產階級底國家與封建的國家不同是一樣,即:封建底國家是寡頭政府,是握在世襲的貴族手裡;有產階級底國家是巴羅門(parlement)政府是握在工商業的資本家手中無產階級底國家是蘇維埃政府.是握在勞兵農手中.這点上次我們已經談過.現在不必再重述一遍.

、假使階級爭鬥不是在我們腦中的一個抽象的觀念.我們說階級爭鬥當然即承認社會上有階級存在:有壓迫階級和被壓迫階級存在.被壓迫階級要推翻壓迫階級.首先即應該有本階級底存在:他能最后征服了壓迫階級.一定要他本階級底爭鬥底勢力和一切爭鬥所必需的工具都能战勝壓迫階級.　若要消滅階級.階級還沒有消滅.即首先要消滅自己的階級.這樣要消滅階級只有一法:先教本階級自殺.　不須怎樣的科學的方法來推論.只須保平声静氣地再思索一番:«保們既然有此能力搶到一切权力.為什麼不叄保們的力量推翻一切的权力(大概是包括推翻的人底权力在内)呢?» 這句話通麼?

以我們看.革命底第一步最重要最吃緊的工作.不在推翻支配階級時.正是在推翻支配階級后:因為現今有産階級底社会差不多時刻都在動搖中.被壓迫的民衆不難乘機而起將有産階級底統治权轟散;但是.恰好到這個時候四面八方的敵人都統一前敵對他們下總攻擊.　他們在這時為能保持他們自已得的勝利及達到最后的勝利.勢必要組織階級底最高权力攻打所有的反革命.同時更須組織生産和分配及社會上一切設施——若他們這樣做了.這就是一個專政.　這些我們在上次也已經談过.現在也不

能再重述一遍.

試舉一個例子. 在一九二〇年秋意大利工人不是已經佔據了工廠,農人佔據了土地麼? 若照你們看,意大利底無產階級在這次不是已經達到了目的,獲得了最后的勝利嗎? 只因缺了一個有統一意志的堅強的共產党將所有革命的群众聚合在一個鮮明的旗幟之下,以致革命的群众未擭得政权實行他們的專政、結果,反革命不單使用政权將他們已獲得的勝利奪回,更蹂躪他們不遺餘力,成了現在的世界最著名的法西斯蒂(fascistes)底專政. 現在你可去問問意大利底工人和農人:你們既然已佔據了土地和工廠,你們應該是生產者就是管理者管理者就是生產者,更要由各地方各產業的工人依照該地方該產業的經濟的情形自決,不能要有一中央政府去指揮.一則……"(見《工餘》第八號87)——你們為什麼又放了手呢? 或者你去告訴他們:你們有力量在從前革命,自能在以后用那力量更發展的維護.完成革命從前不能有專政以后也須不上他"(見《工餘》第十七號5)

(甲)"我們反對一切政治運動."我們勞動者所希望的不是奪取政权是消滅政权,不是無產階級專政,是要把一切民衆自奴隸狀態中解放出來,是自由的無政府."(見《工餘》第十七期2、3.)

(乙)你們說話全不加分析. 我且就你所說的話來問你:所謂政权,是不是統治階級底統治权? 所謂消滅政权，是不是被治階級組織起來先打倒統治階級底統治权，後消滅統治階級底統治权? 若被統治階級組織起來要消滅統治階級底統治权，在這"消滅"(若我們稍有点時間的觀念，總不会相信消滅是一刹那間的事)期間，他自身是不是有一個統治权?

不錯我們是要把一切民衆自奴隸状態中解放出來不过這奴隸状態中民衆要從奴隸状態中解放出來，是向支配階級乞憐解放出來還是要自身組成一階級實行階級爭鬥解放出來呢?

階級爭鬥還不算是政治運動麽?

(甲)"政治的運動不是引導我們進到民衆解放的新社會去"。

(乙)照我們的推理，我們不是把"政治的運動"當一個玄學的或教義的觀念，以這個觀念引導我們進到民衆解放的新社会去，我們是說民衆解放，推翻舊社会建設新社會——這種運動叫政治的運動，由此可見"政治"二字在你們腦中彷彿不是一個意象學的(idéologue)名詞，是一個永久的實体(être éternel)

(甲)"政治的組織就是少数人要來剝奪大多數人权利的一種工具"。"政治家常藉其政治上的優越权利以凌壓平民，資本家藉其經濟上的優越权利以凌壓勞動者。 政治家因得政治上的優越权利，同時即可獲得經濟上的優越权利；資本家因得经济上的優越权利同時即可獲得政治上的優越权利。所以廢除資本家同時要廢除政治家，如廢除資本家而不廢除政治家，那麽，必然有資本主義復活之危險。"(見《工餘》第十六號，33、34)。

(乙)哈！那曉得你們將現社会分四個階級：資本家和勞動者政治家和平民。政治家是與別的階級無關係的；他們的專門買賣就是政治；政治是為他們所創造的；政治是與任何別的社会的階級無關係的，他是政治家個人憑空製造出來欺平民的。我以為稍有社會的常識的都不致說出這種無稽之談；你簡直不懂得政治是什麽！

(甲)"政治"這兩個字我想工胞中一定有一大半就不知道了。但是我們不妨解釋明白告訴他們知道。我們現在借法文的politique與中文的"政治"同義；法文字典的註解是：Art de gouverner un état。中文的釋義是"治國的方術"，就是治人的秘訣(!)講到政治又不得不講到使用政治的人，使用政治的人法文叫做：politicien。釋義是：personne qui fait de la politique；中文意義是：運用政治的人。簡單說就是專門做政治事業的人，我們中國有個很普通的名詞就是"政客"。(見《工餘》第十五號，9、10)

(乙)我聽了你這一段話想不笑實在忍不住，若真笑出來，也未免太刻薄了。

(甲)怎樣？

(乙)像你這樣解釋政治——解釋politique一個

字也未免太簡單太便當了！像這樣，我們以后解釋一切問題只須抱一本Larousse(法文字典)在手中就够了！若有人問我們什麼是德莫克拉西，我們即打開Larousse告訴他：Démocratie，法文字典的註解是：Gouvernement où le peuple exerce la souveraineté，中文的釋義是：由平民施行最高权的政府——但有人又說現在有產階級的德莫克拉西(Démocratie)即是金錢貴族政治(ploutocratie)！

"政治"這兩個字，即照字義講解，也有廣義的和狹義的不同：有時作政治學解，有時作政体解，有時作政事解，有時又作政策解(在世俗間有時又作私人玩弄手段解)。 政治家在法文也是politique(adj.)，是指主持某種政治或施行某種政策以及担任國家事務的人。

但這樣還只是解釋了文字的意義，还未能解"什麼是政治"這個問題。 在你們，你們以為政治就是治人的秘訣；這治人的秘訣就是由少數專做治人事業的人造的。 這樣的彷彿認定了社會上除開因階級底利益的衝突形成階級統治底關係(即政治底關係)外，还有一些魔王專造一些政治的關係加入在我們的社會裡。 至於我們共產主義者，我們解決一切社會的問題都不忘却社会底階級的關係 政治是由階級對抗形成的。 階級底統治是政治的統治。 階級底爭鬥是政治的爭鬥；爭鬥即是作戰，作战要使用战器，战器是政治的。 使用战器就須要使用战畧的人.

因此所有階級爭鬥的問題,小而至於部分的要求,大而至於奪取政权,都是政治的問題.只須社會上有階級的關係存在,我們都脱不了政治的網羅.這話不是說我們要故意利用政治;是說社會上有了階級,階級對抗的本身即是政治;一切由階級對抗所發生的事件,我們稱之為政治的事件.

例如自十九世紀上半期以來,所有工人階級底勞動立法運動(如規定八小時工作,限制兒童作工的年齡,限制婦女工作底種類……)是不是政治的運動呢? 一九二〇年秋,意大利工人和農人底失敗,是經濟的失敗,还是政治的失敗呢? 去年哈福爾(Havre)大罷工,當初是出於經濟的要求,其后哈福爾的縣長默葉(Meyer)和議員薛哥福利(Siegfried)都加入了,本開尼(Poincaré)鎗傚也加入了,這時工人底爭鬥是政治的还是經濟的呢? 米索里尼(Mussolini)在意大利組織法西斯蒂(fascista)底工團,這是一個政治的現象,还是一個經濟的現象呢? 京漢鐵路工人被殘害,北京學生在衆議院門前遭毒打,這是不是政治的問題呢(只因政权落在帝制餘孽底勢力手裡)?

又如一般資本主義的國家自一九一九年以來欲彌補他們的大战底損失,遂設法畧奪工人階級:延長工作時間,減少工資,破坏工人底團結……這是資本家政府底反動的政策;工人階級應聚合起來採用種種的共同的行動來抵制.這是共產党人底糾合工人底大衆,使他們準備爭鬥底政策;亞姆士特丹底工團國際怕與革命的分子接觸失了他的群衆,極力從他的工團中排斥革命的分子,這是改良派社會主義者底分裂政策;共產党人處處以工人階級底利益做前提,糾合所有勞動者來做共同的爭鬥,以期工人階級早日聚合起來達到最后的目的.這是共產党人底統一前敵底政策. 法國一般自命為左派的政党(Bloc des gauches)感受法西斯蒂底攻擊,想藉此利用勞動大衆現在幫助他們為他們復仇,將來又擁護他們捧他們上台——這是有產階級底政党之欺騙政策共產党人迅速指点迷途使工人不要再跟他們后面跑,要以 Bloc ouvrier 對待 Bloc des gauches——這是共產党人底革命政策.

(甲)我現在簡單的問你一句:譬如鐵工木工,土工……等的主人待遇他們太酷薄了,他們的生活太痛苦了聯合起來成立一個聯合會和他們的主人對抗,有時罷工,有時佔據工廠,這樣爭鬥可以說是帶有政治性質麼? 這種爭鬥也可以說是政治爭鬥麼?(見《工餘》第十五號(次))

(乙)由你這一段話,足見你們平日所謂"階級""階級"實際上你們對於社会的階級的關係并沒有個明瞭的認識你們在社会上所見到的,尽是一些散乱的民衆.

在階級統治底社会中言論,集會,結社等权

利是有限制的，近代工賤奴不知經過幾次的爭門幾次的流血，才獲得一部份言論集會結社等权利——即從有產階級手中奪得一部份政权，可見鐵工，木工，土工等不作散乱的暴動，能够成立一個聯合會與他們的主人對抗已經是政治的行動了，若他們有時罷工，有時佔據工廠馬上憲兵警叅一齊來了。捉的捉，殺的殺，有的應处以死刑有的應處以徒刑——這是經濟的現象，還是政治的現象呢？　若他們要達到最后的解放他們不獨與他們的主人反抗幾次，他們勢必要打倒他們主人底階級，推翻他們主人底制度成立他們自此底制度。　為達到這個目的，他們先要與他們的主人作很長期的爭門，漸漸自身團結起來組成一個堅強的階級，備有種種爭門的機關(工團合作社，工人議事會，政党等)一旦將他們的主人底統治权打倒了，他們馬上即須自身組織成支配階級壓服他們的主人和他們主人底階級，建設他們自己底社會。在這革命的爭門期中他們不獨對反革命應該下猛攻；即一些猶疑不定的分子都應該排除，以免擾乱革命的隊伍。為什麼呢？　因革命是絕對的堅决的行動，不是可試一試禎的，革命一失敗，反革命即着着逼人！——若木工，鐵工，土工……等這樣做了，這樣就是共產党人稱之為專政。

(甲)政治一物，在他的本質上，只是少數者想以征服多數者支配多數者的方法。　所以號稱以多數者支配的德莫克拉西以及無產階級的政治等等在學者書案上或者可以成立，在實際上絕對不能成立”。(見《工餘》第十七期。2)

(乙)所以政治究竟是什麼你還未弄清楚，你們被近代有產階級欺騙人的“全民政治”欺騙了。因而你們即否認政治底本身(你否認他，其奈他本身存在何!)　政治不是“一物”，是一個抽象的名詞。　他的“本質”我告訴你：当在純粹的農業社會中，生產工具簡單，交通不便利，人民安土重遷，他們的政治思想也不發達，因此他們遂容易為少數武人所征服，產生家天下的絕對的專制的政治；及工商業勃興，自由都市上產了一般富的市民。在這時產業發達了，交通便利了，因之這般市民底政治的常識也發達了。　在這時，寡頭政治不能維持了，無論誰，再施行寡頭政治也成為不可能了。　這般工商階級要想推翻封建貴族，成立他們的統治，唯一的形式就是集合各工商階級底派別成立巴羅門，利用巴羅門共同宰割全社會底利益：這樣遂成立現代民主共和政治；其后因自由競爭和資本集中底結果，從各地人民中造成大多數的無產者，這般無產者漸漸覺悟起來次第成立合作社，工團，工廠委員會等。組織他們先以這些組織為爭鬥機關，后以這些組織為基礎建設他們的統治权，以成立蘇維埃的民主共和政治；最后，因生產力發展的結果，社会的階級由繁化簡，無產階級成為有史以來階級對抗底最后一個階級;無產階級將有產階級最后消滅了,即將全社會底階級消滅了,從此階級統治底事沒有了,政治即跟着消滅於無形了.——請看這就是政治底"本質";你們所謂政治底"本質"就是這麼一回事!

(未完)

Y. K.

這篇談話本是預備同"工餘雜誌社"研究下列幾個社會革命底問題:階級爭鬥,無產階級專政,國家(L'état),政治運動,共產党底運用等.前四個已在"少年"第七號第八號和本文上次第發表出來;后一個本擬也在這一號上發表,只苦於沒有篇幅,不得不仍待下期.不過以后倘有篇幅,對於中央集权,俄國底新經濟政策,我还願與"工餘雜誌社"諸君作一研究;因這些也是他們所不滿意的.

作者識.

國際帝國主義之爭霸及無產階級革命

（一）

自去年及今年初以來美國工商業更發達英法經濟已恢復,意比諸國兌換提高,顯出一種繁昌的現象.　因為中歐諸國,尤其是德意志受凡爾賽條約底束縛和魯兒的佔據之故,不能與他們競爭;而中歐經濟被摧殘,已達到殖民地的水平線又他們加倍掠奪全世界被压迫民族的富源，並且減少工資嚴酷地剝奪本國工人，於是現在的英美法意等遂成了資本主義輩國的營壘　但市場有限而全世界殖民地和無產階級之購買力不充，所以互相競爭和压迫弱小的帝國主義，便又顯出一如大战以前那種兇惡的形象。

英國屬地偏於五洲，若不掌握世界霸权，是不能維持其存在的。但要掌握世界霸权，他就必須採用下列五個手段：第一要压迫弱小民族，以推廣或鞏固其掠奪地；對於愛爾蘭的民主主義運動，印度埃及的独立運動均用高压手段撲滅之，及告成功，乃進而压迫土耳其，掠取其煤油和鉄路。第二反對革命勢力；因為俄國政治經濟外交俱形得手，波斯，阿富汗等之商品，皆不必到倫敦印度而可直到莫斯科；而其幫助土國又頗不利於英之侵略政策；在波斯印度宣傳革命則動搖他的殖民地，所以英國乃要向俄國採取攻勢。第三英國以工商業立國，而要發展這兩者，均須擴張市場；但其貨幣價高，兌換虽獲利，於商務上却不免自塞其銷路；且魯爾的佔據，又有損於商業；為此，對德恢復經濟減輕賠償，实於維持英國工商業上有重大意義。但外面角逐者，多聯絡勢力次於己而排斥勢力等於己者，实為第四個必要之圖，在最近二十年中，英國為抵制德之實業霸权，與法相結；現在在歐继德而起者為法，所以英國為排除法國之實業霸权，逆轉而締結英意協約了。英國帝國主義之政策，大畧如是。

美國資本主義，為世界資本主義中之最有組織而堅固者，將成為無產階級的反革命之最后的營寨。他在亞美二洲有極大勢力，战時，擴足於歐洲，近更染指於英法意各帝國主義者之所謂近東問題。今年四月十四日蔡時特爾权利(Concessions to Chester)消息傳出，他費了許多餘力和金錢的經營，現在得着收獲了。縱是英法帝國主義者對此竭力反對，然而他是置之不顧的。

法國有兩大資本家王達爾(wendel)發展其生產事業於魯爾，德國資本家快要將其剝奪於工人的6%的利益讓與他了；施乃德(Schneider)則握有奧匈波蘭捷克羅馬尼亞等國的經濟权，而使此諸國俱為法之附庸。現在法國勢力所及，方面甚廣：一則佔據魯爾，用大力压服德國；二則於洛桑會議中，掠取土國权利；三則借大款給波蘭塞爾維亞羅馬尼以武裝他們；四則派福煦到波捷諸國檢閱軍事；五則命魏一甘(weygand)將軍往敍利亞(Syrie)鼓其獨立而脅迫土國。其雄圖直欲駕英而上之，做拿破崙的夢！

意國的經濟情形雖遠不及上述諸國，然亦是帝國主义之野手。總理米索里利是任何人出錢都可買他"的人：在战時法國出得價錢，便為他主張参战，在和平時為本國實業家所收買，实現法西斯營專政;現在意國之經濟情勢很難維持其地位,所以他又賣給英國,於五月中完成英意協約,但他的終於要為人攻擊,所以六月七日他乃文有"地中海在当是而且將成為我們的海"之宣言。

此外在歐洲打帝國主義招牌的有比國波蘭等　比國與法國一路發展他的帝國主義;不意慕爾的佔據反使其財政商務兌換價形不佳以致特利士內閣倒閉看他近來那侯英的表示可知此后的新內閣很難再追隨保恩加勒政策之后了.　波蘭經濟隸屬於法國資本之下,軍士亦在法人掌握,而魏衆(iwitos)總理还声言"波蘭應当是東歐的主人,所以他在內压迫共產党在外反對俄德想假法國帝國主義之虎威以圖霸

帝國主義國家益多,則競爭益烈而衝突便不少;其有最顯著者則為英與美,英與法,法與美,法與意四組。　英美兩帝國主義之第一個衝突点為巴西第二桌即是蔡時特爾权利。　法國欲得土耳其煤油,初與英爭,近亦與收"漁人之利"的美國相商透。　德國賠償問題法國佔據魯爾事件,於英法的利益是相反的其不能面面對峙於歐洲,比英美為尤甚　法國所佔據的腓尼西亞(Funisie),為法意帝國主义相爭之交点,英意聯合即其反面之証明　五月二十七日保加利亞政變,將來恐不免又要惹起英法意在巴爾幹之糾紛咧!

帝國主義者之相互間.常常有爭霸的事;爭霸之結果.就有压迫弱小民族的慘劇、　奧.匈.提土.保諸國.大都殖民地化;成為被压迫民族.

法國對德估據魯爾加重賠償.把魯爾蹂躪像战場一般.而迫使德國與他為城下之盟.　同時.英法意帝國主义者又在重開的洛桑會議中.毫不放鬆土耳其一点.無如土國恃俄美(美國新得其权利故)之助.不甘降服.所以此会自四月廿三日至現在.從來所認為困難的問題.仍未曾解決而战雲反密布於近東方面.

各帝國主義國家.對外要撲滅革命勢力,不許俄國作經濟的建設.向他進攻;為祿維斯基(Vorovsky出席洛桑會議的俄國代表)之被刺英國之哀的美敦書.福煦之游波蘭捷克以及英之資助俄舊党.開兵船到波羅的海.波蘭之挑釁於旦棄西(Dantzig)皆其左証.　對内呢?　則於無産階級為殘酷之压迫.　以共産党言之:法德常有封閉報館和報紙宣傳而興大獄之事;英德的共産党議員多有被驅逐出國会者;意國以法西斯黨之橫暴共産党幾不能成軍;匈牙利七個党人受了嚴重的處罰;捷克下獄者二百人;波蘭之被捕者數達百三十人;保加利亞監禁党員解散其俱樂部甚多;印度之被擒獲者六十六人.　以工人言之:魯爾工人被法德之軍警所殺戮傷害者.為數至大;捷克政府把加了"國際赤工會"的"鞋工聯合會"解散;意國沒收矩南(Turin)工人協作社;至於減少工資,延長時間和解散工人的事,偏於各國;八時工作制,幾於不能保守;而在這些事實中,尤以德意工人為最苦!

(二)

當英國帝國主義對俄下哀的美敦書后,各國共產党及工人,大起反對;改良派的工人組織亦然,尤以英國勞働党表示得十分明顯,所以非參說:"蘇俄是歐洲已是全世界工人運動的營寨他的末日即是工人運動的末日." 至於俄國呢?其工人得英國哀的美敦書和烏祿維斯基被剝的消息后,莫斯科有五十萬工人的大示威運動,蘇維埃政府,不願以此阻止其經濟建設之計劃三番解釋,并派人到倫敦,至六月十六日英俄絕裂問題,乃告一個結束.

佛蘭克府會議是統一前敵收效的第一步,柏林會議是統一前敵收效的第二步. 五月廿七日,國際運輸工人在柏林開會,完成其統一前敵口號. 現在各國共產党及赤工會俱急急於此,國際鑛工鐵工縫工等大有繼起而謀統一之勢. 我們看墨西哥因法西斯蒂而赤黃兩工會聯合;柏林共產党只三萬人而烏祿維斯基喪車過柏林時,其共產党所組織之追悼大會到者竟達十五萬人;五月廿一的第二和二半兩國際聯合會議於漢堡,在熱烈的反對蘇俄及共產党声浪之中,列德布却攻擊"第二國際"沒有為革命作事,沒有為無產階級作事. 據此,則將來統一前敢之收效不又在意料之中麼?

"國际共產党"對於德國工人,意國共產党,特別留意 他以為德國之賠償,應由各國有產階級共同担負;因為歐战是各國有産階級惹出來的,其賠償不能放在任何一國的無產階級肩上. 六月十日起"國际共產党擴大執行委員会"開会,討論:對於統一前敵的作战;第二和二半兩國际的聯合;反對法西斯蒂的爭鬥等問題.將來國际共產党必須有一番新計劃來促成其解放全世界無產階級之使命.

今年"五一節",美意匈等國俱禁止紀念,而意國尤為厲害 法國日本西班牙俱有工警衝突之爭,中國實行第一次紀念,京滬有很大的露天會,試决打倒軍閥,取銷禁止罷工法,要求八時工作制. 在這些紀念中,以俄國為最熱鬧. 德國的樂園(Lustgarten)有五十萬人游街示威,紅旗及蘇維埃徽號甚多,是亦最能表示工人的階級覺悟和階級爭鬥者.

至於罷工運動在這兩月中之最大者:美國有五萬縫工的罷工,挪威有一萬五千紙工的罷工,西班牙有五萬路工的罷工,法國有一萬一千紡織工的罷工,英國有四千鑛工和一萬五千工人的罷工,比國路工,亦曾大舉罷工. 此外,德國因其受法比壓迫,馬克低落生活昂貴一美金在六月中由八萬馬克漲到十五萬物價一点鐘貴似一点鐘,所以罷工之事多而且烈. 舉其最著着言之:沙爾(Sarre)有七萬二千鑛工罷工,上西勒西亞有三十萬工人的大罷工. 在這些罷工中,有要求加工資50%的,有要求加工資100%的,對於貨幣,有要求金馬克的,亦有要求用美幣的. 又德國工人中,尤以魯爾最苦,所以運動最烈,自五月廿五日起至六月中,若格爾森基生(Gelsenkirchen)杜色爾朵夫(Dusseldorf)愛森(Essen)朵爾特猛特(Dortmund)衷白爾福露特(Elberfeld)等地方,不徒大罷工之事蜂起,即搶刦商店,強迫麵包店減價,佔據鑛坑,與警察搏戰,由工人組織機關維持秩序等事,都數不勝數. 在此期中,工人之死亡者約達三四十而計其罷工者有鑛工二百萬,鐵工十萬,革命潮流之高漲,簡直達於極点! 但不久為德國警察法國駐軍所撲滅;保安加勒與庫諾竟演了俾士麥與梯衣耳(Thiers)於一八七一年共同剿滅巴黎共產自治府的故事! 另外,保安加勒知德國革命時機將成熟,不惟進兵魯爾,預為那解除軍備的國家預防,而且把波奧匈捷羅諸國,團結成一大環形,包圍着這正在萌芽的德國無產階級革命.其手段真猛辣已極.

末了,我覺得有了資本主義,就要生出帝國主義. 帝國主義之出現,是資本主義十分發達的結果,亦是資本主義趨於崩潰的現象. 現在世界的混乱,是帝國主義所造成,他証明了帝國主義的殘暴,更証明了帝國主義的無能. 但是資本主義之產生帝國主義,帝國主義之必須爭霸，却成了有產階級維持其存在的一定方法，所以战爭的狀態，成了有產階級社會中普通的狀態。　然而無產階級却在這些事實中覺悟起來聯合起來迫得他們必須與有產階級短兵相接。　無產階級革命如果遲延一天，則國際間的政治經濟，便多混亂一天，而工人底痛苦便延長一天，留歐的中國人，有志於社會改造的人，看着這種局勢了麼？

卓宣　六月廿二日

勤工同學應當與工友作實際的親善

最近五六月中，勤工同學與工友因為對李光漢態度與工人報紙的言論二事，發生衝突，竟使學生(勤工儉學)會與華工會失和，幾於造成對抗形勢　　閑於對李態度，因同學主張驅逐，当時工友沒有表示意見，同學對於他們遂以擁李相猜　但李光漢為華法教育會書記，該會代表工學兩機閑利益同學之驅李，學生會之清賬，倶未嘗顧及工會利益而預有磋商；加之李與工會閑係至深，除每月担任籌款維持該會經費外，还允許下屆十萬元的享受权和運動分配庚款事；因此，工會也自然要說學生會之損害其利益。　在這一点上，學生会实有顧慮未周之處　　說到工入報紙，則工友誠然有言之過激與失檢的地方但他們秉性直率，少受教育，故不善為文，同學應當諒其性格和能力，以寬大態度處之。乃竟有少數同學(無政府党人)唯恐全体同學不知工友那些無心之失，氣憤憤地出來，大加指責，故為挑剔；即一字一句亦不肯放鬆。學生會办事人亦復在工會來函上，計較語句，嚴詞駁斥而拒絕之；六月三日學生會反議決嗣后工會與學生會發生關係時，學生總会決不派代表與工会接洽；(語見學生会会務報告)這是何等官樣!

上面兩事在實際上还不是工學衝突的真象；而此兩事之造成亦是有由來的，這就是十萬元問題。本來勤工同學與工友俱屬無產階級，無產階級利益是沒有衝突的；只因經理人要了方法(改工友所入之技藝傳習所為勤工同學入學津貼)單分給同學，學生會亦不覆行其對工會為文字上經濟上之帮助的議案，以致工友不得不再與李光漢交涉。李對同學竭力施其压迫手段不稍為和緩；然對於工友，頗能自認其失，願償於將來。向使同學能與工友聯絡一致來共同反抗支配者而共同享受十萬元，則絕不会有此糾紛。這是對李態度發生衝突之所由來；言論上的爭執，亦淵源於此。明白了這個，則某同學(無政府党人!!)所說"我們同佔在一個情狀之下，受他人的压迫，而竟無緣無故的欺侮同類，实太無謂!"(語見學生週刊)的指責工友之言，自不會出諸口了!

我以為無產階級應当本其協作的精神，相

友相助。　中國滙來的十萬元亦應当本"僑民教育經費"底意義與工友共之；縱是政府指定了，也当自動的分給。　這次十萬元過去了，然應以其餘款交工會，而下次十萬元若到，必須與工友共同享受。　若果說不應当根據請款人的意見，則本為解決勤工儉學問題而办"里大"之意以爭回"里大"，豈非多事？　若果說十萬元之處置，权歸北京政府（語見學生会衆工會函），則去歲學生会之處置十萬元办法與歷來反抗压迫者之運動，又豈非多事？　至於填一個方式以工友與同學為非同一階級來說話，那末，即是同學以從前所反對之"里大"貴族學生態度對待工友了，這是絕對錯誤的，因為勤工同學與工友在理論上在事实上都不能分開。　於此，我甚希望同學們無條件的無界限的在实际上與工友親善起來，把十萬元拿來作工學聯絡的線索，彼此同樣分配，并一致團結去反抗公共的压迫者和支配者。　國内唐山北京等地的學生，與工人地位懸殊已甚，然其熱烘烘的尽力贊助工人之處，实令人欽佩！　我們遠處海外而又同在患難之中的勤工同學，能夠坐視他們被教育忘却，更当他們作教育運動之際而不舉手加援麼？　同學啊！無產者的解放，要糾合無產者全階級才能办得到，單独進行是不可能的；"二八"、"里大"兩役，已給出一個証明了。快快抛去一切成見，來"雙方推誠相與""協力同進"，萬不可"一方出於誠意，一方漫不知情"(語見華工揺會宣言)啊!

記者　六月二十六日

書報介紹

«共產党週刊»

«共產党週刊»(Bulletin communiste)為法共產党機関報. 此報材料很豐富.理論與時勢底文字均有. 在理論方面.俱是共產主義最近的新的研究;在時勢方面.則関於法國與國际的,無不為有系統的叙述. 這真是研究共產主義者與欲知共產主義現在運動底情勢者所不可不讀之報 此報每週一册每册五十生丁. 發行處在142. Rue montmartre. paris. 記者.

«新工人»

«新工人»為在法旅克魯鄒拉馬西两地工友——即旅法華工第一第二两分會——共办之刊物,以(一)努力工人團結以防敵人與(二)努力工人教育作打倒敵人的工具為其鼓吹目標. 半月一刊現已出至第四期 發行地点在Cantine chinoise, 6. Rue de la gare. Le creusot, (Saône et Loire) 報無定價.函索即寄.願隨意助款者更所歡迎

記者.

少年

第十一號

戰既這個解放世界的事業這
就是近代無產階級底歷史時
使命　這討歷史的條件和陸
着達之條件的特別性質以及
這個解放世界的事業之不可
免的結果使現在被壓迫的正
特行動的階級對於自己的堅
起的行動有充分的覺悟這就
是科學的社會主義(無產階級
的運動底理論的表現)示使命
——恩格斯

少年第十一號目錄

(一九二三年八月十五日出版)

本誌啟事

本誌為不定期刊，凡定報諸君，均按號計算。每號二十五生丁，法國境外亦同。通信處為華僑協社《少年》雜誌社，39, Rue de la pointe, La Garenne-Colombes (Seine) France)

本號關於"一個必須的解釋"一文(係答辨工餘雜誌第十七期上"一個無政府者於一個共產黨談話之真的回聲"的錯誤)因篇幅已盡，不克登出，留待下次。

本誌從第十二號起，添設讀者通信一欄。凡讀者諸君對於本誌底意見，俱擇要發表，並作答覆。

本誌承李霞城、戴勇海兩君各捐助比幣三十方，特此鳴謝。

國際共管與國民運動

國際帝國主義在中國設立國際警察管理鐵路事快實現了。我們現在應當明白這不是一件偶然的事，不是一件局部的事，必須研究他根本的來源，圖根本的解決。

鐵路共管之藉口是土匪猖獗，政府無能，但此二者都係帝國主義之所自造（參看中國旅法各團体敬告國人書和少年雜誌社為列強共管中國鐵路事告旅歐華人書）既然如此，鐵路共管之用心，便由來已久。推其所以致此之根本原因則在國際帝國主義，而土匪猖獗，政府無能，乃不過其發端之機會與推行之口實。國際帝國主義又是甚麼呢？他就是國際資本主義在現時底變態。

資本主義以自由競爭和自由生產（不顧消費而生產）之結果，必須向外覓消路，找市場；又以資本堆積無地安插，有向外投資之要求底緣故，必須尋資本放置的地方，因此就生出來了征服殖民地底國際戰爭和搶奪殖民地底國際戰爭。中國底城壁，早已抵當不住這種爭鬥，為國際資本主義軍所擊，所攻破；我們看英法聯軍八國聯軍與中法之戰中日之戰，就是國際資本主義（亦可以說即是國際帝國主義）征服中國底國際戰爭。在東三省過去的日俄之戰和在太平洋未來的日英之戰，就是國際資本主義搶奪中國底國際戰爭。

為甚麼如此呢？因為資本主義是建築在掠奪上面的：資本家把本國底工人掠奪了，還嫌不足，必得要掠奪外國工人；而資本又是立基於增長上面的，不謀增長，便不能生利息，擴大資本。我們知道資本家不講掠奪，則資本無由產生；不謀增長，則資本無由擴大，換一句話，就是不掠奪不增長，則資本無由存在，而資本家便不能維持。因此，資本家受了他們生活條件之決定，不得不掠奪他人！

【近】次中國的內亂，雖是軍閥相爭，兵匪橫行，其實亦資主義生出之腐階，他們因為財產私有，必須多々佔據；而且知道政權是這一部份人壓迫那一部份人的器具，所以爭握政權以行使其掠奪；所謂"民脂民膏"搜括已盡！老實說，軍閥之對於人民，正猶列強——國際帝國主義——之對於中國一樣！

軍閥要掠奪人民，列強要掠奪中國，在這一點上，國際帝國主義自不得不與軍閥勾結。惟軍閥與國際帝國主義者之數不少，而各個利益也不相同，自然各個軍閥與各個帝國主義分派勾結　於是戰時更加延長，局勢更加糾紛，而中國內亂的戰爭變成列強互鬥底戰爭，中國事乃愈不可收拾！

中國人民在這樣兩層壓迫之下應當怎樣

呢？這就要本着"國際共產黨"所指示的方畧，聯合全國被壓迫民眾，作民族解放的運動。而其詳細計劃，則不外"中國共產黨"所常々提出底糾合一切民眾勢力；打倒軍閥；組織"國民政府"；聯合被壓迫各民族；推翻國際帝國主義（這些較詳的計劃和理由，請參看本誌第九號在中國的共產主義運動，本號中國底地位與改造和國底"嚮導"週報。

我們為達到上述計劃，應如何着手呢？當民眾未了解時，我們要作宣傳運動；當民眾散亂莫有勢力或有而未集中時，我們要作團結運動；遇着事變和時機，就須作示威運動；及到最後之解決時，那便是使用強權的暴力的手段推翻敵人，壓服反革命的流血運動了。總而言之，這完全是一個社会的革命運動，被壓迫民族謀解放底運動。

這種辦法，是中國人民要求解放唯一的出路；是中國社会企圖改造底不二的過程。凡是中國人對此，都應當努力去工作，至少也要平心靜氣的研究，決不可說這是共產黨所主張的，就要另生枝節。中國現在不是到了"盲人騎瞎馬，夜半臨深池"的時候麽？我們應當深々回顧，猛省！

末了，我盼望旅外華人，認清目的，鮮明旗鼓，作有團結，有統系，有繼續性底進行。一部分作資產階級運動，作智識階級運動，作和平派改良派空想派底運動底種々人們，應該完全掉過頭來研究革命方法，宣傳革命學說，實行革命運動：要知道關稅早已不能自主了，鹽稅早已在外人監督之下了，財政動輒受外人的牽制了，各重要商埠已被外人所盤踞了，外人的兵力已安插在內地了，東交民巷早已成我們的太上政府了……——現在人又要組織"國際監管"管理我們的鐵道——我們還只是想以"發展實業振興教育"這種空泛不切實際的辦法（或一點一滴的改造）來救濟中國是不可能的事了！

旅歐華人們，猛省呵！除開"走入民眾，糾合民眾底革命的勢力，打倒軍閥，推翻國際帝國主義，組織國民政府，由國民政府來發展實業，振興教育，整理財政……"，這條路外再沒有別的路可走了呵！

記者　七月廿日

"工人與政治"

（續第十號）

（1）P. P. 生說"歐洲的勞働運動差不多一世紀了（其實在中世紀的學徒便有罷工怠業種種反抗他們的主人的運動，不過運動的形式較為簡單，P. P. 生說歐洲的勞働運動，只差不多一世紀，是錯了的）勞工所得到的利益何在？勞工者的境況何如？一般勞働者至今仍甚留在顛連困苦中，重要原因雖多，要之工人沒有覺悟到政治是清濁的勾當，總要妄想藉政治的方法，做勞動解放運動，所以愈鬧愈遠……。

歐洲一世紀以來的勞動運動，直到帝國主義的大戰以前（一九一四年），我們可以說沒有做出很好的戰績。我們分析其所以致此的原因：

第一自忠於世界無產階級革命的"第一國際"解體以後，"第二國際"遂支配了歐洲的勞動運動；他們頗妄想以Conquête de la majorité（譯作獲得多數之意）的方法（老朽白尔Bebel在一九〇四年亞姆斯特坦的会議所提出的，是第二國際的根本觀念）利用有產階級的統治機關——巴力門parlement——做社会革命；他們只是在有產階級現政之下鼠竊狗偷的謀改良工人階級的地位，而不知，也就不敢去破碎有產階級那架統治機器，謀勞動者根本的解放，所以他們竟成了勞動者和資本家中間的緩和劑，反而使勞動者和資本家不能四目相望，短兵相接。第二則在一派唱高調的無政府党人，他們處在資本統治之下，犯着一種政治的"否認病"；他們在勞動者中間高唱與政治絕緣，催眠了勞動者的政治覺悟，遂致忽視了政治上的爭鬥，資本家的統治權於以安全的維繫到現在。所以"歐洲一世紀以來的勞動運動，"勞工者"沒有得到"利益"，仍舊留在顛連困苦中，乃與工人階級的政治爭鬥概無與；而且正因為工人階級不能作政治上的爭鬥工作，以致"勞動的解放運動"愈鬧愈遠"。自一九一七年十月俄羅斯無產者的革命開了花，一九一九年三月繼續第一國際的工程的"第三國際"成立於莫斯科；他是集全世界革命的無產階級的毅力，開始向全世界的資本主義示威，他是能以la defensive à l'offensive（譯作工人的保守至進攻之意）以抵制la politique offensive du capital（譯作資本的進攻的政策之意）的，他能提住一切作戰的生活的實在利益，他能使用種種的tactique（譯作策畧之意）以應付一切的événement（譯作事變之意），因此革命的機能於以復蘇，現在無論何種國家，凡有勞働階級在那裡生活着，奮鬥着的，都有了共產主義的出版物和微細分支的共產主義團體，因此全世界的勞働運動風發泉湧了。

(2) P. P.生列舉布列陽(Briand)，克里孟梭(Clemenceau)米勒郎(Millerand)一類叛逆的官僚派社会主義者的軼史，以象徵無產階級政治爭鬥之非，其實這樣的例証，乃是擬於不倫。第一，布列陽，克里孟梭，米勒郎一派社会主義的叛徒，借工人的政治行動，以謀官做的勾當，與共產黨人所主張的工人階級政治鬥爭說，乃如風馬牛之不相及，不知P. P.生以何因緣把他相提並論。第二，如果說有人藉工人的政治行動以謀官做，遂斷定凡主張工人階級作政治行動者都是謀官做這樣的說法，與謂無政府党人中有"下品的"拆白式"的党員，遂斷定凡無政府党人必定都是"下品的"拆白式"的同樣的為不合邏輯。P. P.生為欲破壞工人階級的政治爭鬥說，在理論上旣無從指謫，於是異想天開，乃掇拾一類不相干的政客軼聞，以爲掊擊之武器，而忘卻了這個是擬於不倫。

(3) P. P. 生說"現在俄國凡人不服共產党所立下的條規的，就說他們是反革命党小有產階級者，想大家已聽到莫斯科國家的工廠法則了；一個工人遲到五分鐘，那謂共產主義的國家，說他是違犯規則，是一個無政府党，或五革命党，罰他去充軍。現去年新勞動總会在St Etienne開会時Borghi的演說，另外克龍斯大特Cronstadt的水手，爲罷工的事情，被紅軍殺了無數；這是號稱勞工國家的正義。 工友們，俄羅斯國家對於無產階級沒有什麽好處……於此可見一斑了"。

P. P. 生在此所引例證，是否屬實，茲亦無從稽考。不過這類新聞，我們也時常在法蘭西資本家報紙上見到，大概比Burghi的演說還要可笑！我們現在不欲以不好的心理，來否認P. P. 生的引證；但我們第一要明白無產階級的國家，是用以來壓倒他的敵人，而不是用以來擁護任何人——不問他是阿貓阿狗的自由。 我們知道工人的群衆，是極爲複雜的，其中一部分思想是落後的，態度是猶疑的，甚至於復古的，(如天主教的工團)只數的(如法西斯蒂工團)，英法和其他各國的基督教的和自由主義的產業組合的組合員，何嘗不是勞動階級的一部分？那些站在施達夏(Scheidemann)剛百爾(Gompers)孔德巴(Koroutein)米索里利

(Mussolini)後面的勞動團體，不說〔用也是勞動階級的一部分。但他們站在勞動階級的地位，卻要違反勞動階級的利益，在工人運動中作怠工，(Sabotage)…………殺他們的同階級的朋友，與反革命合作，以服務於有產階級。像這樣的勞動分子，即在無產階級的國家中，也是不容他們自由行動的，是要處罰他的，不是處罰他的利益，是處罰他的愚頑。假定P.P.生所舉克龍斯大特的水手事件而不無絲毫屬實處，則其事實必屬此種。第二無產階級的國家，不是只要掛着無產者的頭銜，使可無條件的享受一切«安福尊榮»的。我們知道俄羅斯經過五年帝國主義的大戰和革命後，白衛軍幾度的蹂躪，加以國際帝國主義者的封鎖，產業已是凋敝不堪。從勝利中出來的革命的無產者，他要以積極的努力，於可能的速度以內，回復他那產業的原狀，而且急求改進，以準備實施共產主義的經濟基礎，非加倍奮鬥不為功。我們見到列寧的«共產党禮拜六»，就可知道先進革命的俄羅斯無產者奮鬥精神的一般了。在這樣情形之下，自然不能容那一類安那基式的、浪漫式的、游閒怠惰分子逍遙自在。假若P.P.生所舉莫斯科工廠法則的事例，而不無絲毫屬實處，則其事實必為此種。無產階級的國家，自有無產階級的紀律，何必大驚小怪。至於說«俄羅斯國家於無產者沒有什麼好處»，這不僅是你們無政府主義者如此說，保恩加勒(Poincare)泰尔松([illegible])來索里利和全世界的資本帝國主義者通通如此說。

(4) P. P. 生說：「我們認定在政治上作爭鬥，非但於我們主義自身有背，而且有害於勞工朋友：我們認定經濟組織如果不能達到善良地步，政治也成其無所謂政治了。(其實無政府黨人要澈底的推翻政治，並非是主張一項必待舍棄一切，特恐行儀居未肯深研究一種主義遂妄發議論)」

「經濟組織達到善良地步」，自是要圖。然欲常此談何容易？難道P. P. 生還以為在資本統治高壓之下，工人的「經濟組織有達到善良地步」的可能麼？在我們，實不能作此夢想。我們以為要使工人的「經濟組織達到善良地步」，首先便得推翻有產階級的政治權，推翻有產階級的統治權，從而進行政治爭鬥！ P. P. 生也說「無政府黨人，主張澈底的推翻政治」，我請問：「澈底的推翻政治」，還是經濟的爭鬥，還是政治的爭鬥？如說「澈底的推翻政治」是經濟的爭鬥，則恐怕為常識所不許；如說這是政治的爭鬥，則P. P. 生又何以自解於「在政治上作爭鬥，非但於主義自身有背而且有害於勞工朋友」之言？「在政治上作爭鬥，既於主義自身有背，而且有害於勞工朋友」，政治又是「污濁的勾當」，有如梅毒，偶一傳染，便身無完膚；在以清高自許，大有不食人間煙火氣味的無政府黨人，自然望而遠引。可知「澈底的推翻政治」一語，出自無政府黨人，不過是論不興到鈔、說，裝飾以之娛，藉以張縫其革命說之殘缺不完，而塞詩學者之口。及至回到本身，則又圖窮匕見，"無政府黨人，主張專從經濟方面著手，在政治上作爭鬥，非但於主義自身有背，而且有害於勞工朋友"，這不是單純的經濟鬥爭說是什麼？這不是"主張一項而舍棄一項"是什麼？作者頗愚，"未能深研究一種主義"，也就不敢"妄發議論"，還請P. P. 生有以語我來！

(5)德意志的工團主義者，受社尔斯太的影響最深，中了"無抵抗"的流毒，結果乃至於淡淨無為，法蘭西工團主義者受蒲魯東的影響最大，法人個人主義的英雄見解，結果產乃生工團的ctionnarisme(這個字是吏員包辦之意，可以譯作"官僚主義"，譯為"專辦主義"殊嫌欠妥)。P. P. 生說"本因為專辦主義的原故——頭明一點說，就是工人自己不與聞工團的事業，讓一個總書記——頭領——去幹他們自己的事業，弄出很不好的結果……我想工團本來是聖靈的，只是被幾個天外飛來的"首領"弄污了，"工人自己不與聞工團的事業，讓幾個頭領去幹他們的事業"，是不是工團主義弄出來的不好的結果？是不是工團主義破產的明証？法蘭西工團現在多數已加入與國際共產黨合作的(即第三國際)紅工團國際；P. P. 生如果稍為留意國際工人活動的消息，當不否認這種事實；不知P. P. 生又根據何種事實，把我所此類工團現在已不躊躇的把他們的作戰方向轉對政治一面的說法，加上兩重疑號(??)。

(6)罗.罗.生說："我們以為無論何等小的幸福，都要個人自己去做才能成功……我們只不贊成有幾個頭領包辦或發命令；我們願意勞工朋友自己辦自己的事業……我們不願像包辦者一樣，在那裡包辦一切……讓幾個頭領來壟斷與統治。"

我們認定無產階級的解放，不是說"當由無產階級全體中的各"個人"各自為我的，去做個人自己的事業，才能成功的"。我們知道無產者的群眾中，其革命的覺悟，決心和勇敢，是不能同在一水平線上。所以無產階級的解放，當由無產中的覺悟的活動的少數集中的，堅決的團結起來，有綱領有計畫的引着大多數來到覺悟，行動的路上，而去幹革命的事業。這個觀念，在革命的工團主義者的見地上，也是如此。不過這個"少數"，在我們則稱之為"無產者的前鋒隊"(L'avant-garde)，在他們則稱之為"行動的少數"(Minorité agissante)；在我們則稱之為Communiste(共產党人)在他們則稱之為Syndicaliste Révolutionnaire(革命的工團主義者)(見Bulletin Communiste, 5e Année, N° 11法蘭西工團主義者盧松(Louzon)答托羅斯基的信中。

你們——無政府主義者，諸工團主義者所主張的"少數"，則是合乎"正義"的，共產党人所主張的"少數"，便是"頭領"，"發號令"，"包辦"，"壟斷與統治"；這真是"朝四而暮三"則眾狙喜，"朝三而暮四"，則眾狙怒，名實未解，而喜怒為用，乃類狙公之狙。

(7)P.P.說去：“我們以為討論稅率工廠法不是什麼爭鬥，不過是某種議会或委員会受當時工人勢力所脅迫所產生的效果……”

我們以為討論稅率和工廠法，不是“工人脅迫某種議会或委員会所產生的效果”；乃是工人階級取作戰的形式，向有產階級的統治機關——議会要求和他討論的。P.P.生在一面部又說：“五一八小時的紀念日，是勞工朋友自己的生命和血換來的……工人待遇損傷保險等費，也是各工人自己爭到的……”我請問八小時制和工人待遇，損傷，保險等費的規定，是不是屬於工廠法的範圍？既然是勞働者的生命和血換來的，為什麼又說是某種議会或委員会受工人脅迫所產生的效果？既然是工人的生命和血換來的，還不算爭鬥麼？原來P.P.生以為工人的政治行動或帶政治性質的行動，都是經濟的爭鬥；只有號称勞工代表的議員在有產階級議院中的活動，才是政治的行動。P.P.生這樣的完全了解階級爭鬥，作者只有五體投地欽服P.P.生見解之高明了！

(8)P.P.生說：“政治既然有人用他為壓迫剝削別人的工具，還不是污濁的勾當是什麼？自身不負什麼好與壞的責任，這好與壞的責任，將放在什麼地方去呢？”

政治因為人家用他為壓迫剝削別人的工

具，便是污濁的勾當，使當員壞的責任。本此推論，盜賊手刀以殺人，你將說刀能殺人，便是害物，這殺人的罪惡乃在刀而與盜無關，如此，恐怕為常識所不許！不知卫卫生何以鬧出這類的笑話！？

卫卫生不懂得什麼是政治，什麼是政黨，什麼是政黨和階級的關係，什麼是政治在階級對抗中的作用，所以說出"把有產階級征服以後，是否肯讓棄政權，以與平民為伍"的話。我只簡單的反問卫卫生：有產階級征服以後，社會中是不是已經沒有階級存在？[階級既不存在，……的政黨何……？]階級既不存在，則一階級用以壓迫別一階級的權力何所用？政權失了作用，政黨背後無階級，這少數人的政權，何由而把持？

(10)：使他們與我們為同一階級的說話。不是說：有產者與無產者為同一階際以後，還有不同的階級的存在，是說使有產者與無產者站在同一水平線上。比如某校生徒，原分兩級，今把這兩級合併而為一級，卫卫生能說這樣的說法為不適麼？這些地方，原無關要義，而且走出題外，不過卫卫生既誤於此，故為批剔，好像顯本事的一樣，則作者為尊重卫卫生的用意起見，也只得一一予以回答，請讀者恕我的不憚煩了。完

行俠

中國的地位與改造

（一）

中國原來在列強均勢之下，為次殖民地，當歐

洲大戰時,他們不想東顧,所以那時只受日本之侵略,稍呈平安狀態. 但是中國政府在此時期不能勵精圖治,振刷一切,乃官僚軍閥,相繼搗亂,以致國際帝國主義於歐戰停止後,又在中國取了攻勢.

現在中國底情形,究竟怎麼樣呢?

我們從內政上看,中國政府全是一些封建餘孽,帝制餘孽——官僚軍閥等——所組成,他們以當議員,閣員,總理,總統為能事;今天這個上台,明天那個上台;問其人,全是一邱之貉,問其事,刻不外陞官發財;初無所謂見諸實行之政策者. 今年元宵節之毒打北京市民,一月十九日之武殺國學生請願,二月七日之屠戮京漢路工人,以及國立八校之不支經費,彭允彝之長教育部,處羅文幹之違法,國會議員之與曹錕拜壽,皆是現政府下底政治現象與成績! 再以各省言之.直隸,河南,陝西,四川,湖北,湖南,江西,福建,廣東,廣西,雲南,貴州等省,無地莫有戰爭;舉其著者,若直晥之戰,奉直之戰,川滇黔之戰,川陝之戰,湘鄂之戰,川鄂之戰,陝甘之戰,兩廣之戰,實在數不勝數. 至於土匪,更屬遍國皆是;今年五月竟惹了拳匪以後底第一重案;并鬧出政府與土匪會議底笑話. 軍閥之割據禍與專橫之毒,至於如此!

我們從外交上看:全體部案,完全失敗;青島之收回,只是一個空殼;旅順大連,日本竟抗不交還;而對俄問題,則尤鑄成了大錯. 俄國蘇維埃政府成立後，即將其從前帝國主義者在中國所侵略之八大權利，完全交出，這是何等合乎正義，實行親善?! 乃中政府對此，不惟不承認蘇俄，反轉對於這商底事，亦不敢決定，完全以英美法日諸國之馬首是瞻，這又是何等的柔懦無能!遺誤外交?!

我們從在中國底國際情勢上看：海關共管，鹽稅共管，郵政代理，所謂政治經濟之大權，已操於人手了。各重要的礦山，鐵路，各大埠的工廠，銀行，以及內河沿海各航運，都為列強所開設，所佔據，所謂產業，則財富已不屬於我們了。從前想出的地方，不能收回；日本則依然佔領旅大，英國則不惟不交出威海衛，而且進佔片馬，所謂土地之權，已經沒有了! 至於他們在中國底殘暴呢？英國毒打重慶為爭片馬而示威底青年，殘殺於饑寒而罷工底唐山工人，槍斃漢口底棉花廠工人；日本壓迫上海紗廠底工人；唐山罷工之後，英國軍警亦在搜捕兇；就是很小的葡萄牙，他已在澳門起警擊事。看呀!這就是列強在中國底形勢呀!

但是列強之包藏禍心，猶不止此：美國在中國無地盤，自來卻假借教會青年會來奴隸中國人底思想，利用新銀行團來投資中國，嗾使留美學生來為他作宣傳員，一句話，他完全以經濟底侵略來勾結新興的資產階級和知識階級；我們看周自齊張謇等底中美大企業公司，胡適之為美的宣傳和聯歡，即是一個頂好的証明。至於日本呢？在昔利用武力政策脅迫中國締結"五七"條約，近來因他得了很大的反動力，所以他就乘著文化運動之際，用文化政策愚弄中國智識階級，并且津貼留日學生每月二萬五千元。英國自來以武力商務各種優勢，在中國競爭；近來他亦要優待留英學生了。另外，列強還操縱中國軍閥，延長中國內亂；聯合各國，互相保障，共同宰割；用門戶開放，機会均等底政策，以瓜分中國利權，掩飾國人耳目：從前列強私幹，現在經了華府会議，簡直是公開地幹起來。看呀！這就是國際帝國主義侵畧中國底策略呀！

因為以上種々情形，中國就成了列強底市場，殖民地，而我們也就變成了被壓迫民族！這就是中國底地位！

(二)

中國為什麽到了這步地位呢？凡是中國人不可不研究這個問題。據我看來，大約有二：

第一由於新舊勢力之爭持：每一個革命，新勢力必須要把舊勢"打"倒，完全解除其武裝，他乃能站在支配地位執行一切新的政治。中國辛亥之革命，"國民党"打到長江流域，就與北洋派軍閥妥協了。這樣封建的舊勢力，仍然存在，所以袁世凱當總統後，實行壓迫革命勢力，於是革命党起而為癸丑之役，作第二次革命。未幾，失敗，袁以武力統治中國，帝制自為，新勢力又起而作第三次革命. 袁世凱死,段祺瑞繼之,解散國会,於是第四次革命又不得不繼起接奉直了.

因此,革命勢力與反革命勢力,相爭相通,未決勝負;加之農業社會裡面,工業未發達,交通梗阻,適足助成割據之局. 在舊勢力方面,分了好些派別,而新勢力亦未嘗々統一首鼓,以致鬧到現在,還是混戰一團,他方部又伏富有怯惰性的中國民族生了許多反對革命底心理.

第二由於國際帝国主義之侵畧: 帝國主義是資本主義最發達時的危急形象;資本主義是以剝奪為目的,所以帝國主義,必基於侵畧之上. 因此他們佔領了許多國家,奴隸了許多民族,中國亦不幸而墮於這個深淵裡,國際帝國主義要掠奪中國,這就是意中之事,不可避免的了.

他們的方法:(一)在為經濟的侵畧,榨取中國一切權利產業等々,其事証已見於前,茲不重述. (二)在助長中國內亂,因為中國若振興起來,使不利於國際帝国主義,所以要中國內亂,他.方可以於中取利,日本之幫助皖系和奉系底軍閥,四處擄亂.英國之幫助直系底吳佩孚打張作霖,就是很明顯底事實. (三)在壓迫民眾勢力;民眾勢力若果膨脹,則革命可以完成,政治可上軌道,亦決不使於他們的,所以英國贊助陳炯明打倒廣州民主政府,幫着吳佩孚敗退川湘聯軍即其例証.

總之,革命一天不成功,則舊勢力即軍閥也一天存在;同時國際帝國主義也一天不斷地侵事中國。於是國際帝國主義不絕地利用軍閥，軍閥也不絕地勾結國際帝國主義，軍閥與國際帝國主義遂狼狽為奸，結合而為一了。如此，則兵匪橫行，軍閥割據，國際帝國主義殘暴之種種慘劇，自然一齊地誕生出來了。中國亂源的由來，大概如此！

（三）

中國人民在這種情形之下，又怎麼辦呢？

我們從前底運動，多為對人問題：如北京"五四"之打曹章，湖南之去張敬堯，天津之請罷楊以德，北京教育界昔之驅逐傅嶽棻，今之驅逐彭允彝皆是。這些人固是當驅逐的；但驅逐一個又來一個，張敬堯去了，趙恆惕又來；傅嶽棻去了，彭允彝又來。前門拒虎，後門進狼，結果反為他人利用，反為他人造機會；并且這全是枝枝節節的事，為之徒增其煩，有何補益？推原其故，是不以制度為對象而以人為對象之所致。我們應當明白在現制度之下任何人上台是一樣的：所以在現在中國，不論壞人內閣，好人內閣，其成績要不外內結軍閥，外結強鄰，日為借款運動以賣國病民；在英國，不論魯意喬治，邦那羅，巴爾德文，其大政方針要不外華國本國工商業，掠奪殖民地，壓迫弱小民族，反對革命勢力，與法美爭霸。因此我們應當以制度為運動底對象。

我們從前底運動，都立基於對事對外交

工。而五七事件，青島交涉，福州問題，巴黎会議，華盛頓会議，我國人俱有熱烈的表示，浩大的運動。

可是頭痛醫頭，足痛醫足，不獨不是治本辦法，而且在現政治之下，效果毫無；及事過境遷，則又拋之九霄雲外，若無事然；長此以往，不過時々向國人注射興奮劑而已！　但是興奮之極，適足以使人弄成習慣，而無所感覺，如此，反大有害於中國前途。　我們此時應知道中國現在之壞，即是我們放棄政權所致；所以今後必須移對事問題而為對政治問題；對外交問題而為對內政問題。

政治一入軌道，則一切事件俱得其宜，所以我們要改造政治。

再看我們從前運動底方法：不外抵制外貨，力爭外交，請願，罷課，示威這幾種。　這些，在某一時期，自有其作用，但不能認為根本辦法，其效驗實有窮時。　抵制外貨麼？則中國為經濟落後國家，而外國資本勢力極大，并且世界已為經濟而連鎖，經濟絕交是不可能的，所以此法只有一時的效果而不能持久。　力爭外交麼？內政不修，外交絕無希望；這有點近於舍本逐末之圖，而非正本清源之計，歷來底學生運動，多失敗於此。　說到請願，純是一種"與虎謀皮"辦法，搖尾乞憐，徒受當局之毒打而已！觀其兩年以來底成績，真等於零。　罷課呢？便是脆弱萬分，消極已甚！他的成績也正和請願無異。　示威運動倒是較勝一籌的。然而兵政權操在軍閥之手，被解散，遭殺戮，又怎

言中之事。一句話，這些都非根本辦法，絕不能
剷軍閥與國際帝國主義者之死命；所以我們必
須從根本上着手，澈底改造，最好的方法就是革
命：結合全國民眾，用武力打倒軍閥，組織國民政
府，推翻國際帝國主義。

我們要聯合國內工農商學各界來改造，還
有本足應：因為中國的軍閥與國際帝國主義是
互相為用的，而國際帝國主義是不讓我們作解
放運動的。中國既是國際化了，他的革命，自然
是國際的革命，所以還必須要聯絡東方各國被
壓迫民族和日本底無產階級，還必須要與世界
革命勢力底大本營俄羅斯和富有人材而又被
解除武裝居於被壓迫地位底德意志結成中德
俄聯盟，與國際資本帝國主義宣戰　曾琦君說：
（非我族類，其心必異，他在七月十五日旅法華人
大會中底演說）這話是錯了的　我們知道現今
底帝國主義和有產階級是國際的，被壓迫民族
和無產階級也是國際的，所以全世界的被壓迫民
族和無產階級是一樣的痛苦，具一樣的同情，有
無條件的攜手之必要和可能。我們看從前"沙"的
底俄羅斯，侵略我們八大權利，而今無產階級
俄羅斯，歸還我們八大權利；他的路工更捐巨款
援助我國被殘殺的路工（俄國、更幫助被列強壓
迫着的土耳其作國民運動）；反觀國內軍閥不是
中國人麼？然而他都要蹂躪民權，殺戮學生工人
可以只有"非我階級，其心必異"，斷不能以"的"諸

夏而外夷狄"底狹小的愛國觀念排外心理來夾雜在這被壓迫民族底解放運動中以致失掉全世界同階級者之助力而昧於革命戰略!

總括我的辦法,就是以制度為對象,從政治上着手,採革命的手段,為國際的聯合,以改造中國

現在底國人啊!旅歐的華人啊!對於這幾個切近的問題,其盡力研究,盡力宣傳,以求目的之實現;萬不可徘徊觀望於改良投機之歧路上呀

卓宣 七月十五日

一個無政府黨人和一個共產黨人的談話

(續)

(甲)因為要做政治的運動即不免了帶政治無味的政党.政党即是官僚政客,所以我們反對政党.

(乙)你們是否也反對無政府党呢?

(甲)無政府党不是政党.

(乙)所謂政党簡單地解釋即是主持某種政見的一派人.你們無政府党難道沒有政見麼?

(甲)我們是有所主張;但我們的主張不是政治的.

(乙)我且問你:別人主張無產階級專政,你們反對"任何"專政,別人主張組織無產階級的國家.你們反對"任何"國家;別人向工人宣傳希望他們信共產主義,你們也向工人宣傳希望他們信無

政府主義；别人在莫斯科組織第三國際，你們也在柏林組織無政府國際；——别人的主張都是帶政治的臭味，你們的呢？帶政治的香味？——我以為至少也要帶政治的香味，断不能說完全不帶政治味！

因為不懂得什麼是政治，所以你們也不懂得什麼是政党。政党不是幾個野心家特意創造的，是由階級爭鬥必然產生的。政党是附屬於社会的階級的；每個階級為擁護或爭奪本階級的利益必然地要產出他的政党，這個政党就是他本階級底爭鬥底前驅。所以我們翻開歷史一看，即見到政党所有都是歷史的產物，都是因歷史上有種々利益不同底階級，因而產生種々不同的政党。

在中世紀末，一般自由都市上工商階級與貴族階級發生衝突，漸々要取貴族階級底地位而代之時，党產生共和党民主党等；當法蘭西大革命時即先形成依稜黨(Girondins)，達尼(Montagnards)中角板(jacobins)等政党；在有產階級中有工業資本，商業資本，農業資本，銀行資本利益之分歧，故又有各種不同的政党(如英國自由党，保守党，法國Bloc national，Bloc des Gauches，radicaux…)，即如中國，自海禁大開以後，受不住國際帝國主義底侵掠，滿清底寡頭政治遂發生動搖，首先形成立憲党，進步党，最後又形成具雛形的國民黨，滿清政府推倒以後民主派又不能得勢(因他的階級底勢力還沒有形成),政權仍落在帝制餘孽之手,因此遂形成專以取得做官發財為目的底安福部.

資本主義發展的結果漸々形成被壓迫的工人階級,因之遂產生種々不同的社会党(代表工人階級利益的政党). 當初因為歷史的發展尚未成熟和工人階級底生活地位也各種々地不同,因之同一工人階級創造各個不同的政党(初期的社会党人,無政府党人,改良派的社会党人……),最後由他的發展底途徑中,工人階級中形成一部分最積進最有覺悟的分子,不特認清了他的歷史的使命,并從長期的爭鬥中獲得豐富的經驗,認清了完成這個使命的所有必須的方法——這一部分最積進最有覺悟的分子組織起來,就是共產党.

(一) 所謂共產党是什麼呢? 共產党就是一羣抱同一目的,有同一的意見,採同一的手段,做一致的行動的人們組成的一個政党. 他的目的究竟是什麼呢?——將有產階級的社會變為共產主義的社会和廢除階級. 他的意見是什麼呢?——資本主義会崩壞和共產主義会完成都是不可避免的,無產階級和有產階級底利益是絕對衝突不可調和的,無產階級的解放只有無產階級自己才可獲得. 他的手段是什麼呢?——階級爭鬥,無產階級專政. 他們的行動是什麼呢?——處々服從無產階級革命的紀律,擁護無產階級底利益,因時因地不同採用種々革命的戰略(如

統一前敵，工人政府，與民主派聯合戰綫……以取
得無產階級的最高權而達到無產階級專政，再
由無產階級專政以成立共產主義的社会.

所以共產党，若從客觀的見地說，他是歷史
的必然的產物. 因為經過長期的爭鬥，工人階
級中自有一部分覺悟的分子從種々不同的政
治團體外劃成他本階級的最堅決的獨立的革
命的政党；若從主觀的見地說，無產階級中處在
各種地位的人生活於極不同的社会條件之下，
這種分歧時々在群眾心理中生出分歧. 所
以無產階級是處在永久變動的狀態中，決不会
採取完全一致的思想 有工人生在城市傍底的
有的還是新近才從鄉間來的；有的是國家底辦
事人，銀行和商業底雇用人；有的是农業的工人；有
有的是有技能底工人；有的是沒技能的工人；有
的是大工廠的工人；有的是小匠人；有的是出自
小有產階級，新近才落在無產階級中，完全還沒
有脫離他們舊的成見；這些不同的地位的人，自
然對社会的現象有各種的概念和有各種結合
的團體——我們為謀無產階級早日解放，共產主
義早日實現起見，勢必要糾合已有覺悟的分子
組成一個有明確党綱，有統一意志的政党，統率
那些工人階級意見不同團体上同一正確的軌
道.

(甲)我以為勞工團体之組織，應由勞工之自
動，不應為一政党所操縱，以免因一時政見之差

異，就把勞工階級分裂起來(見工餘第八號3)，今宜組織勞工階級大同盟。 可謂勞工有兩種：有腦力的工，有手力的工，我們只問他這種勞力是不是有益於人類。 如有益於人類的，又不屬於治人的工作(如政治家資本家)，我們應該認他同屬於一階級。 又我們要希圖世界革命，更要謀全球勞工階級之團結。 我們應該以經濟地位之不同而分階級，不可以思想不同而分派別。 因為勞工階級同處於利害相同之地位，若以思想不同而起爭端，真是勞工階級之催命符……見工餘第八號，8)"

(乙)你們說話真是不加思索。思想是行動的標幟，有種種不同的思想底人可以做一致行動麼？難道革命是不要取堅決一致的行動麼？ 工人階級因各種地位生出各種思想，因各種思想而創造出各種行動的團体。 這各種行動的團体都各個擴張他的勢力，希望全工人階級就他的範圍。 最後誰得勝，即是誰真正認清了歷史的使命。 當你們無政府黨人設法要使你們的思想——聯合主義(fédéralisme)，反代辦主義(Antifonc-tionnisme)，反國家主義(Antiétatisme)……還有反共產主義——在工團中得勢時，你們是尊重工團的獨立麼？ 只有當共產黨人在你們旁邊主張集中主義和無產階級暫時的專政時，你們即大叫強硬，侵犯工人獨立。 在各個地方社会主義者和改良派的工團主義者都一致要使他們的黨綱戰勝。你們無政府黨人帶着工團主義的假面孔也是如此。這是你們的權利，但要知道這也是共產黨人的權利呀！

你們老同志馬拉鐵司打報告你們意大利無政府黨的運動」有幾句話說得更明顯「工團聯合會約有團員五十萬，主要辦事人皆為無政府主義者，主要的意旨皆為無政府主義的原理……在羅期加納，馬尔矢，里居連三大城完全為無政府勢力範圍……他們暗中組織反抗政府及社会党的政党的機關，所謂社会党的政党即指改良派，馬克思派共產党的……」(見工餘第十五號(8))——所謂「應由勞工自動」不應為一政党所操縱」在那裡？所謂不以思想之不同而分派別」在那裡？

(甲)我們無政府党人的勢力是由工人傾向無政府主義來的，所以仍是由工人底自動，不是為一政党所操縱。至於說「不以思想之不同而分派別」是說……(說不出！)

(乙)是的，你們的勢力就是由真理得來的，別人的就是用魔術欺騙得來的！

(甲)我總以為同處於資本制度之下，社会党人不應該互相非難的，不特不應該互相非難，而且要互相扶助！

(乙)一點也不錯，但是你要知道是誰當此階級爭鬥正吃緊時與有產階級的報紙異口同聲咒罵共產党！是誰不分畛域時々處々為無產階級底利益去奮前爭鬥！李諾維埃夫在國際共產党第四次大会上說"在第一次大会上，我們即說：無人提出這個問題：你叫無政府主義者或工團主義者，我們只問你：你是反對帝國主義的戰爭抑是贊成帝國主義的戰爭呢？你是贊成一個，不可調和的階級爭鬥還是不呢？你是反對有產階級還是贊成有產階級呢？若是贊成反對階級的敵人底爭鬥，你就是我們的人……"……這是很明白的，於今在國際共產党第四次的大会和紅工團國際底第二次大会上，我們對無政府党人和工團主義者的態度不能還守着第二國際的態度。我們認定所有切實贊成階級爭鬥的無政府主義者和共產党人都是我們的兄弟。"——請看我們是不是故意互相非難呢？不過我們共產党人處々以無產階級革命為前提，革命是最堅決一致的行動，所有違反革命底利益或革命的必不可免的紀律的，無論是社会党人或其他党人，都在排斥之列，這是無可如何的事，否則即有妨害於革命。

(甲)為什麼在你們共產党人，只共產党人方謂之有覺悟的工人，否則謂為資本家之走狗呢？

(乙)工人階級中有不覺悟的分子，離開本階級的營壘去擁護有產階級的利益，這是有的事；但我們並未說過所有未覺悟的工人都是資本家的走狗。我們謂共產党人是工人階級中一部分最積進最有覺悟的分子，這並不是我們主觀的自誇，是從客觀的觀察上說的。因為上面我們已經說過：共產黨是工人階級中最積進有覺悟的分子組成的。所謂最積進最覺悟者，就是說這些分子對於他們階級的歷史底使命：取得政權，實行無產階級專政，廢除階級都有明瞭的認識，有爭鬥的決心。共產黨除開工人階級底利益無利益。他並沒有什麼特殊要開門包守的。他努力使最有知識最有能力的工人歸於他，歸於他的學說，歸於他的組織，歸於他的行動。他努力使一切已成立的工人底組織（工團，合作社，体育会，文藝会及其他）受共產主義的影響。他指揮種々的核心（Noyaux）到處宣傳：工廠裡，造船廠裡，礦場裡，銀行裡，辦事室裡，兵營房裡，船艙裡，他煽動工人的團体，兵士的團体，以及体育的團体等。他又向女人宣傳，向少年人，向幼童宣傳。他的宣傳是多種類的，但是一致的：在各種表現和方法之下處々是一樣的學說，一樣的綱領，一樣的目的。

(甲)你說到這裡我有三点疑義：

(1)你說共產黨是工人階級中一部分最積進最有覺悟的分子組織成的，其實你們共產黨盡是一些官僚政客組成的；

(2)「無論那一派政黨，當他未得政權時，一定把他的政見說得天花亂墜，將來我得了政權後，就怎麼樣造福平民。但目的已達，則面目全非，平日之所謂平民者，不過領取薪俸之結權貴，即社會革命之共產黨亦何獨不然」（見工餘第九號們當勃列頂(Briand)克雷孟梭(Clémenceau)米勒蘭(Millerand)未得勢時何嘗不也是叫工人：Camarades! Camarades! 及工人選舉他登台後，遂把工人忘記了。 共產党包辦革命，足見你們說"工人階級底解放只有工人階級自己才可獲得"是欺騙人的了。(我們之所謂工人階級是真正的，不像你們組織一個政党就算工人階級)(見工餘第十二號，6)

(乙)第一點：在這點上我分四層答覆你：(1)當工人階級底勢力未雄厚時，的確是有一些官僚政客攙入工人的政党裡。 但階級爭鬥逐漸發展，工人階級對於本階級底利益逐漸明瞭，這些官僚政客不是中途背叛，就是上不得戰線被工人開除了；(2)"工人階級中的分子"不一定是指工人分子。 別的分子是工人階級化的也是工人階級中的分子。 馬克思，昂格思，李卜克內西，盧森堡，列寧，托羅斯基，并不是無產者，但無人能否認他們是無產階級中最堅決最勇敢最有覺悟的分子。 這般有產階級中的知識分子加入無產階級底隊伍不是偶然的，也是歷史的事實。 共產党宣言說："如像我們已經看見的工業底進步將很多的支配階級底派別(factions)拋到無產階級中，或至少要使他們生存動搖。 這般落伍的有產階級分子亦為無產階級帶來好多進步的分子。最後，每次階級爭鬥到了一個堅決的時候，支配階級和全舊社会崩壞底歷程激起一個劇烈的變動，竟使一小派統治階級脫離本階級而結合於將來所從屬的革命的階級。　亦如往日有一部分貴族階級跑入有產階級，於今也有一部分有產階級跑入無產階級，荒頌卷的就是這般對於歷史的運動底全般有理論的認識的》；(3)一個共產黨在他的組成上不能絕對是無產階級的，只要他的吸收的基礎或他的思想底基礎是無產階級的，只要無產者在組織底各層上佔多數，只要他嚴重堅固，謹防著時時有乘機利用的小有產階級分子闖進來，(4)在共產黨中"知識分子"的問題，只是防範和紀律的問題：嚴加束縛，嚴加訓練，盡量使他本身無產階級化(第三國際……)——一句話在共產黨中這個問題只是"做"的問題，不像你們無政府黨人抱著"小孩子底畏怯的心理"，有眼不看事實，專門疑神疑鬼。

第六點：在這點上分三層答你：(1)我還要請你謹記著，政黨是階級的。　有產階級底政黨，時時是欺騙無產階級的(但未曾欺騙過有產階級)近代有產階級生來就與人做繼續不斷的爭鬥：當初與貴族階級爭鬥，其後又與他們本階級利益相衝突的派別相爭鬥，時時與外國的有產階級爭鬥。　在這樣爭鬥中他都要以"德謨克拉西"，"造福平民"，"保護祖國"這些名義號召無產階級，求助於無產階級。　每次結果當然是無產階級受騙，但這種情形不能擬之於無產階級自己的黨。　正因為歷史的教訓(屢次受騙)，無產階級才創立對一切黨派獨立的"自己的"黨(共產黨)來做參隸機關;(2)無產階級在與有產階級長期的争鬥中,一定經過很多的挫折;或是被認識未清的党引錯了路(如大戰各中國底社会党,特別是德國社会民主党),或是被別的階級中人欺騙了;但是偷使在階級爭鬥底複雜的情形中,一個有統一意志的政党是絕對地必須的,無產階級只有努力創造真正能够引導無產階級底解放的政党,決不能因噎廢食,否認“任何”政党,連自己的都在反對之列!(3)各階級有各階級的欺騙者或背叛者,但各階級亦有各階級的盡忠者或犧牲者.

你們只看見勃列項,克希孟枚,米勒蘭,無產階級遂拋棄他的政党麼?事實上完全相反!無產階級每經一次失敗即更認清他的目的;每經一次背叛即更堅固他的壁壘. 你們用這種「舉一以例百」的邏輯,見工人階級底政党中曾經有過認識未清的,或欺騙的,或中途背叛的首領,即反對政党的本身,猶之乎往日一般悲觀主義者見社会中有惡人,遂厭惡人生,拋棄人類. 殊不知無論何種惡人都是在一定的時代一定的社会的條件中產生的,決不能因有惡人而斷定全社会或全人類底人都是惡的!

第三點:你們有一個死抱着不放的成見,就是認定“政党”就是社会上無所歸屬的“官僚政客”. 因此你們認定共產党在工人階級中就是自外闖入的幾個官僚政客;果真如此,共產党當然是要逐出工人階級以外去. 要知道共產党即是工人階級本身. 工人階級與有產階級爭鬥,漸發創立他的種種機關. 他有工團,合作社,工廠委員……——他的四肢和耳目口鼻;他又有他的政党——他的頭腦. 人身徒有四肢和耳目口鼻而無大腦,則不能發生行動;徒有大腦而無四肢和耳目口鼻亦同樣地不能發生行動. 我們斷不能謂人有四肢和耳目已足,而責罵大腦之獨斷專橫.

所謂"工人階級底解放只有由工人自己方可獲得"者,是說只有由工人階級自身覺悟起來,在各種形式之下團結起來,採用一個不妥協不調和的階級爭鬥,才可達到解放的目的. 但是這事實顯示我們,工人階級不是全体一下都是覺悟的. 我們上面已經說過,工人階級各分子底地位不是一致的,他的覺悟也有先後緩急之不同的. 當初總是一部分先進的覺悟的分子認清了他的解放的目的,團結起來做一個中心,并以這個中心來取得其餘的工人階級. 所謂"取得"并不是說"佔領"或"隸屬",是說宣傳其餘的工人階級,取得他的信任. 這其餘的工人階級信任了,加入了這個中心了,這時這其餘的工人階級不是"其餘的"了,也是這個中心裡面的主人了.

關於這第三點托洛斯基說得很痛快:

"……無論是党或是工團都不是說要"隸屬"無產階級,是說要得他的信任,使人能得到他的信任只在用一個由經驗的先明證實出來的正確的方案。但這個方案是在什麼地方，是由誰用一個批評的和有方法的態度小心籌劃出來呢？誰以這個方案宣布於工人階級呢？這個方案不是自天上落下的，也不是自工人階級自己發出來的……」

「工人階級是以他自己為他的目的」這句話，若剝去他的神秘的封面，應該是指無產階級底歷史的目的是由按照他的階級的社会的地位，由他在生產社会和國家(l'état)中的作用來決定的。這樣是絕對不可辯論的。但這樣對於我們現在所要研究的問題底和議竟無補助：用怎樣的方法，無產階級才可以達到對於由客觀的地位決定的歷史的目的有主觀的了解呢？若無產階級可以全體一齊直接達到他的歷史的目的，則党和工團都用不着：無產階級的革命將與無產階級自己同時并至了。實際上無產階級認清了他的歷史的使命所經過的歷程是很長而且極探藹的，充滿了內部的衝突。經過一個長期的爭鬥，一些証明，一些錯誤，累積很多的經驗，發展底途徑和方法的正確的概念才實現於最優秀的分子底腦中——這些最優秀的分子遂構成無產階級底前驅(l'avant-garde)。這樣不獨完全適合於党并適合於工團。工團亦是起始於行動的工人底一個小核心(noyau)，其後集聚有豐富的經驗取得群眾的信任才逐漸發展。一般有產階級的學者見革命的團体引導爭鬥狀工人階級中豎起他們的努力，不惜以"工人階級自己"反對工人階級底党並反對他的工團。他們告党和工團想隸屬工人階級。這是時髦(Sitengi)通着每次罷工都這樣罵的。換別的辭語說就是有產階級的學者以"客觀的"工人階級反對"主觀的"工人階級。因為只有由他的覺悟的少數，工人階級才漸成為歷史的主自(Sujet del Histoire)……　　（完）

方.民.

甚麼是無政府黨人底道德？

旅法中國無政府党的機關報《工餘》自去年發行第七期以來，即對共產主義及其党人加以猛烈之攻擊和謾罵；本誌以其多非學理上之討論，置而不答。今□同志S.K.將其各期所載之有關於學理者，加以解釋；不意他們竟不宣傳無政府主義，專門作反共產主義工作，同志T.S.因而感覺無政府党人底道德不與如克魯泡特金所說，乃細加研究，而成此文。

惟本誌篇幅無多，久未登出，T.S.又把他們最近的行為加入，完成一篇更有系統的東西。

篇中所云，俱係事實，是不僅發表他個人之研究，亦可謂對無政府党人痛下鍼砭了！　再文中所用"《 》"內語，其未注明書報者，俱見《工餘》；( )內語是作者加的；「」內語則係引用常的

書報雜誌或習語注意之字句，就中引用《工餘》語句，作者是將他的號數頁數注出的，因太費篇幅，故刪去，附此說明。　　記者

我從前聽說無政府黨人是潔身自好，注重道德的；及後讀《新青年》下品底無政府黨一文，才知他們之中，形形色色，無奇不有；然而我以為這是下品的，或者還有上品的在；這是「中國式的」，或者還有外國式的在。乃年來讀《工餘》及其他出版物，一面又考察他們的行為，結果，竟使我大大失望！所謂無政府黨人的道德，若稍為胪舉出來，竟不出下列之種種範疇。

(一)時髦　無政府黨人最好時髦：對於自由看得十分新穎，隨便甚麼名詞，只要是無政府主義的，都必冠上這兩個字，以自標異，所以有"自由契約"、"自由組織"、"自由聯合"、"自由加入"、"自由退出"、"自由生產"、"自由消費"、"自由共產主義"這些名詞。我仔細一想，正與中國人初聽得「衛生」二字時，非說這兩個字就不時合宜，而造出「衛生髮」、「衛生衣」、「衛生鞋子」、「衛生帽子」這種種名詞是一樣的。不僅此事，他們無政府黨人底會收會費時，亦要帶點"自由"氣味，加上"樂捐"二字；"法國底無政府黨聯合會"底代表會所通過"「每」月由「各團員樂捐」收會費若干，這種會費除有時能力不給外，必須「繳納」底決議"就是一個明證。總之，他們所謂"真正社會主義"、"極端社會主義"、"純粹社會主義"（俱見《民聲》）那些新鮮招牌時髦派頭，由"克翁"以到現在，由中

國以到法國，都是一統相傳，無有間斷和差別的。但同時對於共產主義則不曰「猛烈之單國主義」，即曰「強權的共產主義」；對於無產階級專政則不曰「共產黨專政」，便曰「勞農專政」，因為不如此，他們就不能「立異以為高」了。

(二)粉飾　無政府黨人已經做了「加入工團牽引工人」底事，但他們還要說「吾固不欲求異於吾者之同乎我」。我們曾有人致函他們約與談話。他們回信是「但不知先想與我們談者為工學中事？抑為黨人中事？前者為我們所極願領教的；後者則不敢聞命……」；然而他們在《工餘》上都說……當有人來同我們辯詰無政府主義的理論是應當本我們一得之愚，以貢其誠而相解答的。因講主義是為尋求人生之安，非信主義而入教門，專於替教主捧場，閉眼攻擊異己，是則何事不可本人的意義來誠懇討論？（後面底聲明，都把討論事撇開而拉到報紙上去了）這是何等粉飾得冠冕堂皇啊！他們的黨人一當了《勤工儉學學生週刊》總編輯時，其機關報為上便說出「這週刊決不是那幾個人把持住能成功的……」底話，來表示他們那光明正大的舉動，免人疑惑他；其實編輯會未開一次，恢復編輯會的話也未說過，不是幾個人把持住是甚麼？

(三)崇拜　無政府黨人對於我們時常罵「季諾維埃夫恭維列寧」，「大成殿裡放上馬克思底神主」而斥為「太宗教式了」，其實列寧是否當恭維？季的雖然是如何強烈呢？馬克思主義當不當宣傳和實行？共產黨人哪一點像柔教？都不管他。但是他們對於從前之無政府黨人竟怎樣呢？凡讀了他們的報紙人，就很看得出他們以巴枯寧，克魯泡特金的思想為思想，除巴克等之說外，不想也不敢想。　又如別人說共產主義者便是崇拜偶像，而"一般人的歡迎馬氏（馬拉鐵司打）"就"是發生於親密的愛情，不是崇拜偶像"。　至於"就中尤以麻（馬）拉送（鐵）司打之到會，格外令在会的人們高興"，可見他們自己也是可以崇拜的。　我看了"工餘社"之所謂"老父E. Malatesta（馬拉鐵司打）""學生週刊"之所謂"日本無政府主義大家大杉榮"，"伏虎集"之所謂"科學大家無政府主義之泰斗克魯泡特金先生"，"實社""民聲社"之所認師復先生為中國無政府主義之"開山老祖"，只得嘆道這才是"在他（們）的偶像之前，一般盲目底黨徒，祈禱屈膝，俯首聽命去崇拜"！　羅素說"普通無政府主義最特別的狀態的一個，就是他那很像耶穌教徒樣的殉道主義"，所差別的，不過是拿斷頭台代了十字架了。許多因為激烈的行為而死於官吏之手的，都為的是殉他們的信仰無疑，但別的受同樣的榮名，都有可疑之處！這些都是實在的！　他們不反對於其先輩如是，即彼此間亦互相標榜，許多無政府黨人稱某某為"多年社會運動之中堅人物"，本來"大家"中堅人物在我并不以為奇，但他們是反對私有和崇拜的"太平和""私自由""條"，標着者皆一時知名之士,雜誌稱"實社"底人為"實社諸君子",對於無政府主義,他們則稱之為"神聖主義"(見《民聲》)這些勿無恕人的話,也推"無政府党人能夠開口得出"! 從此可知,"罵人嫖的人,自己或正在尋花柳病;罵人賭的,或者終日麻將撲克不離手"(見《學生週刊》無政府党人文中),實是經驗之良言!

"自是　他們常々強不知以為知,而自以為是. 我看了《統一前敵已經是俄國共產党(是第三國際)底一個 陳請(統一前敵出世未久如何說"陳"?)我們常希望諸位還要覺悟五十年來議院社会主義之欺詐,和俄國第三"共產"國際的共產党政府之欺詐! 真令人不解他們說了些什麼. 連共產党共產主義及旁的主義底名詞都未聞清楚,簡直太"信口雌黃"了! 但是他們還要說"我們轉身過來研究共產主義的原理,第一他們承認政府是必有的(這就是共產主義底第一原理麼?)係唯物史觀推論,政府不是超出時間底必有)…生產,分配,人底全部活動都交由政府總管(何所見?)……又說些譬如他們主張不平等的工錢制度,為免思首先就論力辯說"各種工人間底差異,是甚於平等題點上的需要;又是什麼"工作力"二作量"生產交換"餘剩價值"等々,研究的結果,以為在人々底工作上,就要分出一個貴賤的判別,"從這些話中,可以看出他們對於共產主義,不是不懂就是亂解;然而那種大氣盤旋地假裝知道地

"胡說妄斷"簡直"十分可憐！最後把共產主義的"原理"說不出來答辯不了，只好用"不曾什麼公例，辯証法底幾個規律，科學底社會主義等好听的名称"一句話擱開。"這是如何的短淺！我本想對這些無政府党人加以解釋，因為我不能說"嘴於如此膚淺的妄說，用不着還以道理去駁他，任他們要說這是機議，否則枉作了共產党以；連那党底大体還来了點"因此，只好為愛重精神——衛生——和愛重勞動——紙筆寫印——起見，不必同"一味胡執其可見……未露都々的亂罵……我們者"占說。

（未完）

T.S.

健社綱領草案批評

當"健社"初成立時，備聽着有些批評底話，話，然而，~~該社尚無何種活動而又是不能於~~，我以該社尚無何種活動，而又是不能於無事實之中學"人云亦云"地來相批評的，所以莫能有意見發表。

近来得該社綱領草案一讀後，知道他們是主張社会民治主義（即社会民主々義）的。就此綱領全部來看，大致都還不差，惟其中實有許多不妥當處，兹特據"條列己見，以作批評，此外初無他意。倘語言有直率處，請健社諸人原諒，以下便是我的批評了。

該草案中開始有云：少數人怎樣團結呢？蓋

人類各有良知，凡由良知發表的己見，必可得多數人的同意，團体的成立，即本於各個人的良知。

團体大概是成立於各個人相同的要求和相同的利益上面，絕不是"本於各個人的良知"。良知是什麼？良知就是對的麼？由良知發出的意見就可得多數人的同意麼？這實在還是一個問題，如何可為團結底根據？　這幾句話簡直是唯心論者底常談，失掉了社会主義本唯物史觀見地主張改造經濟組織社会制度底立場了。　因為一個唯心論者底改造社会之意見，就是改造人心，與社会主義底出發點不同。　但看後面"此正吾輩聯合有覺悟的同志組織團体力圖改革的時候了！"一語，可知從社之成立，是於各個人有改革中國社会底覺悟和要求，然而這樣前後相矛盾起來了！

對於"階級"的認識，該草案說"……成階級的源，完全由於資本主義生產的制度。"這話是不合事實的。　我們知道人類底歷史是階級爭鬥的歷史；階級是有史以來就有的：在上古底貴族與平民，自由人與奴隸；在中古底領主與農奴，行東與傭工，就是很好的証明，不過因資本主義生產把他化簡單罷了，所以不能像那樣的說法。　看此綱中可謂撚合民治主義改革的目的，不單獨解放無產階級，并且要把現在受陷害的人類一齊解放。由前面所說"近世的社会……由這種經濟的進化，把人類分為有產與無產兩階來看，把有產階級推翻，把無產階級解放後，所謂"在受階害的又何所指呢？再者後面"我們的主張不斷使無產階級為將來有特權的新貴族，但期只廢除資本階級和各種有特權的階級"數語，知渠他們階級的認識很有點文明嘜。　并且無產階級革命後，是要把他的敵人無產階級化的；既然那時使人人俱為無產階級了；如果無產階級為了將來有特權的新貴族，即是全人類底地位增高，有何不可"？況且莫有旁的階級存在或受壓迫，所謂"有特權的新貴族"從何說起？　總之，任何社會主義者，"階級"二字是要闡清楚才好的，萬不可稍有思慕之處。

讀到"民國以來的政權，都是軍閥在操縱……中國底社會黑暗如此，社會的危亡在所不免，個人底生存豈能有幸？"這一大段，描寫中國有革命之必要，可謂十足！　但是後頭有段乃說"中國現在文化、政治、經濟的狀況都未達到大改革的程度"這種主觀的判定，未免令人失望！　就中國政治來說：他們已知道"軍閥殘暴，外國資本家掠奪，人民痛苦，政治污濁，健社也是到了中國當"力圖改革的時候"而成立的；然而還說"未到大改革的程度"這是何等的矛盾!?　就經濟上說：他們知道中國有少數資本家，知道經濟進化有向資本主義走底趨勢，所以說："倘不設法預防，將來也必要達到歐美現在的現象"；可是"假工業等物質能不進步，……然後始有大改革底機會"一語怎講呢？這不是又有姑息中國資本家之嫌麼？　最後看他說："並且不挿入政途，掌握政權，則要私有生產為社会化生產的目的也不能實行救話，毋怪乎他們"經濟的改革"突為"政治的競爭"，是"挿入"，原來他們本是不主張"革命"的，所以全部綱領，始終未說及他們要革命的話。　從社的人們！這種[illegible]拱手的辦法，夠了，中歐社会黨改良派（中歐比等人大半已"挿入政途，掌握政權"了）底運動，已給我們證明其不可能了，莫要再蹈覆轍罷！

綱領中還有幾句最錯謬的話，就是："近世談社会改革的，大要有兩派。一派專從政治下手，排斥社会主義；——民治主義帝國主義足以代表此派——一派專着眼社会主義，絕端否認政治；——無政府主義工團主義者足以代表此派。"　民治主義在封建社会史之最後一頁，倒是"談社会改革的"；現在他的壽命已到末日：因為有產階級快被推翻，所以有產階級共和也就不能存在；而現社会的病象，也正是有產階級用他造成的，如何把他當"談社会改革的"看？　"帝國主義"乃資本主義極發達時底兇惡形象，合承從社諸人不棄，把他當"談社会改革的"看待，未免太過於優禮有產階級了！　在這"談社会改革的"四派之中，都未說及共產主義；共產主義為"談社会改革的"派別中之最佔重要之位置者（這話不是我誇大，是舉世之公言，反對者亦不能否認的），如何可以舍棄？在他們義者以社会民治主義即共產主義，殊不知現代的社会民治主義與馬克思時代底社会民治主

義大不相同；我前以此問健社中人，他來承認，而
且以此為健社綱領之一缺点。　另外，我覺得他
們把社会主義認為是管經濟問題的，民治主義
認為是管政治問題的，而此二者是互有密切關
係的，絕不能偏重一面；所以他們主張社会民治
主義，似乎連社会主義，民治主義，社会民治主義
底意義，還未了解似的一樣

　　末後這綱領規定：「社員須特別注意，確實履
行本規約第二條及第六條修養和準備的條件。」
　　第二條是：「凡本社社員，須備左列要件：(1)守信
盡職克己愛人等常德；(2)一種學術或職業貢獻
於社会」　第六條是：「凡本社社員須確履實行左
列之責任，並每季將經過情形，報告一次：(1)擇任
政治或社会事業中一種以上之設造及調查；(2)
擔任農工商会教育会協作社等一種以上之組
織及聯合」這樣的改良辦法，還革命嗎？　四十年
前底馬克思，他就認定歐洲應作無產階級革命；
但到現在，一般社会党改良派都說時機還未到。
　　這樣，我真不知中國要到何種程度才可以革
命？若是去幹「促進化」的「工業」「政治與社会事業」，有
那末，「修養」又修養甚麼？「準備」又準備甚麼？我真有
些不懂解了

J.

餞一赴赤俄的同志們

真[illegible]白

最光的祝福，
送敬禮——
是你們的使命。
請接受，
我的朋友！

……

長夜漫々，
只赤星點々，
閃爍在廣漠無垠的沙
　漠中。
故土；
世界？
被無情而陰森的
　黑暗的血腥籠罩了。
不去嗎！
光明之種，
移植怎能夠？

……

紅旗——
驕驕地在空中招手。
去，去！
快步；大步；穩步……
對到最高峯，
留着旗兒，
指揮，嚮導；
革命之光呵！
願你——
　滲紅了灰色的故土
　滲紅了灰色的世界

……

光明，平坦，
你們的前途。
但也須記取——
　黯昏々的雲霧，
　血腥々的空氣，
　黑沉々的海水；

……

循着未來之路，
珍重呵！努力呵！
光明而平坦的
　永久的擔兒，
已緊々地壓住了，
　在我們肩上！
我們肩上。

……

醉夢者沉酣，
退逐者徘徊，
朋友！

我們原是隊陣衝鋒的
亦先驅,
儘燃着愛之燈罷!
儘敲着心之鐘罷!

燈塔屹然海上;
晨鐘破曉,
可愛的將來呵!
拼將熱血作代價,
　遍易赤幟,
　拍手高歌;
听日光·
　親密地擁抱着,
　甜蜜地吻抱着.

請接受,
我的朋友!
晨光的祝福,
是敬禮——
是你們的使命.

請接受,
我的朋友!
晨光的祝福,
是敬禮——
是你們的使命.

米索 一九二三,二,十八日

書報介紹

"青年共產國際"因為經濟關係出版物沒有十分發展,但是由他所刊行的東西,可說集國際少年共產運動的大成. 他的出版物對於少年工人運動的問題都給與相當的解釋和指導,并且對於各國少年共產党和少年工人運動的事實都紀載得源源本本,非常顯明. 凡做少年工人運動的人或要知道少年工人運動的人,都應

當將少年共產國際的出版物從頭一一二二的加以詳細的研究。現在先把他最重要的幾種出版物介紹於下，以便讀者之速觀其書。（紅灑

"青年共產國際"定期出版物有三種：1.《青年國際》(L'International des jeunes)；2.《青年國際通信》(La correspondance internationale)；3.《公文》(Circulaire).

這三種都用德法英三國文字刊行，《青年國際》的內容，是注重在學理方面，材料極其豐富，常有列寧、杜洛次基……等的專論，這種雜誌可說是少年工人運動的教課書。德文版定期每月出版一次，英法文版常是不定期，且內容較德文版稍遜，故能看德文者為最佳。《青年國際通信》的內容，是注重各國少年工人運動的現狀以及帝國資本主義反動的情形，給世界少年工人團集很好的消息。這種通信，英法德三版，都定期每月出版一次，遇有重要時事，間或每月出版兩次。《公文》是少年國際執行委員会給各地執行委員会的。《公文》的內容是直接指示各國共產主義青年團團員以實習的工作。定期每月出版一次，有必要時特別增刊；德法英文版均有。

"青年共產國際"不定期的出版物中最關重要為共產主義青年團團員所必需看的，有下列幾種：

1.《青年共產國際第二次大會的提議和議

決案》(Les thèses et Résolutions adoptées au IIème congrès mondial de L. I. C. J.)

2.《青年國際日的經過》(Le mouvement international des jeunes, par Eugène Schönhaus)

3.《無產少年組織的一個國際會議》(Un congrès mondial des organisations de jeunesse prolétarienne)

4.《告工人階級》(A la classe ouvrière)

5.《少年共產運動的基本問題》(Les problèmes fondamentaux des mouvements des jeunesses communistes)

6.《鬥爭紀要》(Les mémentos du militant)此種是繼續出版的，已出至第四號，各號目錄如下：

(第一號)青年共產國際執行委員會擴大會議的提議和決議——一九二三年三月

(第二號)關於無產少年國際會議的文件

(第三號)青年共產國際第二次大會以後一年間的工作及爭鬥。

(第四號)五月一日的歷史。

7.《教育雜誌》(Bulletin de l'éducateur)這種雜誌是今年三月出版第一號，他是專為供給做"兒童共產組"指導者的需用。

以上的出版物法德文均有，英文版稍缺。

這些出版物的發行地址：

德國：總發行處 Verlag der Jugend Internationale

Berlin-Schöneberg Fuggerstr. 63

法國："L'avant-garde" (Paris X 120, Rue Lafayette)

英國："Y.C.L.J." (W C.L. Stewart 35 Grays Inn Road)

本號正誤表

頁數	行數	字數	錯誤
3	16	3	、誤為；
6	1	15後	少"果"字
10	9	"新戰爭"後	少——
10	19		"暴徒"誤為"暴動"
13	7	4	：誤為；
17	23	8	"於"誤為"與"
19	20	15後	少"挑我們的意思"
20	22	《國家與革命》後	少"中"字
21	22	——後	少"或稱"二字
26	22	13後	少"中"字
28	3	5後	少"於"字
29	18	7	域誤"城"
30	12	10	少"既"字
32	11	7	"送"誤為"過"
34	23	13	"子"誤為"了"
38	1.2.	"經濟與政治"	"與"誤為"的"的
38	22	75後	少"的"字
42	1	"中國"後	少"青年"二字

只劃成兩個營壘，有產階級的和無產階級的。凡有生在這個社會中人，無論他的自命是如何，不是為有產階級服務，便是為無產階級服務，沒有介在這兩個營壘的中立分子——或是說現社會中只有兩個階級是爭鬥的主人：有產階級和無產階級。若從經濟地位去分析，又有很多的不同的階級。如像小商人，小製造家，有專門技能的工人，備有土地足供生活或稍有餘積的農人，這類分子若與工業大王，銀行大王等底財產比較實相差太遠，但他們的生活很安裕，覺得資本主義的現狀不須改變的，實際上他們底心積慮還是向着資本家那個路上走——這類分子，我們稱之為小有產階級。如像有一部分農民被工業發展打落了伍，他們備有一塊土地不能供自家生存，勢必要為大地主做點農工或跑到工業底城市來做點散工，以補足他們的生活。他們的地位本已完全落到無產階級，但他們思想行動還未完全無產階級化。因他們生活環境沒有組織和訓練的機會，所以覺悟較遲——這類分子我們稱之為半無產階級。我們做階級爭鬥一定要時時觀察當前的社會底階級的勢力關係，以便在平時我們知道誰是可以拉來做我們的人，誰一定是敵人的人；在短兵相接時：我們知道誰完全是我們的人，誰是對我們守中立的人，誰是我們的同情者，誰是我們革命行動底阻礙者，誰是我們真正的敵人

以上是在工餘第十七期上「一個無政府
於一個共產黨談話之真的回聲」文中，一帆君
於我在本誌第八號「一個無政府黨人和一個
產黨人的談話」中所引用的「國家共革命」(列寫
的)底文句有未懂或誤解的地方，特舉出六段
來加以申述。至於一帆君對於這六點所下
攻擊，此地都未提及，因為若再加以辯駁即來
還於累贅。倘一帆君是一個誠實的無政府
義者，這就是說是一個誠實的無產階級底革
者，將幾這次所解釋的與他原來所攻擊的對
一下，自覺到他的攻擊是無敵故矢，多費了一
時間和紙墨。

Y. K.

甚麼是無政府黨人底道德？ 任東宣

續前第十一號

△本篇所用《 》內語之未注明書報者，俱
《工餘》( )內語，是作者加的。「 」內語，則係引
書的書報語，習用語或注意之字句 惟
本誌第十一號上第三十八頁第九行底一
前敵已經是俄國共產黨(是第三國際底一
句陳話》中底( )內語，是《工餘》底，係文，前忘

了注明，恐讀者誤會，特補說於此。 作者

五、謾罵 無政府党人以謾罵為能事。他們咒詛國家（例如"國家是一片平浪無垠的義塚地"之類）咒詛俄羅斯（例如"蘇維埃共和協生也是這般的野種"之類），對於共產主義及其党人，更大罵不休，一則指"這樣的東西"，再則斥為旅法俄羅斯蘇維埃政府的走狗。他們不獨於共產党人如是，連旅法中國少年都一齊罵，所以工餘社在莫斯科通信欄之下說說"很可憐的中國少年"，又說"旅法中國少年的人格壞"；有時連他們的讀者一齊罵，所以"工餘社"答李鶴林君信說"讀頭腦不清之閱報者"，亦可知此事之真像。我今天代《工餘》的讀者問一句：你們要表示你們那"光明正大的舉動"是可以的，但讀者何辜而謾罵如斯？再看《工餘》的編輯李卓對於《工人旬報》底記者罵的是："不知《工人旬報》記者在甚麼野地方尋得幾句罵人的話，神經過敏"信口雌黃"掛在嘴上，學吹乖的孩子來罵人，那我是意不置辯於你的。"這樣他們真可謂大顯其本事了。

六、誣枉 《法國各派社會党人為史比羅"紀一前敵"開大會，……後來Berthe先生（無政府党人）演說，聽者群鼓掌，共產党人多麻綠（Tomnaoj）登台演說了，還在座之同党即鼓掌稱慶，在大會中說話，無政府党人所得的鼓掌是群眾，共產党人所得的鼓掌是同党；不是誣枉，從何公判出來的呢？》撰原函，說華人僑此（俄國）有五百餘人，以小商人為最多，俄人對之，雖無特別仇視，也沒好感。"工餘社"則說："我們在最近接到旅俄朋友(包枚來信，讀過後，使我們生無限的感慨。是俄羅斯蘇維埃勞農政府虐待中國人，……聽穩話杜宗處，讀者該看出來了麼？ 他們又說："哀偽沒有蘇維埃政府肯給他們(教徒)完全保護，與這些傳道者去繼續欺騙人民。於此，我們竟見着些主教們極秘密的與"革命"政府協力合作起來"，近月俄國大富及革命救援大作非宗教運動，我們若看過《人道報》(L'Humanité)，當然還能記憶，與《工餘》所說的究竟何如呢？ 去年"華工組合書記部"才成立時，克思說："我們現在不管他們經濟如何籌來活動"，底話，大有用意：那時人傳說我們是受人利用，在他以真領錢來活動，而今"工餘社"底人明白了未？不獨對於我們如此，對於工人，竟然華工總會……所負的任務，再沒有重要過於華工教育，近來華工總會和工人"旬報"……反把重大任務，看得不太重要。"華工總會"與《工人旬報》俱盡力作華工教育運動，事實具在，有文字(旬報常載華工教育運動文字，并出專號)可考，而《工餘》為反對工人利益之妙覺，想以一人掩盡天下人耳目，不顧真實，希圖誣枉，至於如此，未免令人為他們嘆息！

七、挑唆 無政府黨人為反對共產主義，為反對工人利益，常常用挑撥手腕，使一般人發生嫌厭之惡感，造成反共產主義，反工人利益的空氣。 我們底《少年》常說，要本着共產主義的見地表過問勤工儉學的事,《工餘》就說《本共產主義來過問「工學的事,未免太藐視了千餘同學的人格了。同為本共產主義,只能辦共產黨的事,如何能辦」工學的事?這樣的希望和敬意,恐怕同學不肯接受「罷」令。依此意,試問一個無政府黨人只能本著無政府主義去辦無政府黨麼?他對於他所應過問的事,可以時或甚至不能本著無政府主義的見地去過問麼?若說是的,那末你們既不當適用無政府主義去談或做不屬你們個人私事的社會事業;亦可以此借口去時而反對政府,時而贊成政府了,對不對呢? 又工人底報紙如《新工人》等,於詞句上略有直率或失檢處,在工人方面說應予以諒解,而一般無政府黨人偏偏於地在學生過抄上挑剔字句,如責詰盡指給勤工同學者以挑撥工學之惡感。《工餘》如是,則不非挑撥工學之惡感,且欲挑撥工人與工會之惡感。看他說:「華工總會和工人旬報只做些表面工夫,如談政治」(工人應否談政治是另一問題,我要問工人旬報出到二十七期,竟有幾篇文章談政治?)攻擊勤工儉學生(工人旬報只有一期登新聞失之直率處)等等,反把重大任務看得不大重要,使人家疑惑華工總會和工人旬報是專為某團體某主義才產生出來的;這些伎倆他們弄得十足,無政府黨人「真伶俐」啊!

八、棄信　無政府黨人最不講「信實」,就是說他們是「言不顧行,行不顧言」的　他們以為「中國

共產党朋友這樣轉販的宣傳"是不對的,但事實
上,他們自己卻大作"轉販的宣傳"一讀他們的書
報就知道了 他們又以為"只要他們(布爾塞維
克)一認為必要,即向俄民"請求"資用,以刊布其一
打一打的日報,百數的星期報……"是不對的,但是
做起來呢?意大利的"新人日報"偏可以"特自工界
募集"意幣五十方,把新人的篇幅格外增大了"這
就是對的! 他們反對"代表",曾說"代表制度底場
點今日已顯露盡了"但是"法國無政府党一九二
二年大會,代表共七十餘人。可見仍是代表會,
他們對於組織覺得代議制還好點,但法國無政
府党人"全國聯合會由創作委員會管理之,此委
員會由"每省聯合會派代表二人組成",還是實行
委員制 對於職員他們說"工會底組織是獨裁
式書記(委員)好呢?還是有監督和執行兩部好呢?由
(他們反對獨裁贊成後者)然,而法國無政府党"
全國大會推舉二人常川駐會,一人担任書記,兼
會記的職務一人襄理一切雜務,假若是工會如
此,他們就要說"工人自己不與聞工團(工會)的事
業,讓一個總書記——頭領——去幹他們自己的事
業"(據此,他們與工人底組織法不主張一律不是
對工人,而自居於特殊地位,即是為工人謀而不
忠) 又我們自己願意工人化而做工人運動,他
們要反對,常常說"我們很願意勞工朋友自己辦
自己的事業,不願像包辦者一樣在那邊包辦一
[illegible]一到行動上面,"他們(意國無政府党人)九尘

人組織中,勢力很大,"意大利工團聯合會"有團員五十萬,主要辦事人"皆為無政府主義者." 唉!從此可知無政府党人不是存"門戶之見",人家是不對的,自己是合理的;便是說起來如此,做起來如彼,言行之不相符已極! 現在再舉一件近事來看,七月八日旅法各團体代表會,他們當面不反對,在中國現在主張組織國民政府,但是過後未兩天,他們就在《工餘》上反對國民政府,大家該也未忘記罷!這真是"自欺欺人"啊!!

九、批評　一般無政府党人慣好批評　對於共產党人則說"他們便優待了一切教授,技師,學問家,而將多數的雜工打下低一級的地位去"這幾句話,根據於書麼?何書呢?根據於俄事麼?則吾嘗謁一自然科學之教師,據謂每月所得之薪金,遠不足以供生活之消費"數語凌霸己代我答鮮了,現在就無庸多費. 對於俄國,他們說"他把人民所有的自由,完全剝奪盡淨";然從"克翁擬著為公然出售於市"一詩觀之,可知其類係有意造謠. 他們又說"俄國所有人民,都被強迫在國家裡機關作工,"俄國產業尚未完全集中在國家手裡"我真不知此話從何說起? 又說俄國人"除共產党外,其有選舉權",但是俄國蘇維埃會代表第一期由一九一七年十月至一九一八年七月,共產党佔一五五八名,同情者四七二名,無党者七四〇名;他党者八八三名;第二期由一九一八年七月至一九一九一月共產党佔二四二七名,同情者二七三九名,無黨者五九五名,他黨者二五七名,以此觀之,無政府黨人之言,完全是扯謊,毫不足信的。至於說俄國(除了少數共產黨(人)外,完全失了生活之自由,這話就是極端反對俄國共產黨底羅素,他也不能說俄國共產黨人所通[illegible]替生活。非常人所能堪"底話;至所謂"完全失了生活之自由"者,更不知何所見而云然?從前俄國撤組將夫市底"無政府究協會"發出通告說多數派主張女子國有,希圖擴大國際的反革命,這豈不是扯謊欺人的事証麼?無政府黨人!你們千萬不要忘記了扯謊是可恥的事啊!

十.作偽　共產黨人以純一剎敵(聯合戰為一種手段,無政府黨人則說!"哈哈!只有共產伶俐,會玩手段!"殊不知我們不能像無政府黨人[illegible]大呼些抽象的「目的」方面底話,我們會重實立下了目的,就要想方法去作,所以我們要觀「民」同為由這一階級推倒那一階級,用革命方奪取政權,自然要用「手段」。并且我們的手段,由團体意識根據無產階級利益而出發的,更[illegible]府黨人之擲炸彈,打手槍的行動,完全[illegible]或如濱露向無政府黨人聲明底信,一[illegible]再則回佯應的欺詐行為,然而他們常[illegible]光明正大那一類粉飾的面子話來淆亂觀聽有實不推進不出冷眼人之嗇譽,反令作偽的路益動了!

十一.反工人　無政府黨人常假充工是對

工人利益之上，其實他們是主張包含有有產階級的平民利益，而反對工人利益的。舉事實來說。一）旅法中國無政府党人為是贊成工人利益，使應加入"華工組合書記部"協作，然而他們拼命地反對華工組合書記部；有時雖說："不可以思想不同而分派別；因為勞工階級處於利害相同之地位，若以思想不同而起爭端，真是勞工階級之催命符，資本階級之延年益壽丹"但這純是對工人、而敷衍的話。二）十萬元辦法 我們曾發表幾次意見，說工人有份，無政府党人則露出反對態度。既說"我們只應問這僑民教育和這十萬元有沒有個界說"又說"北京政府送來十萬元，都由勤工儉學生"李光漢先生受北京政府的委託分發津貼勤工儉學生的十萬元。對於工人怎辦？他們的答案是："為甚麼中國政府只帮助勤工儉學生却不帮助華工呢？這是我們勤工同學要替站在同境遇的朋友抱不平的。"他們除抱歉外并無一點主張。三）華工教育 在現狀之下來說，不得不向政府要錢；李卓乃說："以清白的工人而不知結隊成群，自謀互助的解決，而以求施主、吃官僚的賸飯，為家常日糧，未免太可惜了！"但是他已經知道華工與勤工生，現在都是流落異域，不但都是精神上不得安慰，而肉体的物質生活也是痛苦的很。這樣怎麼謀互助的解決？對於同樣的勤工生，他絕不如此主張，非反工人而何？　四）工學術界大都是少、資本主義派即作小資產階級运

底點一〃〃〃知無政府黨人幹出來的；他們為
要反對工人利益，所以處處說工人不對（事証見
前），并說華工〃友一味向勤工儉學生作教育運
動，以致生出種種誤會。試問華工朋友何曾一味
向勤工儉學生作教育運動呢？又明知在事實上
勤工同學一味想解決自己的求學問題而置華
工教育問題於不顧，而不發表公正之言論，反從
而助之；舉例來看，六月三日學生會西部聯席會，
一省只有一個勤工同學素未出席的無政府黨
八及其他的同伴也一齊到會，與資本主義派湊
人數，好於表決時以多數來壓服共產黨人的評
議員，反對論學生會「合」後對於華工總會應取何
種態「度」底議案時我們主張須在事實上謀工學
親善，且提議把十萬元底餘款悉交華工總會；一
般資本主義派極端反對，無政府黨人依然袖手
旁觀，竟致把「不理態度」議決（見本誌十號）通過了。
此外他們為反對工會，還與工會底反動派工人
階級底叛徒相勾結，破壞工會等反工人利益的
事証還多着啦！

十二、自私自利　無政府黨人名雖主張財
產通公，其實他們是很自私自利的。　里大的無
政府黨人藉名父死收同學助款。平時他們的主
張都無「政府」，及國款省款來了，他們的主張唯政
府辦法是聽，　十萬元他們再三說這是北京政
府津貼勤工儉學生的，因為他們也是勤工儉學
生老啦；河南省款來了，有一位無政府黨人以對

均分要依省政府底指定因為把差半官費生之故. 那位辦報鼓吹無政府主義底先生反對工人向政府要錢辦華工教育,而他居然已數次向政府呼籲在北京《晨報》載出他上山西省長呈文中,說些甚麼伏念啦!!甚麼貴省長啦!!甚麼陳情來啦!!失望啦!!將來眾有成就,皆貴省長之賜矣啦!!效馳驅之有日啦!!真是惟順惟謹的,十分可憐!噫!這樣的圖私利,難怪他們不反對資本主義啊! 請問這位先生,以"清白的"無政府黨人"而不知結隊成群,謀互助的辦法"竟至於如此!這是何故呢? 本來在現狀之下,請款事件無甚關於道德,不過既以無政府黨人反對人家請款,而自己又偷要去請款,我就不得不太息這位很可憐的旅法中國少年"——無政府黨人了!

十三 有產階級化 "無政府主義是代表小資產階級的(此話底大意如此,見去年北京《晨報》馬克思紀念號)這話簡直不錯!今且舉出他們有產階級化的行為來証明. 一)他們不注重工人教育運動,如華工教育的要素是經費和教授,他們對於前者加以反對,對於後者則只希望"教工胞們念書識字好了",則與資本階級之反對喚起工人階級覺悟,怕他不永成忠實奴隸的用意是一樣的. 二)今年長沙的無政府黨人反對兵共產黨人作勞働運動,把共產黨人所發的傳單拿去告官,甘為有產階級同政府當偵探. 三)"里大"的無政府黨人有好些都在該校事有政府助持權，丁，陳炯明做官，且當最反動的軍閥，吳稚暉為貴族式學校，長，公然壓迫他所鼓吹來法的勤工生，等都明白地位在特權支配階級。　四）今年六月三日學生會內部聯席會議之事觀之，可証明旅法中國無政府党人與改良派資本主義底勤工生勾結，從"工餘"派發表之凌霜遊俄底信觀之，可証明中國無政府党人與有產階級聯合。江亢虎本是袁世凱所贊成之"中國社會党"底發起人，徐大總統底朋友，北京政府底高等顧問，而今凌霜卻與他勾結，做反革命工作。　對於這種勾結，倘若伸展開來講"無政府党"為他們"反革命"戰畧來和"江亢虎"揭手，"江亢虎"又為他的"反革命"戰畧來和"徐世昌"聯合，"徐世昌"又為他的帝制政畧來利用清室餘孽，像這樣前"無古人，後無來者"的"反革命"戰畧，也惟有中國的"無政府党"徒能够想出！

無政府党人底道德，據我所觀察出者，大概如是。

他們說：我們無政府者反對的是人類之罪惡，只要罪惡所在，不管方面何屬？罪惡使是我們當前的大敵，不問罪惡是他們，你們，或我們所造，其實他們早已懷着入主出奴之見，其信仰而不具理性，所以不知道他們自己就是造罪惡的人。　我現在藉此機會要說道：旅法中國無政府党人，快聽着，你們如果是真的反對人類之罪惡，那麼要實行，請自隗始的工夫，反對那些你們所[illegible]

（實）

T. S.（卓宣）八月五日

國際間有產階級專政
與無產階級革命底新情勢

　　現在底國家，除赤俄為無產階級專政，德國
保加利是在由有產階級專政對無產階級專政
底過渡期中以外，其餘俱在有產階級統治之下。
　無產階級受了有產階級底壓迫，要努力奮鬥，
以求建設他本階級的專政而謀解放，并完成其
在歷史上底使命。　但階級是不相讓的，不自滅
的，其利益亦是始終相衝突的，可以資本主義雖
到末日，有產階級還是要[illegible]法維持，來嚴重地壓
迫無產階級。　在這種爭鬥的情形中就生出來
了有產階級的種[illegible]專政形式，而無產階級革命
不獨是要應用些適宜的方法，且還特別重要。
　　英，美，法，日，比，荷，等，他們除壓迫本國的無產
階級外還要征服弱小民族，搶奪殖民地。　丹結
爾(Ganger)為地中海與大西洋門戶。英國為等團
其海上交通，竟與法，西相衝突。　英國現在一面
以一千一百萬鎊築新加坡軍港以保障印，緬等地，
而厚兵在太平洋之勢力，一面以五十萬鎊為製
造飛[illegible]禎英作空中爭雄之用。　荷蘭懸英國積

奪他南洋群島底財富,亦不惜以三百萬將勢(Turin)擴張軍備. 日本欲與英國相抗,既努力製造未加限制之潛水艇,輕巡洋艦之類,復急々與蘇俄修好. 美國乘歐戰奪得英德在南美洲的勢力範圍作為他的市場和投資地,近更協力助長中國軍閥之戰,以期取得種々利益;菲列濱獨立運動,他專緊々壓迫着. 法比佔據魯爾,不獨榨取德國無產階級血汗,且企圖把德國殖民地化,還要使他分裂為無數小邦. 這些都是有產階級專政所造出來的形勢.

波蘭的魏朵(Witos)內閣,是代表大地主及實業家的;保加利代表,鄉村地主底內閣;希臘代城市工業資本家底內閣所代替;西班牙自來為小有產階級執政,而現在則由[illegible](Primo de Rivera)代表:大商(Catalan)的大實業家而建設武人專政(Dictature militaire). 這些國家,壓迫無產階級農[illegible]為厲害! 魏朵在這兩三月中,[illegible]無[illegible]閉了幾百個戰士. 札郭夫(Zankoff)[illegible]理)專政才五個月多,[illegible]了九十六名底共產黨[illegible]判了四人的死刑,[illegible]五月內捕去千多[illegible]人和土地黨人. [illegible]六月底[illegible](Peskana)等十[illegible]而[illegible]月中利[illegible]人底議[illegible](Dictatoire)[illegible]嚴停止憲法[illegible]對[illegible]法[illegible]民[illegible]企圖[illegible]變成[illegible]國[illegible]

產黨第二，不能成軍。

意大利那個法西斯第專政(Dictature fasciste)是代表受戰禍後底小有產階級來恢復并擴大其經濟地位的。他對於共產黨壓迫萬分，時々以暴力封閉報紙，破壞工人組織，近來對於羅馬之罷工的建築工人，拘捕了三百，且於八月底因意人三名為希臘人所刺殺之故，佔據希臘底哥兌島(Corfou)以扼住亞德亞海門戶。因為英國挂掣於洛桑會議，法國佔地於德國西部，意國亦不得不乘機壓迫希臘一手。

此外，芬蘭將共產黨底執行委員編輯等捕去一百零八人。匈牙利解散機師工會，并以共產主義的陰謀之罪，捕去工人百名。葡萄牙有多數青年共產黨人被監禁。希臘於八月底雅典罷工，拘囚工人三百。印度底拉格浦(Nagpour)地方被英國帝國主義者逮捕了八千人。這些都是有產階級專政之賜，無產階級如何可以忍受？再反看中國，却正在封建餘孽所造成軍閥專政底過程中，慘殺學生屠戮工人，尤可令我們旅歐底中國人悲憤和覺悟！

有產階級專政之進攻和變化既如上述，而無產階級革命與專政又是何種情勢呢？我們知道無產階級時々都在為他的革命而爭鬥，但近來情勢較佳而又有希望的就是保德二國。保加利的共產黨與土地黨(parti agraire)在九月底暴動於北方諸省，佔據日爲森拉地摩(Radimor)

建立革命政府，勢力蔓延到蘇菲亞(Sofia)之南方及西南，并有組織蘇維埃政府消息。此次共產黨人死傷無多，成功雖還未可必；然保國無產階級已大衰，實具有代替有產階級而來專政的決心和能力了。

德國極有無產階級革命之希望。馬克低落，生活昂貴，例如一英金在今年三月值二萬馬克，到九月竟飛漲到六千萬。以生活言之，在七月二十六日，一基羅洋芋，價為七千馬克，肉之應售八萬一基羅；在八月六日，肉則六十萬一基羅，洋芋亦三萬二千一基羅。工人所要求增加的工資，都不能與物價相適應。加之無工者甚多；今年二月十七日計算德國三百個城內，有九五二三九人；至五月五日，則漲到二一三五五九人，西魯兒一帶，常々有無工者底示威遊行。又德國糧食缺乏，所以自去六月以來，時々有羣集商店門外，或作示威運動，更逐處發現搶掠之事、因此，一般工人，時常罷工，時常與軍警宣戰，形成了內亂底狀態。有產階級政府不能維持。八月十一，十二，十三三日，舉行總同盟罷工，以要求麵包和平，推翻聚樂(Cuno)政府為號召，聲勢浩大。全德騷動，搶掠格鬥之事極多，以致撒克森(Saxe)底共產黨人死了八個。到十二日，聚樂政府遂倒，社會民主黨與人民黨等結了大同盟，遂來代表斯曷納(Stinnes)黨房佰(Kellopp)這一批[illegible]資本家組織(史[illegible]曼(Stresemann))[illegible]府。[illegible]

有達到無產階級專政底目的，可是証明了德國工人有真實的力量；有統一的行動；共產黨代表了廣大的群眾；收穫了一部分統一前線的結果。

士托錢斯曼政府成立後，即實行與法比議和，願意無條件放棄消極抵抗，好共同來掠奪德國無產階級。而以士托錢斯曼於九月底宣布戒嚴，就禁止共產黨底報紙了。是時共產黨獨立黨，國家黨俱一致反對；而共產黨更明定今後行動綱領如：組織工人政府；吸收真實價值；武裝無產階級；締結德俄同盟等々。

德國共產黨在一九一八年，人數為三萬，至今年八月遂到了三十萬；近在哈根(Hagen)愛森(Essen)哥洛尼(Bologne)等地的選舉，處々勝利；在柏林七月初開一星期內添黨員四千，新訂其報紙者九千，他的中央機關報(Rotefuhne)，於七八兩月內增銷了五萬份；郑云丈(Ghuringe)同撒克森完全變成了紅週，這些通可以証明群眾張眼向着共產黨，而他本身確已有完成其解放無產階級之使命和可能了。但是德國有產階級的組織，十分鞏固，法西斯蒂，蔓延於巴威(Baviere)西利西(Silesie)威爾丹格(wartenberg)東普魯士(Prusse orientale)波美拉尼(Poméranie)等省；分離黨(Separatiste)受法國底助力，要作賣本國無產階級底運動；社會民主黨與有產階級握手，王黨亦乘機活動；這是何等險惡的環境！但共產黨在此孤單奮鬥的時局中，高標示實行統一前線以工人政府為口號，以聯令所有底工人。且便於奪取社會民主黨所破壞了底無產階級,收羅小有產階級,落伍的知識者和農人。據最近的情形看來,社會民主黨內部之左派多加入共產黨;右派則變成有產階級底政黨;而其中還有一部分人要變成法西斯蒂去了。所以社會民主黨大有解体之趨勢。但就工人的情勢看,柏南得浦(Brandebourg)省八月初時工農人罷工,九月初南德農人傭人等議決加入無產階級的革命運動;近來卑評士來(Brunswick),有七萬工人示威,要求立刻組織工人政府;哥達(Gotha)工人與警廳協議組織工人糾察(Gardes ouvrières);撒克森底工人要求武裝工人百人組(Centurie ouvrière)。因此種種,德國底工人政府大有實現之可能。現在法比捷波諸國底有產階級都是緊緊地把他包圍著,防其誕生;但這幾國底無產階級是要特別援助他的,而他也是的確能掃除內亂,抵抗外患,追步蘇俄之後塵,為德國現在唯一的出路!

有產階級專政所以還不能打倒,就是無產階級革命勢力尚未完全集中;英國底工黨,德[illegible]社會民主黨,法意西比等國底社會黨,[illegible]產階級引為了路,所以共[illegible]黨在六月底的[illegible]以二八八萬票對五六六千票,把加入赤工[illegible]決了;[illegible]為社會黨一致把[illegible]

會民主党逐漸崩潰;俄國底少數派(Menchevick)紛々解散,都漸歸依於"共產國際"之門;俄國時諾摩伍(Sromoso)底社會革命党於八月初贊成全俄共產党會議底決議,承認"共產國際"是世界革命底指導者;至於一般空想的和玄學的無政府党工團派亦於七月十四日宣告全世界底無政府党人須加入"共產國際"去做實際的革命工作. 若再看英國的總選舉,共產党多獲勝利法國工人團結有進步,且"有兩者底選舉票,共產党所得有加;日本於八月有東方工人大會,議決組織女工會,與農工統一前敵,贊助殖民地獨立運動、政府與蘇俄修好,漸々表出他們的革命精神等,都是各國改良派逐漸解体,無產階級逐漸集中於共產主義旗幟之下底表徵。

蘇俄實行無產階級專政已經過了六年不獨經濟方面日見恢復,即內政外交尤卓著成效在七月中,白俄、烏克蘭高加索等蘇維埃共和國與俄羅斯蘇維埃共和國聯絡成立了一個蘇維埃共和聯合(Union de Républiquee soviétistes);這不僅是無產階級國家鞏固了底證明,且其是無產階級專政能夠改造現社會底一個證明 從此,我們應該覺得無產階級就有了統一前敵,可謀成功底趨向,且有了世界革命底基礎勢力,則蒙唐國有產階級專政不難打倒而破壞資本主義建立具體共產主義社會底無產階級專政不期

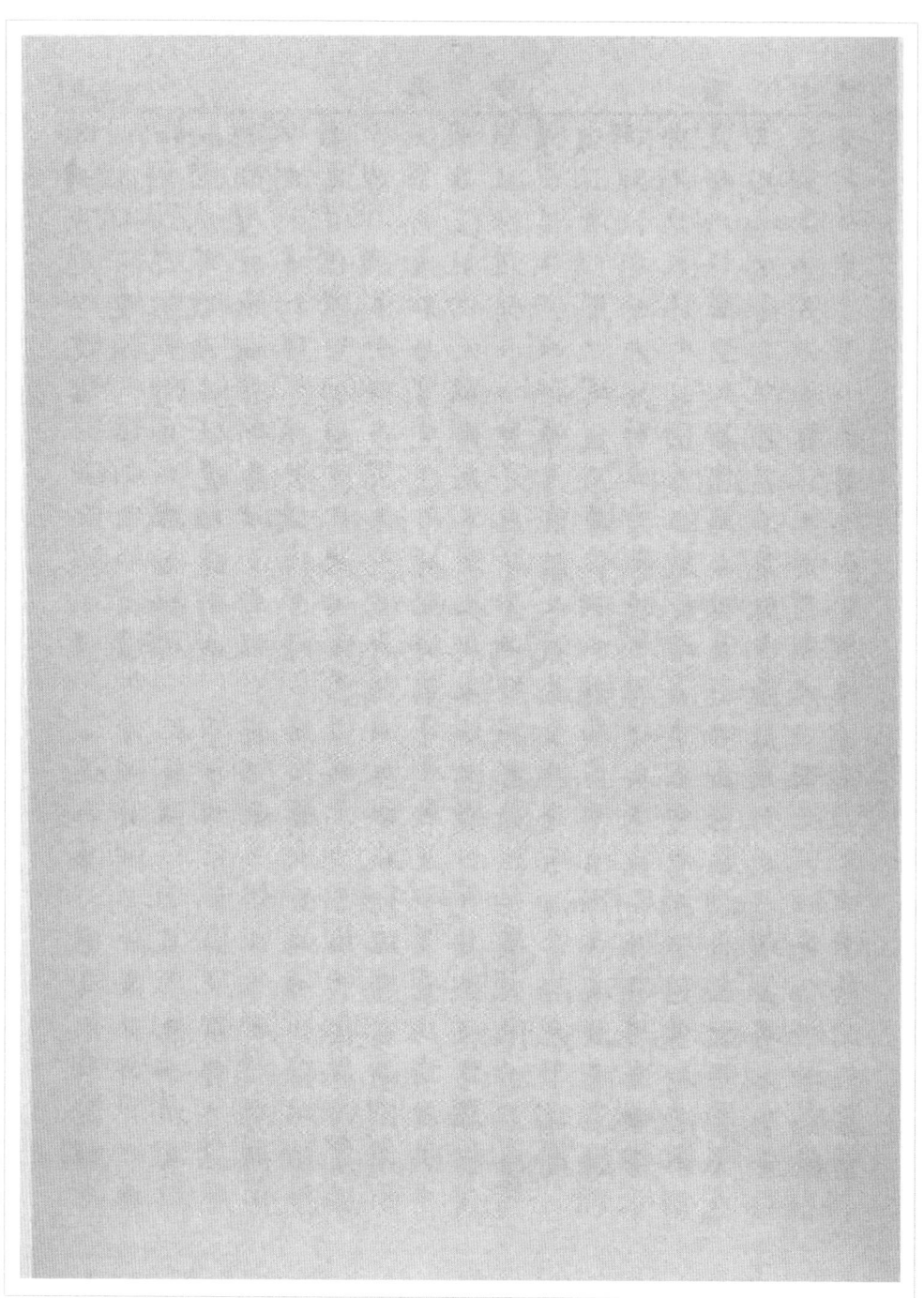

讀者之聲

吾國雖尚未明被外國瓜分，其實是不分之分！現在因山東懸案列強要來共管中國，這明是借款滅國的辣手段想必留歐同胞人人知道內地武人為爭位置鬧意見，打仗打得不得了，如我們再不起來拼命與小國爭鬥，立刻打倒軍閥，簡直要當洋奴隸要人人成餓鬼！要做這兩件事，當如何才能遂心？到底國內那一派人是真々有能力的人？我雖不是共產主義者，然早已知道非有此派人不能救國，因各國共產黨極力扶助弱國，俄國共產主義成功時，立刻將該國前瓜分各國的東西還出……好同胞自然人人想打救祖國，但有許多人只在報上說幾句救國的話，或對朋友議論幾句尚未當真做事，國內共產黨人不顧生死，拼命向前，所有的方法好極。 如吾國同胞有一大部分人起來與共產黨和衷共濟中國強矣！國賊無立足地矣！

留歐同學中有一部分人在談共產主義，然有許多同學聽見這一句話，他就怕起來了，以致鬧。出罵人，還有人說吾國無產可共!!! 罵人的同學殖民地和半殖民地的被壓迫的浩大民族的支撑。單只十月革命是能够激醒東方并决定對殖民地的國家解放的強大運動的孵化。我們懇請一切真正的革命者竭力并完全抛弃社會黨的多数和為其所指導的黄色工團的黨羽底虛々掩々的帝國主義的政治。竭盡力的支撑着共産國際赤色工聯及俄國的革命無產階級。當要扭斷殖民地奴隸的鎖鍊并接近社會主義和自由的凱旋於世界。

我們邀請我們無政府主義的仝志們留心考察我們以下的條文。這些簡括的摘集了我們的意見，并且是由在最大革命火線上六年的結果而成。我們對世界和反動派相搏的無產階級之前依我們的完全對我們的責任的最高意識而共成這些條文。

在某個時候重行校驗綱領戰畧并概念的批評的估定是每個革命者所必要的，只有道德的薄弱或門派的窄狹阻遏着那些同志去做這事。

我們以此勸告同志們恰當全世界資本家的進攻底愈擴深進，我們請求他們研究俄國革命的經驗，并因此重行校驗對資本家進攻的方略，以停止分散革命的勢力。我們很相信為此只有一条路可走親切的聯集到共產國際和赤色工聯這邊來。

I

無政府主義者的信條及其實際

地和工作的工具,都已經成為使用這土地和工具的工人之共有財產了。在這種情形中,權力即會消滅,抑是他將名換一個形式呢?這就是我們要去考察的。

試拿一個棉的紡織做比例:要使棉變成線,他至少要經過六個継續不同的手續,這幾種不同的手續多半要在幾個不同的地方。此外,人還須要一個工程師開始動工和照料機器,很多機器匠担任每日的修理,一大批工人將生產品由這一個地方搬至那一個地方……等。舉凡這些工人男人女人小孩子,都應開始他們的工作和放置他們的工作在由蒸汽的權力所決定的一個時候,不顧慮到個人的獨立。所以工人首先即須承認於工作的時間及時間規定了,應該要他們無例外的照例的依從。

而且在每一個時候和每一個地方對於出息的方法,和原料的分配……等都有一些零碎問題,這些零碎問題若人不願在生產中有陡然停止的危險,應該隨即解決。無論這些問題是由長於某一種事務的代表解決或是取決於多數個人的意志是應該要服從的,換一句話,就是這些問題是用一個權力的方式來決定的。一個大製造場的自動的機械比小資本家掠奪工人還更為專制些。單就關係工作時間這方面說,人可以在製造場上寫:所有你們進來的人,都應拋棄任何獨立。雖然人利用科學和創造的才能,使自然勢力歸他管轄，這自然的勢力反過來却又使他服從於真實的專制，無論在任何社會的狀態中都不能免。在大工業中廢除權力，這就是廢除工業本身，這就是毀壞利用機器的紡織工業以回到紡纏等。

試再舉一個別的例子：一個鐵路，此地一大堆人底合作(Cooperation)是絕對的必須的，若人要避免一個大的災禍，這種合作一定要明確的規定一定的時間。此地全事業的第一個條件就是一個最高的意志解決一切屬於他的問題。至於這個意志或由一個代表來代表，或由一個選樓的委員以施行有關係人的多數決議，這都是無關緊要的事。無論在這個或那個情形中，人都覺得有一個權力當前。別的且不說，若人要廢除鐵路工人對於旅客先生們的權力，則第一次車子應該遭遇怎樣？

無論什麼地方，權力和一個絕對的權力之必須，最明顯的莫過於在一個飄搖於大海中的船上。一旦到了危險的時候，所有人底生命都關係於人人能直接的和絕對的服從一個人的意志。若果我們向極端反對權力的人供獻這些論據，他們馬上拿出這個唯一的回答以自衛：(哈！這是不錯的，但是我們所委託的代表的權力是不關重要的，關重要的就是我們交付給這些代表的一個使命)！這般人妙想以為改換東西只須改換他的名字。這輩高深的思想家實在愚弄了人們，所以我們已經看見無論在任何的社會組織中，必須有我們生產和流通貨物的物質的情形存在，一方面有相當的權力，另一方面有相當的服從，這就是一些逼迫我們的東西。

我們又已看見生產和流通的物質的情形是命定的日甚一日服從於大工業和大農業的，與行的此這個權力所施行到的地方，天天更加擴張。所以以為權力底元素絕對是壞的，獨立的元素，本來是好的，這是不適的。

權力和獨立是相對的思想，他們的重大關係是與社會進化的各個層次復相變易的。

若獨立主義者只在說將來底社會的組織將只許有權力在為生產的條件為他所劃定的範圍中，我們會是與他們同意的，但是他們盲目的對於所有表現權力是不可免的事實，他們常與之宣開戰。

為什麼反對權力者僅僅大聲疾呼地反對政治的權力——反對"國家"呢？國家和與國家並行的政治權力在將來的社會革命後是會消滅的，所有社會黨人對於這點都是同意的，這樣是說到那時公共的事務失掉政治的性質，成了監視社會的利益之簡單的管理的事務。但是反對權力者要政治的國家馬上就廢除，並且在創造這國家的社會的條件未廢除以前，他們以為社會革命第一件事就是廢除權力。這輩先生們豈曾未看見過一個革命麼？

一個革命必定是表現出最有強力的東西——是一個行動，一部份民衆由此使用劍，鎗，炮以及其他強力的工具將他的意志迫令別一部份人，已得勝利的党爲恐怕他的武器爲反動派所利用，應該把持他的權力。"巴黎共產自治團"(La Commune de Paris)若不是倚賴一個反抗有產階級的武裝民衆，他可以維持一日麼？我們不正是要責備他太少使用他的權力麼？

總之：二者必居其一——或是反對權力的人，自己不知道他們所說的，在這種情形中他們製造混沌思想，或是他們知道，在這種情形他們背叛無產階級的利益。無論如何，他們都是爲反動服務。

恩格斯．　抱今譯．

蘇維埃聯邦底新憲法

本年二十八號的——

國際通信．　烏鑑譯

(節錄)

本年七月六日蘇維埃全俄中央執行委員會修定了《社會主義蘇維埃共和聯邦底新憲法。這個歷史的文狀包含有一篇序言和七十二條約法。在序言中特別的說明：

"自《蘇維埃共和國》成立以來，世界上的國家分為兩種：資本主義的和社會主義的。介在資本主義的國家中盛行國家主義的仇視，殖民地的奴隸制，不平等，愛國主義，民族的壓迫，帝國主義的殘暴戰爭。至於在社會主義的領域內則鞏固互相的信用與和平，國民的自由平等，民族的和平共存與他們的友愛合作"。

蘇維埃聯邦的約法具帶着一個契約的形式。

這社會主義的聯邦包含以《俄羅斯蘇維埃聯合的社會主義共和國》[illegible]《烏克蘭蘇維埃社會主義共和國》《白俄共和國》《高加索蘇維埃社會主義聯邦》(Azerbaidjon, Georgie, Armenie)

聯邦的權力——聯邦原所有中央機關管理外交的關係，締定國際的條約。

一切對內與對外的邊疆的改變亦均歸他們管理，他們可為聯邦收納新份子，宣佈戰爭與和平，批准國際的條約，管理對外貿易與調節對內的商務，決定聯邦的經濟計劃，管理運輸和郵政的事務，組織並管轄軍隊的勢力，決定預算，規劃金融的流通，土地的收入和礦山的開採，勞動立法，裁判的訟件，普通教育，國家的度量衡，外人的權利，總的統計，各聯邦內部的爭執，他們亦有大赦權。

新憲法只能由聯邦蘇維埃大會修改。

其他別的問題，各共和國保存着最高權於

而爭鬥的英法對抗形勢的一個減縮。對德意志賠償的放鬆，便是增加德意志的購買力，英倫的商品得以廣漠銷場，便可轉運流利，英政府每年可以節去一百萬金磅的失業者津貼費用。魯意喬治更希望俄羅斯以資本主義國家的資格，再進到國際經濟關係的領域內，俾俄羅斯放棄絕他那社會主義的建設工作，交付他的債務，這樣，在實際無異是要俄羅斯將他的鐵路和港埠讓棄。俄羅斯不上他的當，在忍諾(Gêne)會議的經流中，俄德結拉巴羅(Rapallo)的條約以抗英，魯意喬治的計畫失敗。

魯意喬治既去，代表英倫工商業資產階級的保守黨便捲土重來，使盡手段去疏結合眾國，圖謀於財政問題得相當的解決。但合眾國從不想捲入歐洲政治的漩渦裡，因為自大戰以還他的鋼的生產品增加至二倍，谷的生產品，增加至二倍有奇，他只有市場的須要，以故他專注意於東亞市場的經營，再不欲向紊爛的歐洲接觸了。更因為他頗知道他是大戰中打劫而暴富者，在大戰中吃了虧的西歐資本家，是不可免的要試敲他的竹槓的！

算是保守黨的法螺手腕不錯，英美經濟協約終於成立了。六萬萬金馬克規定於六十年內按年償還。這樣一來便有惠於英倫的財政，英乃得稍舒其氣以圖對法。

不列顛到了今日，已經不是一個島國了，一

不得不予以頑很的打擊，因為這也許是不列顛帝國主義的生死關頭。然就他們的階級利益之共同的觀點來說，則法蘭西在魯尔的軍事行動，實具有一個反革命的大陰謀，也是適合於英國資本家迫切需要的。此外，又因為反俄政策，必得與法一致行動，英倫於此，終於屈膝於保恩加勒的鉄腕之下了。

魯尔的佔據，人們以為是法蘭西對德意志一種狭義的報仇心理的表現，法欲憑藉凡尔賽條約，壓德於萬劫不復之境。是說似是矣，但尤有進於此者，魯尔佔據的最大用意，乃是法蘭西資產階級要掠奪萊因沿岸的鉄和煤，急進的發展他的冶金工業，促成法蘭西鉄的資本主義之成熟。是固然矣，然更有進乎此者，蓋魯尔的佔據，實具有一反革命的大計畫，而為世界資本帝國主義者所共同期望其成功的：

第一，魯尔是德意志工業的中心，是工人集中的所在，在一九二〇年是德意志革命運動的先鋒，現在把牠置於法蘭西刀鎗之下，可以壓迫德意志無產者的革命，使不爆發；

第二，魯尔佔有，劫掠了德意志的煤鑛區，渦殘了普魯士的國家工業，使令德意志的無產者一旦佔據政權，也因失了經濟的基礎條件，必難維繫；

第三，拉巴羅條約的應用，在魯尔準備供給蘇俄的如火車頭機器等，於蘇俄的經濟不[illegible]

重的關係，魯爾的佔據，便阻止了這個供給的實行，適合於帝國主義者的反俄政策。

第四，魯爾的佔據可以阻止革命的德意志和革命的俄羅斯一個歐洲工業上偉大的聯合，是一個反革命最利害的政策。

德意志現政府的命運久在動搖中，紅色革命醞釀已將成熟，若德意志無產者一旦握到政權，無產階級的蘇俄和無產階級的德國聯絡一致，兩國在經濟上互應其「供求」，以兩地原料之豐饒，加以德意志的機械人才和一切技術條件之完備，可以於短時期內奠定兩國的經濟基礎。那時俄德的無產者，將有事於西歐，以俄羅斯有信仰有訓練有紀律的軍隊，佐以沉毅勇敢的德意志無產者，以及一切軍需製造品，有誰抵擋得住已到末運的資本主義還能苟延餘命嗎？ 故德意志無產階級革命的爆發，是全世界資本主義者的一個絕大恐怖。 壓迫德意志無產者，使之萬劫不復，是全世界資本主義者共同的要求。

所以魯爾的佔據，在對敵的資本主義國家間——尤其是英國——為個自利益的衝突，自然不免含著許多酸意，然就反革命的共同利益觀點上說，又正為各資本主義國家所默許了的啊！

英既不能不讓法於大陸以《自由手》，於是Beaverbrook的意見，在英國外交方針重新估定之下，乃得到勝利。 Beaverbrook以為歐洲的關係，如此驚人的動搖，大陸的危機不能給予解決的可能性，欲鞏固不列顛的基礎，乃在殖民地的安全。於是發現他的敵人：世界革命策源地的蘇俄。因爲蘇俄是殖民地被壓迫民族革命覺悟的惟一煽動者。英外相克松Curzon對俄的哀的美敦書，便是Beaverbrook政策實行的表現。同日他又有一通牒到德國，指示德國當什麼付之款於法，也是顯現這個意旨。英國同時聞罪於俄德，好像顛狂似的，其實這個顛狂，背後實隱藏着一個大計畫：英國以拳足交加於德，使德連係於法蘭西，再利用法蘭西以抵抗蘇俄。英國之所以必須如此者，理由已如上述。此外，遠東第三競爭者的合衆國也是促成他此項政策之一因子。當安哥拉國民會議接受了chaster的特讓，英法資本家又互相勾結，聯盟國遂在近東再行組成。達旦(Dardanelles)海峽問題的解決，攜到洛桑會議，英俄衝突乃開始。在洛桑會議中，克松提出對俄的要欵，即在要求達旦海峽有英國戰艦經過的自由，他并表示他對此問題的強項態度，對俄代表提出在這個界域內的問題《投降呢？決裂呢？》

俄羅斯不願意《投降》，于是乎只有《決裂》了。克松政策是在壓伏殖民地，以保障殖民地的安全，所以建築一個重大的軍港於新加坡，乃是用以抵制日本而保護澳洲和印度，對俄羅斯的攻擊，便是阻止革命勢力在印度和波斯的發展，為着瓜分印度并且滅去回教徒的反抗，遂有土耳其結好。

在英對俄政策中，石油問題也操一個很大的作用。在另一方面他又注意到俄羅斯已在開始回復元氣，而且在遠東的地位也日益穩固；新經濟政策的施行，在內確定了蘇維埃制度，在外擴大了他在東方的信用，Téhéran（波斯國都）的商品，寧願由Nijni-Novgorod和巴枯來到莫斯科，而不去倫敦；Kaboul（阿富汗國都）的商品，只販賣給俄而不販賣給英倫和印度了。克松的計畫是要乘此機緣，終結蘇俄的發展，使列強與俄羅斯破裂一切的關係，重行建築起對俄的經濟的新封鎖。

英對俄既已做了一番手腳，還計算運用《借刀殺人》的手腕，對俄加以猛烈的攻擊。在俄國邊陲的小國，對俄採取一個《受動的攻擊》態度，這便是說Petlura的匪黨，和George的賓雪維克，社會革命黨，將以英吉利的黃金為倚仗，復行內亂起來。他再唆使著名匪幫Wrangel反叛。尤其是要把波蘭武裝起來，以為抗俄的有力武器，煽動他在烏克蘭圖報復。煽動波蘭的政策運用，以對俄，同時又可以制法。因為凡爾賽和約的關係，法波已結上不解之緣，若是一旦俄波戰爭爆發，則法國必竭其力量，以維持Pilsudski的共和政府，法蘭西新製造起的航空戰艦，準備對付英倫者，將轉而以之對付莫斯科，他又將以幾千幾百萬投之淵深，如是他才不能成為不列顛有力競爭者。

以前不列顛的第二個仇敵，乃為謨罕默德的德世界——土耳其——所以他同樣的很注意於土耳其，他嘗唆使希臘去打土耳其。不幸希臘打敗，土耳其纔能自立，於是英國乃努力施行Beaconfield的計畫《對俄對抗，對土和平》土耳其此時尚無力收回他那已被英國奪去了的土地，英又試來賣好感於他，想利用他以抵抗俄國

克松的外交方針如是。但最近英首相巴尔德文在Glasgow的演說，又表明他的外交計畫完全與克松所施行者相反。英倫當局外交方針的歧趨，不只關係於蘇俄，而且關係到歐洲全部。

這樣一個嚴重的變化，誠值得留心國際形勢的人們特為留意的。在這個演說中，巴爾德文以為，蘇俄是德意志最大限度工業生產品的惟一消場，只有蘇俄可以助長德國經濟的回復，擔保德意志有交付他的賠款的可能性。巴尔德文的意見，實是魯意喬治外交計畫的復活。巴氏並欲再回到魯尔問題，認為干涉，以阻止德意志的割分，或隸屬於法蘭西帝國主義之下。巴氏並希望德意志的經濟能漸漸回復，好交付他的賠款，再行組織英俄德聯盟，由倫敦達柏林直到莫斯科結合成為反法蘭西的聯合戰線。

不列顛今日的反法政策及大陸主義政策，與前日的反俄政策及革命政策針鋒相對。其所以有此劇激變化，由消極而至此積極的原因，是由於克松政策實行的結果。

第一、讓法蘭西在魯爾以"自由手"凋殘了中歐的經濟，失去英倫在歐洲的廣漠市場，釀成國內鉅大的經濟危機莫法解決。

第二、法蘭西掠奪了萊因沿岸的鉄和煤，猛迅地發展他的冶金工業，壯大他的帝國主義。這樣一來，不反恐嚇了不列顛在歐洲的势力，而且危及他在埃及和印度的主權；

第三、法蘭西大陸政策成功，英倫不可免的將自置於法蘭西帝國主義政策的拖輪之上，英倫自然將成隸屬形式。

不列顛在法蘭西帝國主義勢力嚴重的壓迫和恐嚇之下，便"急何能擇"的轉過頭來以兵法抗。總之，階級的利益，是相衝突的，於行階級爭鬥之際，同階級間遇有公敵當前時，固然往往亦能犧牲一切以實行兄弟鬩於牆外禦其侮，然而有產階級一至個自利益衝突極為緊迫時，則雖是同一階級的朋友，或不惜歡迎敵人，或投降敵人以自相屠殺。前者是以私自利益位於階級利益之下，這便是說將私自的利益附屬於階級的利益；後者是以私自利益位於階級利益之上，這便是說，將階級利益附隸於私自的利益。我們要了解資本主義國家間縱横關係的局勢，我們必須了解他們彼此利益的交關。

隘。

"這種唯物主義的特別狹隘之另一个原因，就是他沒有能力領會世界如像一个歷程，一個服從於歷史的進化的系統。這些都是關係當時科學的情形和推理的玄學的和非辯証法的方法。人人都知道自然是在永久的運動中。但是按照這時的意見，這個運動是在一個圈中旋轉，不前進的，他是時々在產生同樣的結果。行星是永遠在他們各自的軌道中環繞太陽旋轉，行星和普生行星上的動物曾未改變過形式。這種見地完全是這個時候的必然的產物。(P.182)

"近代的唯物主義不同。他在歷史中觀察人類的逐漸的和常繼續不斷的發展。他的責任就在發明這個發展的運動的法則……(P.178)

"近代唯物論將所有自然科學的新近的進步連成一氣。按照這些新的進步，自然在時間中也有他的歷史，天體和潛蓄適應的環境可以在裡面生活的機體的種族都生長和消滅，回轉的軌道取很寬泛的幅員(P.119)

3，唯物史觀不是命定論。定有人說唯物史觀既主張社會的進化，是隨經濟的變遷，人的思想不能創造的，是認定人在歷史中毫無作用，這不是命定論麼？實際上不然！我們可以說只有合乎唯物史觀的方法，然後人的思想才能夠真正成了改造他的環境的利器。因為人能改造他的環境，是在他能認識了環境，亦是在他能

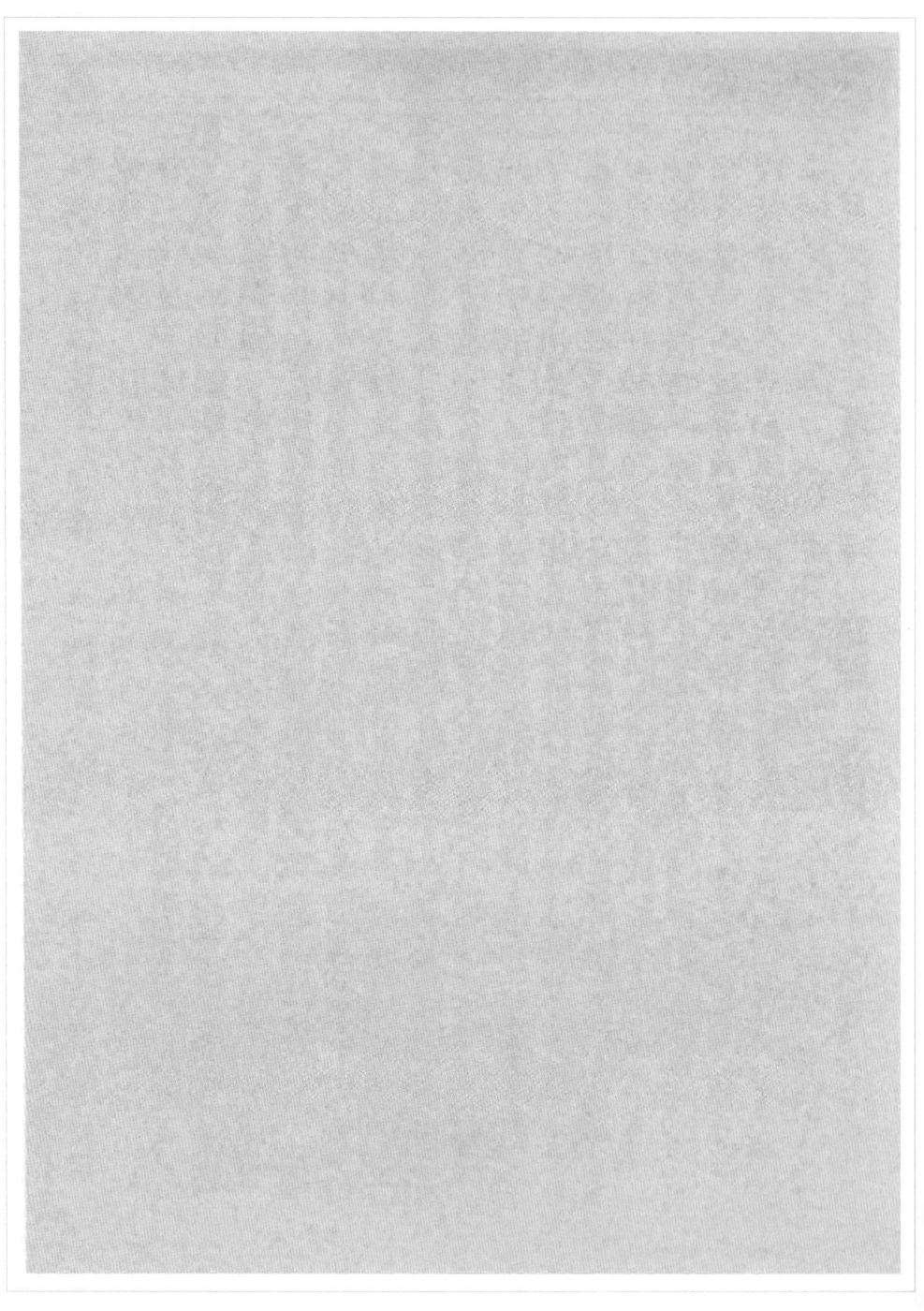